ŒUVRES
DE
JEAN RACINE.

TOME TROISIÈME.

ŒUVRES

DE

JEAN RACINE,

AVEC LES VARIANTES ET LES IMITATIONS DES AUTEURS
GRECS ET LATINS;

PUBLIÉES PAR M. PETITOT,

Éditeur du Répertoire du Théâtre-Français.

TOME TROISIÈME.

PARIS,

CHEZ Mme VEUVE DABO,

A LA LIBRAIRIE STÉRÉOTYPE, RUE DU POT-DE-FER, N° 14.

1825.

IPHIGÉNIE,

TRAGÉDIE.

1674.

PRÉFACE.

Il n'y a rien de plus célèbre dans les poëtes que le sacrifice d'Iphigénie : mais ils ne s'accordent pas tous ensemble sur les plus importantes particularités de ce sacrifice. Les uns, comme Eschyle dans Agamemnon, Sophocle dans Électre, et, après eux, Lucrèce, Horace, et beaucoup d'autres, veulent qu'on ait en effet répandu le sang d'Iphigénie, fille d'Agamemnon, et qu'elle soit morte en Aulide. Il ne faut que lire Lucrèce au commencement de son premier livre :

> Aulide quo pacto Triviaï virginis aram
> Iphianassaï turpârunt sanguine fœde
> Ductores Danaûm, etc.

Et Clytemnestre dit dans Eschyle qu'Agamemnon son mari, qui vient d'expirer, rencontrera dans les enfers Iphigénie sa fille, qu'il a autrefois immolée.

D'autres ont feint que Diane ayant eu pitié de cette jeune princesse l'avoit enlevée et portée dans la Tauride au moment qu'on l'alloit sacrifier, et que la déesse avoit fait trouver en sa place ou une biche, ou une autre victime de cette nature. Euripide a suivi cette fable, et Ovide l'a mise au nombre des métamorphoses.

Il y a une troisième opinion, qui n'est pas moins ancienne que les deux autres, sur Iphigénie. Plusieurs auteurs, et entre autres Stésichorus, l'un des plus fameux et des plus anciens poëtes lyriques, ont écrit qu'il étoit bien vrai qu'une princesse de ce nom avoit été sacrifiée, mais que cette Iphigénie étoit une fille qu'Hélène avoit eue de Thésée. Hélène, disent ces auteurs, ne l'avoit osé avouer pour sa fille, parcequ'elle n'osoit déclarer à Ménélas qu'elle eût été mariée en secret avec Thésée. Pausanias (*Corinth. pag.* 125) rapporte et le témoignage et les noms des poëtes qui ont été de ce sentiment; et il ajoute que c'étoit la créance commune de tout le pays d'Argos.

Homère enfin, le père des poëtes, a si peu prétendu qu'Iphigénie, fille d'Agamemnon, eût été ou sacrifiée en Aulide, ou transportée dans la Scythie, que, dans le neuvième livre de l'Iliade, c'est-à-dire près de dix ans depuis l'arrivée des Grecs devant Troie, Agamemnon fait offrir en mariage à Achille sa fille Iphigénie, qu'il a, dit-il, laissée à Mycènes, dans sa maison.

J'ai rapporté tous ces avis si différents, et sur-tout le passage de Pausanias, parceque c'est à cet auteur que je dois l'heureux personnage d'Ériphile, sans lequel je n'aurois jamais osé entreprendre cette tragédie. Quelle apparence que j'eusse souillé la scène par le meurtre horrible d'une personne aussi vertueuse et aussi aimable qu'il falloit représenter Iphigénie? Et quelle apparence encore de dénouer ma tragédie par le secours d'une déesse et d'une machine, et par une métamorphose, qui pouvoit bien trouver quelque créance du temps d'Euripide, mais qui seroit trop absurde et trop incroyable parmi nous?

PRÉFACE.

Je puis dire donc que j'ai été très heureux de trouver dans les anciens cette autre Iphigénie, que j'ai pu représenter telle qu'il m'a plu, et qui, tombant dans le malheur où cette amante jalouse vouloit précipiter sa rivale, mérite en quelque façon d'être punie, sans être pourtant tout-à-fait indigne de compassion. Ainsi le dénouement de la pièce est tiré du fond même de la pièce. Et il ne faut que l'avoir vu représenter pour comprendre quel plaisir j'ai fait au spectateur, et en sauvant à la fin une princesse vertueuse pour qui il s'est si fort intéressé dans le cours de la tragédie, et en la sauvant par une autre voie que par un miracle, qu'il n'auroit pu souffrir, parcequ'il ne le sauroit jamais croire.

Le voyage d'Achille à Lesbos, dont ce héros se rend maître, et d'où il enlève Ériphile avant que de venir en Aulide, n'est pas non plus sans fondement. Euphorion de Chalcide, poëte très connu parmi les anciens, et dont Virgile (*Eglog.* 10) et Quintilien (*Instit. l.* 10) font une mention honorable, parloit de ce voyage de Lesbos. Il disoit dans un de ses poëmes, au rapport de Parthénius, qu'Achille avoit fait la conquête de cette île avant que de joindre l'armée des Grecs, et qu'il y avoit même trouvé une princesse qui s'étoit éprise d'amour pour lui.

Voilà les principales choses en quoi je me suis un peu éloigné de l'économie et de la fable d'Euripide. Pour ce qui regarde les passions, je me suis attaché à le suivre plus exactement. J'avoue que je lui dois un bon nombre des endroits qui ont été le plus approuvés dans ma tragédie;

et je l'avoue d'autant plus volontiers, que ces approbations m'ont confirmé dans l'estime et dans la vénération que j'ai toujours eues pour les ouvrages qui nous restent de l'antiquité. J'ai reconnu avec plaisir, par l'effet qu'a produit sur notre théâtre tout ce que j'ai imité ou d'Homère ou d'Euripide, que le bon sens et la raison étoient les mêmes dans tous les siècles. Le goût de Paris s'est trouvé conforme à celui d'Athènes : mes spectateurs ont été émus des mêmes choses qui ont mis autrefois en larmes le plus savant peuple de la Grèce, et qui ont fait dire qu'entre les poëtes Euripide étoit extrêmement tragique, TRAGICÔTATOS, c'est-à-dire, qu'il savoit merveilleusement exciter la compassion et la terreur, qui sont les véritables effets de la tragédie.

Je m'étonne après cela que les modernes aient témoigné depuis peu tant de dégoût pour ce grand poëte, dans le jugement qu'ils ont fait de son ALCESTE. Il ne s'agit point ici de l'ALCESTE ; mais en vérité j'ai trop d'obligation à Euripide pour ne pas prendre quelque soin de sa mémoire, et pour laisser échapper l'occasion de le réconcilier avec ces messieurs. Je m'assure qu'il n'est si mal dans leur esprit, que parcequ'ils n'ont pas bien lu l'ouvrage sur lequel ils l'ont condamné. J'ai choisi la plus importante de leurs objections pour leur montrer que j'ai raison de parler ainsi : je dis la plus importante de leurs objections ; car ils la répètent à chaque page, et ils ne soupçonnent pas seulement que l'on y puisse répliquer.

Il y a dans l'ALCESTE d'Euripide une scène merveilleuse, où Alceste qui se meurt, et qui ne peut plus se soutenir, dit à son mari les derniers adieux. Admète, tout en larmes, la prie de reprendre ses forces, et de ne se point abandonner elle-même. Alceste, qui a l'image de la mort devant les yeux, lui parle ainsi :

> Je vois déjà la rame et la barque fatale ;
> J'entends le vieux nocher sur la rive infernale :
> Impatient, il crie, On t'attend ici-bas,
> Tout est prêt, descends, viens, ne me retarde pas.

J'aurois souhaité de pouvoir exprimer dans ces vers les graces qu'ils ont dans l'original : mais au moins en voilà le sens. Voici comme ces messieurs les ont entendus. Il leur est tombé entre les mains une malheureuse édition d'Euripide, où l'imprimeur a oublié de mettre dans le latin à côté de ces vers un AL. qui signifie que c'est Alceste qui parle ; et à côté des vers suivants un AD. qui signifie que c'est Admète qui répond. Là-dessus il leur est venu dans l'esprit la plus étrange pensée du monde : ils ont mis dans la bouche d'Admète les paroles qu'Alceste dit à Admète et celles qu'elle se fait dire par Caron. Ainsi ils supposent qu'Admète, quoiqu'il soit en parfaite santé, pense voir déjà Caron qui le vient prendre : et, au lieu que, dans ce passage d'Euripide, Caron impatient presse Alceste de le venir trouver, selon ces messieurs, c'est Admète effrayé qui est l'impatient, et qui presse Alceste d'expirer, de peur que Caron ne le prenne. « Il l'exhorte (ce sont « leurs termes) à avoir courage, à ne pas faire une lâ- « cheté, et à mourir de bonne grace ; il interrompt les

« adieux d'Alceste pour lui dire de se dépêcher de mou-
« rir. » Peu s'en faut, à les entendre, qu'il ne la fasse mourir lui-même.

Ce sentiment leur a paru fort vilain. Et ils ont raison :
il n'y a personne qui n'en fût très scandalisé. Mais comment l'ont-ils pu attribuer à Euripide? En vérité, quand
toutes les autres éditions où cet AL. n'a point été oublié
ne donneroient pas un démenti au malheureux imprimeur qui les a trompés, la suite de ces quatre vers, et tous
les discours qu'Admète tient dans la même scène, étoient
plus que suffisants pour les empêcher de tomber dans une
erreur si déraisonnable. Car Admète, bien éloigné de
presser Alceste de mourir, s'écrie « que toutes les morts
« ensemble lui seroient moins cruelles que de la voir dans
« l'état où il la voit : il la conjure de l'entraîner avec elle;
« il ne peut plus vivre si elle meurt : il vit en elle; il ne
« respire que pour elle. »

Ils ne sont pas plus heureux dans les autres objections.
Ils disent, par exemple, qu'Euripide a fait deux époux
surannés d'Admète et d'Alceste; que l'un est un vieux
mari, et l'autre une princesse déjà sur l'âge. Euripide a
pris soin de leur répondre en un seul vers, où il fait dire
par le chœur, qu'Alceste toute jeune, et dans la première
fleur de son âge, expire pour son jeune époux.

Ils reprochent encore à Alceste qu'elle a deux grands
enfants à marier. Comment n'ont-ils point lu le contraire
en cent autres endroits, et sur-tout dans ce beau récit où
l'on dépeint Alceste mourante au milieu de ses deux petits

PRÉFACE.

enfants qui la tirent, en pleurant, par la robe, et qu'elle prend sur ses bras l'un après l'autre pour les baiser?

Tout le reste de leurs critiques est à peu près de la force de celles-ci. Mais je crois qu'en voilà assez pour la défense de mon auteur. Je conseille à ces messieurs de ne plus décider si légèrement sur les ouvrages des anciens. Un homme tel qu'Euripide méritoit au moins qu'ils l'examinassent, puisqu'ils avoient envie de le condamner. Ils devoient se souvenir de ces sages paroles de Quintilien : « Il faut être extrêmement circonspect et très retenu à « prononcer sur les ouvrages de ces grands hommes, de « peur qu'il ne nous arrive, comme à plusieurs, de con-« damner ce que nous n'entendons pas. Et, s'il faut tom-« ber dans quelques excès, encore vaut-il mieux pécher « en admirant tout dans leurs écrits, qu'en y blâmant « beaucoup de choses[1]. »

---

[1] « Modestè tamen et circumspecto judicio de tantis viris pro-« nunciandum est, ne, quod plerisque accidit, damnent quæ « non intelligunt. Ac si necesse est in alteram errare partem, « omnia eorum legentibus placere, quàm multa displicere, ma-« luerim. »

PERSONNAGES.

AGAMEMNON.
ACHILLE.
ULYSSE.
CLYTEMNESTRE, femme d'Agamemnon.
IPHIGÉNIE, fille d'Agamemnon.
ÉRIPHILE, fille d'Hélène et de Thésée.
ARCAS, } domestiques d'Agamemnon.
EURYBATE, }
ÆGINE, femme de la suite de Clytemnestre.
DORIS, confidente d'Ériphile.
GARDES.

La scène est en Aulide, dans la tente d'Agamemnon.

IPHIGÉNIE.

ACTE PREMIER.

SCÈNE I.

AGAMEMNON, ARCAS.

AGAMEMNON.

Oui, c'est Agamemnon, c'est ton roi qui t'éveille.[1]
Viens, reconnois la voix qui frappe ton oreille.

ARCAS.

C'est vous-même, seigneur! Quel important besoin
Vous a fait devancer l'aurore de si loin?
A peine un foible jour vous éclaire et me guide,
Vos yeux seuls et les miens sont ouverts dans l'Aulide.

---

[1] L'Iphigénie en Aulide d'Euripide commence à peu près de même.

Euripide, Iphigénie, vers 1:

Agamemnon. Vieillard, viens avec moi devant cette maison. *Le vieillard.* J'accours, seigneur. Le roi Agamemnon forme-t-il de nouveaux projets? *Agamemnon.* Tu le sauras bientôt..... On n'entend aucun bruit; les oiseaux et la mer sont dans le plus profond silence : le calme des vents rend l'Euripe tranquille. *Le vieillard.* Pourquoi donc, seigneur, sortez-vous agité de votre tente? tout dort, tout se repose à ce moment dans l'Aulide; et les gardes du camp sont immobiles.

IPHIGÉNIE.

Avez-vous dans les airs entendu quelque bruit?
Les vents nous auroient-ils exaucés cette nuit?
Mais tout dort, et l'armée, et les vents, et Neptune.

AGAMEMNON.

Heureux qui, satisfait de son humble fortune, [1]
Libre du joug superbe où je suis attaché,
Vit dans l'état obscur où les dieux l'ont caché!

---

[1] Les maximes générales sont rarement bien placées dans la tragédie : celle-ci parfaitement amenée produit l'effet le plus touchant. Euripide n'a pas eu le même art : dans sa pièce, Agamemnon, au lieu de considérer, dans l'ensemble de la société, les charmes de l'état obscur, tire sa réflexion de la situation de l'homme auquel il parle.

Euripide, Iphigénie, vers 16 :

Je te trouve heureux, vieillard; et je porte le même jugement sur le mortel qui vit ignoré sans péril et sans gloire. Malheureux ceux qui sont dans les honneurs !

La même idée se trouve dans Sénèque le tragique.

Agamemnon, acte 1, vers 100 :

« Quidquid in altum
« Fortuna tulit, ruitura levat.
« Modicis rebus longius ævum est.
« Felix mediæ quisquis turbæ
« Sorte quietus.....
« Aura stringit littora tuta;
« Timidusque mari credere cymbam
« Remo terras propiore legit. »

Tout ce que le sort a élevé est menacé d'une ruine prochaine : les fortunes médiocres subsistent beaucoup plus long-temps.

ACTE I, SCÈNE I.

ARCAS.

Et depuis quand, seigneur, tenez-vous ce langage?
Comblé de tant d'honneurs, par quel secret outrage
Les dieux, à vos désirs toujours si complaisants,
Vous font-ils méconnoître et haïr leurs présents?
Roi, père, époux heureux, fils du puissant Atrée,
Vous possédez des Grecs la plus riche contrée :
Du sang de Jupiter issu de tous côtés,
L'hymen vous lie encore aux dieux dont vous sortez ;
Le jeune Achille enfin, vanté par tant d'oracles,
Achille, à qui le ciel promet tant de miracles,
Recherche votre fille, et d'un hymen si beau
Veut dans Troie embrasée allumer le flambeau.
Quelle gloire, seigneur, quels triomphes égalent
Le spectacle pompeux que ces bords vous étalent,

Heureux celui qui, perdu dans la foule, satisfait de son sort, côtoie des rives tranquilles ; et craignant de confier à la haute mer sa frêle barque, n'éloigne jamais sa rame des sinuosités du rivage.

Boileau, dans son épître à M. de Lamoignon, composée quelque temps avant Iphigénie, a exprimé la même idée sur l'indépendance dont jouit l'homme obscur :

> Qu'heureux est le mortel qui, du monde ignoré,
> Vit content de soi-même en un coin retiré ;
> Que l'amour de ce rien qu'on nomme renommée
> N'a jamais enivré d'une vaine fumée ;
> Qui de sa liberté forme tout son plaisir,
> Et ne rend qu'à lui seul compte de son loisir !

Tous ces mille vaisseaux, qui, chargés de vingt rois,
N'attendent que les vents pour partir sous vos lois?
Ce long calme, il est vrai, retarde vos conquêtes;
Ces vents, depuis trois mois enchaînés sur nos têtes,
D'Ilion trop long-temps vous ferment le chemin :
Mais, parmi tant d'honneurs, vous êtes homme enfin; [1]
Tandis que vous vivrez, le sort, qui toujours change,
Ne vous a point promis un bonheur sans mélange.
Bientôt.... Mais quels malheurs dans ce billet tracés
Vous arrachent, seigneur, les pleurs que vous versez?
Votre Oreste au berceau va-t-il finir sa vie?
Pleurez-vous Clytemnestre, ou bien Iphigénie?
Qu'est-ce qu'on vous écrit? Daignez m'en avertir.

AGAMEMNON.

Non, tu ne mourras point, je n'y puis consentir.

---

[1] Dans Euripide, le vieillard fait la même observation à Agamemnon.

Iphigénie, vers 29 :

O Agamemnon, le grand Atrée ne vous a pas engendré pour jouir d'un bonheur sans mélange. Malgré tous vos murmures, telle est la volonté des dieux.... Mais vous écrivez une lettre à la lueur de ce flambeau que vous venez d'allumer; je la vois entre vos mains. Vous en effacez une partie; vous la fermez, vous l'ouvrez; vous renversez le flambeau sur la terre, et vos yeux se remplissent de larmes.... Que vous est-il arrivé de nouveau, ô mon prince! Daignez vous ouvrir à moi. Vous répandrez vos secrets dans le sein d'un homme qui vous aime, et d'un sujet fidèle.

ACTE I, SCÈNE I.

ARCAS.

Seigneur....

AGAMEMNON.

Tu vois mon trouble; apprends ce qui le cause;
Et juge s'il est temps, ami, que je repose.
Tu te souviens du jour qu'en Aulide assemblés
Nos vaisseaux par les vents sembloient être appelés.
Nous partions; et déjà, par mille cris de joie, [1]
Nous menacions de loin les rivages de Troie.
Un prodige étonnant fit taire ce transport :
Le vent qui nous flattoit nous laissa dans le port.
Il fallut s'arrêter; et la rame inutile
Fatigua vainement une mer immobile.
Ce miracle inouï me fit tourner les yeux
Vers la divinité qu'on adore en ces lieux :
Suivi de Ménélas, de Nestor et Ulysse,
J'offris sur ses autels un secret sacrifice.

---

[1] Ce récit paroît imité d'Ovide (Métamorphoses, livre XII) : Mille vaisseaux, dit ce poëte, étoient prêts à partir, et la vengeance n'auroit pas été différée, si les vents conjurés contre les Grecs n'eussent rendu la mer immobile, et si l'Aulide n'eût retenu la flotte prête à partir. Selon l'ancienne coutume, on préparoit un sacrifice à Jupiter, etc.

« Conjurataeque sequuntur
« Mille rates.....................
« Nec dilata foret vindicta, nisi aequora saevi
« Invia fecissent venti, Boeotaque tellus
« Aulide piscosâ, puppes tenuisset ituras.
« Hîc patrio de more, Jovi cùm sacra parâssent, etc. »

IPHIGÉNIE.

Quelle fut sa réponse! et quel devins-je, Arcas, [1]
Quand j'entendis ces mots prononcés par Calchas!

> Vous armez contre Troie une puissance vaine,
> Si, dans un sacrifice auguste et solennel,
> Une fille du sang d'Hélène
> De Diane en ces lieux n'ensanglante l'autel.
> Pour obtenir les vents que le ciel vous dénie,
> Sacrifiez Iphigénie.

ARCAS.

Votre fille!

AGAMEMNON.

Surpris, comme tu peux penser,
Je sentis dans mon corps tout mon sang se glacer: [2]
Je demeurai sans voix, et n'en repris l'usage
Que par mille sanglots qui se firent passage.
Je condamnai les dieux, et, sans plus rien ouïr,
Fis vœu, sur leurs autels, de leur désobéir.

---

[1] Euripide, Iphigénie, vers 90 :

Calchas répondit qu'il falloit immoler ma fille Iphigénie à Diane qu'on adore sur ce rivage. La déesse attachoit à ce sacrifice une navigation facile et la destruction de Troie; et si nous refusions de l'offrir, elle nous privoit de tous ces avantages.

[2] Énée exprime le même sentiment quand il raconte que les arbustes qu'il arracha dans le lieu où Polydore reposoit lui parurent teints de sang. Énéide, liv. III, vers 29 :

« Mihi frigidus horror
« Membra quatit, gelidusque coit formidine sanguis. »

ACTE I, SCÈNE I.

Que n'en croyois-je alors ma tendresse alarmée !
Je voulois sur-le-champ congédier l'armée. [1]
Ulysse, en apparence approuvant mes discours,
De ce premier torrent laissa passer le cours ;
Mais bientôt, rappelant sa cruelle industrie,
Il me représenta l'honneur et la patrie,
Tout ce peuple, ces rois, à mes ordres soumis,
Et l'empire d'Asie à la Grèce promis ;
De quel front, immolant tout l'état à ma fille,
Roi sans gloire, j'irois vieillir dans ma famille.
Moi-même, je l'avoue avec quelque pudeur,
Charmé de mon pouvoir, et plein de ma grandeur,
Ces noms de roi des rois et de chef de la Grèce
Chatouilloient de mon cœur l'orgueilleuse foiblesse.
Pour comble de malheur, les dieux, toutes les nuits,
Dès qu'un léger sommeil suspendoit mes ennuis,
Vengeant de leurs autels le sanglant privilège,
Me venoient reprocher ma pitié sacrilège,
Et, présentant la foudre à mon esprit confus,
Le bras déjà levé, menaçoient mes refus.
Je me rendis, Arcas ; et, vaincu par Ulysse, [2]
De ma fille, en pleurant, j'ordonnai le supplice.

---

[1] Euripide, Iphigénie, vers 93 :

Aussitôt que j'eus entendu cette réponse, j'ordonnai à Tathibius de congédier l'armée, lui disant que jamais je ne souffrirois que ma fille fût immolée.

[2] Dans Euripide, c'est Ménélas qui a engagé Agamemnon

IPHIGÉNIE.

Mais des bras d'une mère il falloit l'arracher.
Quel funeste artifice il me fallut chercher!
D'Achille, qui l'aimoit, j'empruntai le langage :
J'écrivis en Argos, pour hâter ce voyage,
Que ce guerrier, pressé de partir avec nous,
Vouloit revoir ma fille, et partir son époux.

ARCAS.

Et ne craignez-vous point l'impatient Achille ? [1]
Avez-vous prétendu que, muet et tranquille,
Ce héros, qu'armera l'amour et la raison,
Vous laisse pour ce meurtre abuser de son nom?
Verra-t-il à ses yeux son amante immolée?

AGAMEMNON.

Achille étoit absent, et son père Pélée,
D'un voisin ennemi redoutant les efforts,
L'avoit, tu t'en souviens, rappelé de ces bords;
Et cette guerre, Arcas, selon toute apparence,

à sacrifier sa fille. Le récit est à peu près le même. Iphigénie, vers 96 :

Enfin mon frère m'opposa tant de raisons, qu'il me persuada de souscrire à cet affreux sacrifice. J'écrivis à Clytemnestre, et je l'engageai à m'envoyer sa fille pour la marier avec Achille : je m'étendois sur les grandes qualités de ce héros, et je disois qu'il ne s'embarqueroit pas avec les Grecs, si ce lien n'étoit pas formé. C'est ainsi que je trompai Clytemnestre.

[1] Le vieillard, dans Euripide, fait la même observation à Agamemnon, vers 123 : Achille, privé de cet hymen, ne se portera-t-il pas à des excès contre vous et Clytemnestre?

Auroit dû plus long-temps prolonger son absence.
Mais qui peut dans sa course arrêter ce torrent?
Achille va combattre, et triomphe en courant;
Et ce vainqueur, suivant de près sa renommée,
Hier avec la nuit arriva dans l'armée.
Mais des nœuds plus puissants me retiennent le bras :
Ma fille, qui s'approche, et court à son trépas,
Qui, loin de soupçonner un arrêt si sévère,
Peut-être s'applaudit des bontés de son père,
Ma fille.... Ce nom seul, dont les droits sont si saints,
Sa jeunesse, mon sang, n'est pas ce que je plains :
Je plains mille vertus, une amour mutuelle,
Sa piété pour moi, ma tendresse pour elle,
Un respect qu'en son cœur rien ne peut balancer,
Et que j'avois promis de mieux récompenser.
Non, je ne croirai point, ô ciel, que ta justice
Approuve la fureur de ce noir sacrifice :
Tes oracles, sans doute, ont voulu m'éprouver;
Et tu me punirois si j'osois l'achever.

Arcas, je t'ai choisi pour cette confidence·
Il faut montrer ici ton zèle et ta prudence :
La reine, qui dans Sparte avoit connu ta foi,
T'a placé dans le rang que tu tiens près de moi.
Prends cette lettre, cours au-devant de la reine,[1]
Et suis sans t'arrêter le chemin de Mycène.

---

[1] Euripide a mis cela en dialogue. Iphigénie, vers 138 :

Agamemnon. Mais va, précipite ta course : que la vieillesse

Dès que tu la verras, défends-lui d'avancer,
Et rends-lui ce billet que je viens de tracer.
Mais ne t'écarte point; prends un fidèle guide.
Si ma fille une fois met le pied dans l'Aulide,
Elle est morte : Calchas, qui l'attend en ces lieux,
Fera taire nos pleurs, fera parler les dieux;
Et la religion, contre nous irritée,
Par les timides Grecs sera seule écoutée;
Ceux même dont ma gloire aigrit l'ambition
Réveilleront leur brigue et leur prétention,
M'arracheront peut-être un pouvoir qui les blesse....
Va, dis-je, sauve-la de ma propre foiblesse.
Mais sur-tout ne va point, par un zèle indiscret,
Découvrir à ses yeux mon funeste secret.
Que, s'il se peut, ma fille à jamais abusée
Ignore à quel péril je l'avois exposée :
D'une mère en fureur épargne-moi les cris;
Et que ta voix s'accorde avec ce que j'écris.
Pour renvoyer la fille, et la mère offensée,

---

ne te ralentisse pas. *Le vieillard.* Je me hâte, seigneur. *Agamemnon.* Ne t'arrête ni dans les forêts ombragées, ni sur le bord des fontaines; garde-toi sur-tout de te livrer au sommeil. *Le vieillard.* J'attends vos derniers ordres. *Agamemnon.* Lorsqu'il se présentera une route partagée en deux sentiers, vois si le char de ma fille, emporté par d'agiles coursiers, ne t'a point devancé pour aller vers la flotte des Grecs. *Le vieillard.* J'obéirai. *Agamemnon.* Sors à l'instant de l'enceinte du camp. Si tu rencontres ma fille, empare-toi des chevaux qui sont attelés à son char, et conduis-la vers la ville des Cyclopes.

Je leur écris qu'Achille a changé de pensée;
Et qu'il veut désormais jusques à son retour
Différer cet hymen que pressoit son amour.
Ajoute, tu le peux, que des froideurs d'Achille
On accuse en secret cette jeune Eriphile
Que lui-même captive amena de Lesbos,
Et qu'auprès de ma fille on garde dans Argos.
   C'est leur en dire assez : le reste, il le faut taire.
Déjà le jour plus grand nous frappe et nous éclaire;
Déjà même l'on entre, et j'entends quelque bruit.
C'est Achille. Va, pars. Dieux! Ulysse le suit!

SCÈNE II.

AGAMEMNON, ACHILLE, ULYSSE.

AGAMEMNON.

Quoi! seigneur, se peut-il que d'un cours si rapide
La victoire vous ait ramené dans l'Aulide?
D'un courage naissant sont-ce là les essais?
Quels triomphes suivront de si nobles succès!
La Thessalie entière, ou vaincue ou calmée, [1]
Lesbos même conquise en attendant l'armée,

---

[1] Sénèque, Troade, vers 229:
   « Hæc tanta clades gentium ac tantus pavor,
   « Sparsæ tot urbes, turbinis vasti modo,
   « Alterius esset gloria ac summum decus;
   « Iter est Achillis. »
Tant de nations domtées, tant de villes détruites, une si

De toute autre valeur éternels monuments,
Ne sont d'Achille oisif que les amusements.

ACHILLE.

Seigneur, honorez moins une foible conquête :
Et que puisse bientôt le ciel qui nous arrête
Ouvrir un champ plus noble à ce cœur excité
Par le prix glorieux dont vous l'avez flatté !
Mais cependant, seigneur, que faut-il que je croie
D'un bruit qui me surprend et me comble de joie ?
Daignez-vous avancer le succès de mes vœux ?
Et bientôt des mortels suis-je le plus heureux ?
On dit qu'Iphigénie, en ces lieux amenée,
Doit bientôt à son sort unir ma destinée.

AGAMEMNON.

Ma fille ? Qui vous dit qu'on la doit amener ?

ACHILLE.

Seigneur, qu'a donc ce bruit qui vous doive étonner ?

AGAMEMNON, à Ulysse.

Juste ciel ! sauroit-il mon funeste artifice ?

---

grande terreur répandue comme un vaste torrent, illustreroient et couvriroient tout autre d'une gloire immortelle : pour Achille, ce n'est qu'un voyage.

Il paroît que Racine se rappeloit aussi ces vers, lorsque dans la scène précédente il désigna ainsi Achille :

Mais qui peut, dans sa course, arrêter ce torrent ?
Achille va combattre et triomphe en courant.

ACTE I, SCÈNE II.

ULYSSE.

Seigneur, Agamemnon s'étonne avec justice.
Songez-vous aux malheurs qui nous menacent tous?
Oh ciel! pour un hymen quel temps choisissez-vous?
Tandis qu'à nos vaisseaux la mer toujours fermée
Trouble toute la Grèce et consume l'armée;
Tandis que, pour fléchir l'inclémence des dieux,
Il faut du sang peut-être, et du plus précieux,
Achille seul, Achille à son amour s'applique!
Voudroit-il insulter à la crainte publique,
Et que le chef des Grecs, irritant les destins,
Préparât d'un hymen la pompe et les festins?
Ah! seigneur, est-ce ainsi que votre ame attendrie
Plaint le malheur des Grecs, et chérit la patrie?

ACHILLE.

Dans les champs phrygiens les effets feront foi
Qui la chérit le plus ou d'Ulysse ou de moi :
Jusque-là je vous laisse étaler votre zèle;
Vous pouvez à loisir faire des vœux pour elle.
Remplissez les autels d'offrandes et de sang,
Des victimes vous-même interrogez le flanc,
Du silence des vents demandez-leur la cause :
Mais moi, qui de ce soin sur Calchas me repose,
Souffrez, seigneur, souffrez que je coure hâter
Un hymen, dont les dieux ne sauroient s'irriter.
Transporté d'une ardeur qui ne peut être oisive,
Je rejoindrai bientôt les Grecs sur cette rive :

J'aurois trop de regret si quelque autre guerrier
Au rivage troyen descendoit le premier.

AGAMEMNON.

O ciel, pourquoi faut-il que ta secrète envie
Ferme à de tels héros le chemin de l'Asie?
N'aurai-je vu briller cette noble chaleur
Que pour m'en retourner avec plus de douleur?

ULYSSE.

Dieux! qu'est-ce que j'entends?

ACHILLE.

Seigneur, qu'osez-vous dire?

AGAMEMNON.

Qu'il faut, princes, qu'il faut que chacun se retire;
Que d'un crédule espoir trop long-temps abusés
Nous attendons les vents qui nous sont refusés.
Le ciel protège Troie; et par trop de présages
Son courroux nous défend d'en chercher les passages.

ACHILLE.

Quels présages affreux nous marquent son courroux?

AGAMEMNON.

Vous-même consultez ce qu'il prédit de vous.
Que sert de se flatter? on sait qu'à votre tête
Les dieux ont d'Ilion attaché la conquête :
Mais on sait que, pour prix d'un triomphe si beau,
Ils ont aux champs troyens marqué votre tombeau;
Que votre vie, ailleurs et longue et fortunée,
Devant Troie en sa fleur doit être moissonnée.

ACHILLE.

Ainsi pour vous venger tant de rois assemblés
D'un opprobre éternel retourneront comblés!
Et Pâris, couronnant son insolente flamme,
Retiendra sans péril la sœur de votre femme!

AGAMEMNON.

Hé quoi! votre valeur qui nous a devancés
N'a-t-elle pas pris soin de nous venger assez?
Les malheurs de Lesbos par vos mains ravagée
Épouvantent encor toute la mer Egée :
Troie en a vu la flamme; et jusque dans ses ports
Les flots en ont poussé les débris et les morts.
Que dis-je? les Troyens pleurent une autre Hélène
Que vous avez captive envoyée à Mycène :
Car, je n'en doute point, cette jeune beauté
Garde en vain un secret que trahit sa fierté :
Et son silence même, accusant sa noblesse,
Nous dit qu'elle nous cache une illustre princesse.

ACHILLE.

Non, non, tous ces détours sont trop ingénieux :
Vous lisez de trop loin dans les secrets des dieux.
Moi, je m'arrêterois à de vaines menaces!
Et je fuirois l'honneur qui m'attend sur vos traces!
Les Parques à ma mère, il est vrai, l'ont prédit, [1]
Lorsqu'un époux mortel fut reçu dans son lit :

---

[1] Ici Racine a imité Homère : mais la situation du héros dans le poëme grec est tout-à-fait différente. Dans Homère, Achille

Je puis choisir, dit-on, ou beaucoup d'ans sans gloire,
Ou peu de jours suivis d'une longue mémoire.
Mais, puisqu'il faut enfin que j'arrive au tombeau,
Voudrois-je, de la terre inutile fardeau,
Trop avare d'un sang reçu d'une déesse,
Attendre chez mon père une obscure vieillesse;
Et, toujours de la gloire évitant le sentier,
Ne laisser aucun nom, et mourir tout entier?
Ah! ne nous formons point ces indignes obstacles :
L'honneur parle, il suffit; ce sont là nos oracles.
Les dieux sont de nos jours les maîtres souverains;
Mais, seigneur, notre gloire est dans nos propres mains.
Pourquoi nous tourmenter de leurs ordres suprêmes?
Ne songeons qu'à nous rendre immortels comme eux-mêmes;
Et, laissant faire au sort, courons où la valeur
Nous promet un destin aussi grand que le leur.
C'est à Troie, et j'y cours; et, quoi qu'on me prédise,

---

irrité contre Agamemnon refuse de combattre les Troyens qui viennent d'obtenir un avantage; il veut retourner près de son père.

Iliade, livre IX, vers 410 :

Thétis ma mère, déesse des flots argentés, m'a dit que les Parques me laissoient le choix de deux routes pour arriver au trépas. Si je demeure ici, si je combats autour de Troie, je perds tout espoir de retour, mais je remporte une gloire immortelle. Si je rentre dans mes foyers, privé de tant de gloire, je dois jouir d'une longue suite de jours, et ne pas arriver en quelques instants au terme de ma carrière. J'exhorte tous les autres Grecs à m'imiter et à cingler vers leurs demeures.

Je ne demande aux dieux qu'un vent qui m'y conduise;
Et quand moi seul enfin il faudroit l'assiéger, [1]
Patrocle et moi, seigneur, nous irons vous venger.
Mais non, c'est en vos mains que le destin la livre;
Je n'aspire en effet qu'à l'honneur de vous suivre.
Je ne vous presse plus d'approuver les transports
D'un amour qui m'alloit éloigner de ces bords;
Ce même amour, soigneux de votre renommée,
Veut qu'ici mon exemple encourage l'armée,
Et me défend sur-tout de vous abandonner
Aux timides conseils qu'on ose vous donner.

SCÈNE III.

AGAMEMNON, ULYSSE.

ULYSSE.

SEIGNEUR, vous entendez. Quelque prix qu'il en coûte,
Il veut voler à Troie et poursuivre sa route.

---

[1] Diomède exprime les mêmes sentiments à Agamemnon qui veut quitter le siège de Troie.

Iliade, livre IX, vers 42 :

Si tu ne songes qu'au retour, va, les chemins te sont ouverts, et les vaisseaux nombreux qui t'ont suivi de Mycènes, prêts au départ, occupent le bord du rivage; mais les autres Grecs, pleins d'intrépidité, ne se retireront qu'après avoir saccagé Troie, ou s'ils désirent eux-mêmes de partir, qu'ils fuient avec leurs vaisseaux dans leur patrie : nous combattrons, moi et Sténélus, jusqu'à ce que nous ayions vu la dernière journée d'Ilion.

Nous craignions son amour : et lui-même aujourd'hui
Par une heureuse erreur nous arme contre lui.

AGAMEMNON.

Hélas!

ULYSSE.

   De ce soupir que faut-il que j'augure?
Du sang qui se révolte est-ce quelque murmure?
Croirai-je qu'une nuit a pu vous ébranler?
Est-ce donc votre cœur qui vient de nous parler?
Songez-y; vous devez votre fille à la Grèce :
Vous nous l'avez promise; et, sur cette promesse,
Calchas, par tous les Grecs consulté chaque jour,
Leur a prédit des vents l'infaillible retour.
A ses prédictions si l'effet est contraire,
Pensez-vous que Calchas continue à se taire;
Que ses plaintes, qu'en vain vous voudrez apaiser,
Laissent mentir les dieux sans vous en accuser?
Et qui sait ce qu'aux Grecs, frustrés de leur victime,
Peut permettre un courroux qu'ils croiront légitime?
Gardez-vous de réduire un peuple furieux,
Seigneur, à prononcer entre vous et les dieux.
N'est-ce pas vous enfin de qui la voix pressante [1]
Nous a tous appelés aux campagnes du Xanthe;

---

[1] Euripide fait mention de ce serment (Iphigénie, vers 57):
Tyndare, dit Agamemnon, réunit les amants de sa fille : après
avoir immolé des victimes, répandu des libations, et s'être pris
la main, ils s'engagèrent par un serment mutuel à venir au secours de celui qui obtiendroit la main d'Hélène, si elle lui étoit

Et qui de ville en ville attestiez les serments
Que d'Hélène autrefois firent tous les amants,
Quand presque tous les Grecs, rivaux de votre frère,
La demandoient en foule à Tyndare son père?
De quelque heureux époux que l'on dût faire choix,
Nous jurâmes dès-lors de défendre ses droits;
Et, si quelque insolent lui voloit sa conquête,
Nos mains du ravisseur lui promirent la tête.
Mais sans vous, ce serment que l'amour a dicté,
Libres de cet amour, l'aurions-nous respecté?
Vous seul, nous arrachant à de nouvelles flammes,
Nous avez fait laisser nos enfants et nos femmes.
Et quand, de toutes parts assemblés en ces lieux,
L'honneur de vous venger brille seul à nos yeux;
Quand la Grèce, déja vous donnant son suffrage,
Vous reconnoît l'auteur de ce fameux ouvrage;
Que ses rois, qui pouvoient vous disputer ce rang,
Sont prêts pour vous servir de verser tout leur sang :
Le seul Agamemnon, refusant la victoire,
N'ose d'un peu de sang acheter tant de gloire;
Et, dès le premier pas se laissant effrayer,
Ne commande les Grecs que pour les renvoyer!

AGAMEMNON.

Ah, seigneur! qu'éloigné du malheur qui m'opprime
Votre cœur aisément se montre magnanime!

---

enlevée; à poursuivre à main armée le ravisseur, de quelque nation qu'il fût, et de détruire sa ville capitale.

Mais que, si vous voyiez ceint du bandeau mortel
Votre fils Télémaque approcher de l'autel,[1]
Nous vous verrions, troublé de cette affreuse image,
Changer bientôt en pleurs ce superbe langage,
Éprouver la douleur que j'éprouve aujourd'hui,
Et courir vous jeter entre Calchas et lui!
Seigneur, vous le savez, j'ai donné ma parole;
Et si ma fille vient je consens qu'on l'immole:
Mais, malgré tous mes soins, si son heureux destin
La retient dans Argos, ou l'arrête en chemin,
Souffrez que, sans presser ce barbare spectacle,
En faveur de mon sang j'explique cet obstacle,
Que j'ose pour ma fille accepter le secours
De quelque dieu plus doux qui veille sur ses jours.
Vos conseils sur mon cœur n'ont eu que trop d'empire,
Et je rougis....

SCÈNE IV.

AGAMEMNON, ULYSSE, EURYBATE.

EURYBATE.

Seigneur....

AGAMEMNON.

Ah! que vient-on me dire?

---

[1] Imitation de l'Iphigénie de Rotrou, acte II, scène iij:
    J'avois, sans ce discours, assez de connoissance
    De l'adresse d'Ulysse et de son éloquence;
    Mais il éprouveroit en un pareil ennui
    Que le sang est encor plus éloquent que lui.

ACTE I, SCÈNE IV.

EURYBATE.

La reine, dont ma course a devancé les pas,
Va remettre bientôt sa fille entre vos bras;
Elle approche. Elle s'est quelque temps égarée
Dans ces bois qui du camp semblent cacher l'entrée;
A peine nous avons, dans leur obscurité,
Retrouvé le chemin que nous avions quitté.

AGAMEMNON.

Ciel!

EURYBATE.

Elle amène aussi cette jeune Ériphile
Que Lesbos a livrée entre les mains d'Achille,
Et qui de son destin, qu'elle ne connoît pas,
Vient, dit-elle, en Aulide interroger Calchas.
Déjà de leur abord la nouvelle est semée;[1]
Et déjà de soldats une foule charmée,
Sur-tout d'Iphigénie admirant la beauté,
Pousse au ciel mille vœux pour sa félicité.
Les uns avec respect environnoient la reine;
D'autres me demandoient le sujet qui l'amène :

---

[1] Euripide, Iphigénie, vers 425 :

L'armée vient d'apprendre cette nouvelle répandue par la renommée agile. Tous les soldats se sont précipités au-devant du char pour jouir d'un si touchant spectacle.... Les uns disent : Est-ce un hymen qui se prépare? quel est l'objet de ce voyage? la tendresse du roi pour sa fille l'a-t-elle porté à l'appeler auprès de lui ? Les autres croient qu'on veut présenter Iphigénie à Diane, etc.

Mais tous ils confessoient que si jamais les dieux
Ne mirent sur le trône un roi plus glorieux,
Également comblé de leurs faveurs secrètes,
Jamais père ne fut plus heureux que vous l'êtes.

AGAMEMNON.

Eurybate, il suffit; vous pouvez nous laisser :
Le reste me regarde, et je vais y penser.

SCÈNE V.

AGAMEMNON, ULYSSE.

AGAMEMNON.

Juste ciel, c'est ainsi qu'assurant ta vengeance [1]
Tu romps tous les ressorts de ma vaine prudence!
Encor si je pouvois, libre dans mon malheur,
Par des larmes au moins soulager ma douleur!
Triste destin des rois! Esclaves que nous sommes
Et des rigueurs du sort et des discours des hommes,
Nous nous voyons sans cesse assiégés de témoins;
Et les plus malheureux osent pleurer le moins.

---

[1] Euripide, Iphigénie, vers 443 :

Hélas! que dirai-je, malheureux que je suis!..... La fortune s'est jouée de toutes les précautions que j'avois prises. Combien les hommes obscurs ont d'avantages! Ils peuvent du moins pleurer, ils peuvent du moins se plaindre de leurs maux : tous ces adoucissements à la douleur sont refusés aux rois. Nous commandons au peuple, qui a toujours les yeux sur nous, et nous sommes en effet ses esclaves..... Je crains de montrer mes larmes, et j'ai honte de n'en pas verser, etc.

ULYSSE.

Je suis père, seigneur, et foible comme un autre :
Mon cœur se met sans peine en la place du vôtre ;
Et, frémissant du coup qui vous fait soupirer,
Loin de blâmer vos pleurs, je suis près de pleurer.
Mais votre amour n'a plus d'excuse légitime ;
Les dieux ont à Calchas amené leur victime :
Il le sait, il l'attend ; et, s'il la voit tarder,
Lui-même à haute voix viendra la demander.
Nous sommes seuls encor : hâtez-vous de répandre
Des pleurs que vous arrache un intérêt si tendre ;
Pleurez ce sang, pleurez : ou plutôt, sans pâlir,
Considérez l'honneur qui doit en rejaillir.
Voyez tout l'Hellespont blanchissant sous nos rames,
Et la perfide Troie abandonnée aux flammes,
Ses peuples dans vos fers, Priam à vos genoux,
Hélène par vos mains rendue à son époux :
Voyez de vos vaisseaux les poupes couronnées
Dans cette même Aulide avec vous retournées ;
Et ce triomphe heureux, qui s'en va devenir
L'éternel entretien des siècles à venir.

AGAMEMNON.

Seigneur, de mes efforts je connois l'impuissance :
Je cède, et laisse aux dieux opprimer l'innocence.
La victime bientôt marchera sur vos pas,
Allez. Mais cependant faites taire Calchas ; [1]

---

[1] Agamemnon, dans Euripide, fait à Ménélas la même prière

Et m'aidant à cacher ce funeste mystère,
Laissez-moi de l'autel écarter une mère.

(Iphigénie, vers 538) : Sur-tout, Ménélas, veillez à ce que Clytemnestre n'apprenne rien, avant l'instant où j'immolerai à Pluton ma malheureuse fille.

FIN DU PREMIER ACTE.

ACTE SECOND.

SCÈNE I.

ÉRIPHILE, DORIS.

ÉRIPHILE.

Ne les contraignons point, Doris, retirons-nous,
Laissons-les dans les bras d'un père et d'un époux;
Et, tandis qu'à l'envi leur amour se déploie,
Mettons en liberté ma tristesse et leur joie.

DORIS.

Quoi! madame, toujours irritant vos douleurs,
Croyez-vous ne plus voir que des sujets de pleurs?
Je sais que tout déplaît aux yeux d'une captive;
Qu'il n'est point dans les fers de plaisir qui la suive :
Mais dans le temps fatal que, repassant les flots,
Nous suivions malgré nous le vainqueur de Lesbos;
Lorsque dans son vaisseau, prisonnière timide,
Vous voyiez devant vous ce vainqueur homicide,
Le dirai-je? vos yeux, de larmes moins trempés,
A pleurer vos malheurs étoient moins occupés.
Maintenant tout vous rit : l'aimable Iphigénie
D'une amitié sincère avec vous est unie,
Elle vous plaint, vous voit avec des yeux de sœur;
Et vous seriez dans Troie avec moins de douceur :

Vous vouliez voir l'Aulide où son père l'appelle;
Et l'Aulide vous voit arriver avec elle :
Cependant, par un sort que je ne conçois pas,
Votre douleur redouble et croît à chaque pas.

ÉRIPHILE.

Hé quoi! te semble-t-il que la triste Ériphile
Doive être de leur joie un témoin si tranquille?
Crois-tu que mes chagrins doivent s'évanouir
A l'aspect d'un bonheur dont je ne puis jouir?
Je vois Iphigénie entre les bras d'un père;
Elle fait tout l'orgueil d'une superbe mère :
Et moi, toujours en butte à de nouveaux dangers,
Remise dès l'enfance en des bras étrangers,
Je reçus et je vois le jour que je respire¹
Sans que mère ni père ait daigné me sourire.
J'ignore qui je suis, et pour comble d'horreur
Un oracle effrayant m'attache à mon erreur,
Et, quand je veux chercher le sang qui m'a fait naître,
Me dit que sans périr je ne me puis connoître.

DORIS.

Non, non; jusques au bout vous devez le chercher.

---

¹ Il paroît que ces vers ont été inspirés à Racine par un passage célèbre de la quatrième églogue de Virgile. Le poëte s'adresse à un enfant illustre, et l'engage à reconnoître par ses caresses les soins de sa mère : c'est à ce tendre retour que son bonheur est attaché :

« Cui non risêre parentes,
« Nec deus hunc mensâ, dea nec dignata cubili est. »

Un oracle toujours se plaît à se cacher;
Toujours avec un sens il en présente un autre :
En perdant un faux nom vous reprendrez le vôtre.
C'est là tout le danger que vous pouvez courir;
Et c'est peut-être ainsi que vous devez périr.
Songez que votre nom fut changé dès l'enfance.

ÉRIPHILE.

Je n'ai de tout mon sort que cette connoissance;
Et ton père, du reste infortuné témoin,
Ne me permit jamais de pénétrer plus loin.
Hélas! dans cette Troie où j'étois attendue,
Ma gloire, disoit-il, m'alloit être rendue :
J'allois, en reprenant et mon nom et mon rang,
Des plus grands rois en moi reconnoître le sang.
Déjà je découvrois cette fameuse ville.
Le ciel mène à Lesbos l'impitoyable Achille :
Tout cède, tout ressent ses funestes efforts;
Ton père, enseveli dans la foule des morts,
Me laisse dans les fers à moi-même inconnue;
Et de tant de grandeurs dont j'étois prévenue,
Vile esclave des Grecs, je n'ai pu conserver
Que la fierté d'un sang que je ne puis prouver.

DORIS.

Ah! que perdant, madame, un témoin si fidèle,
La main qui vous l'ôta vous doit sembler cruelle!
Mais Calchas est ici, Calchas si renommé,
Qui dès secrets des dieux fut toujours informé.
Le ciel souvent lui parle : instruit par un tel maître,

Il sait tout ce qui fut et tout ce qui doit être.
Pourroit-il de vos jours ignorer les auteurs?
Ce camp même est pour vous tout plein de protecteurs :
Bientôt Iphigénie, en épousant Achille,
Vous va sous son appui présenter un asile;
Elle vous l'a promis et juré devant moi.
Ce gage est le premier qu'elle attend de sa foi.

ÉRIPHILE.

Que dirois-tu, Doris, si, passant tout le reste,
Cet hymen de mes maux étoit le plus funeste?

DORIS.

Quoi, madame!

ÉRIPHILE.

Tu vois avec étonnement
Que ma douleur ne souffre aucun soulagement.
Écoute, et tu te vas étonner que je vive.

C'est peu d'être étrangère, inconnue, et captive;
Ce destructeur fatal des tristes Lesbiens,
Cet Achille, l'auteur de tes maux et des miens,
Dont la sanglante main m'enleva prisonnière,
Qui m'arracha d'un coup ma naissance et ton père,
De qui jusques au nom tout doit m'être odieux,
Est de tous les mortels le plus cher à mes yeux.

DORIS.

Ah! que me dites-vous!

ÉRIPHILE.

Je me flattois sans cesse
Qu'un silence éternel cacheroit ma foiblesse :

Mais mon cœur trop pressé m'arrache ce discours,
Et te parle une fois, pour se taire toujours.
Ne me demande point sur quel espoir fondée
De ce fatal amour je me vis possédée.
Je n'en accuse point quelques feintes douleurs
Dont je crus voir Achille honorer mes malheurs :
Le ciel s'est fait, sans doute, une joie inhumaine
A rassembler sur moi tous les traits de sa haine.
Rappellerai-je encor le souvenir affreux
Du jour qui dans les fers nous jeta toutes deux ?
Dans les cruelles mains par qui je fus ravie
Je demeurai long-temps sans lumière et sans vie :
Enfin, mes tristes yeux cherchèrent la clarté ;
Et, me voyant presser d'un bras ensanglanté,
Je frémissois, Doris, et d'un vainqueur sauvage
Craignois de rencontrer l'effroyable visage.
J'entrai dans son vaisseau, détestant sa fureur,
Et toujours détournant ma vue avec horreur.
Je le vis : son aspect n'avoit rien de farouche ;
Je sentis le reproche expirer dans ma bouche ;
Je sentis contre moi mon cœur se déclarer ;
J'oubliai ma colère, et ne sus que pleurer.
Je me laissai conduire à cet aimable guide.
Je l'aimois à Lesbos, et je l'aime en Aulide.
Iphigénie en vain s'offre à me protéger,
Et me tend une main prompte à me soulager :
Triste effet des fureurs dont je suis tourmentée,
Je n'accepte la main qu'elle m'a présentée,

Que pour m'armer contre elle, et, sans me découvrir,
Traverser son bonheur, que je ne puis souffrir.

DORIS.

Et que pourroit contre elle une impuissante haine?
Ne valoit-il pas mieux, renfermée à Mycène,
Éviter les tourments que vous venez chercher,
Et combattre des feux contraints de se cacher?

ÉRIPHILE.

Je le voulois, Doris. Mais, quelque triste image
Que sa gloire à mes yeux montrât sur ce rivage,
Au sort qui me traînoit il fallut consentir :
Une secrète voix m'ordonna de partir,
Me dit qu'offrant ici ma présence importune
Peut-être j'y pourrois porter mon infortune;
Que peut-être, approchant ces amants trop heureux,
Quelqu'un de mes malheurs se répandroit sur eux.
  Voilà ce qui m'amène, et non l'impatience
D'apprendre à qui je dois une triste naissance.
Ou plutôt leur hymen me servira de loi :
S'il s'achève, il suffit; tout est fini pour moi :
Je périrai, Doris; et, par une mort prompte,
Dans la nuit du tombeau j'enfermerai ma honte,
Sans chercher des parents si long-temps ignorés,
Et que ma folle amour a trop déshonorés.

DORIS.

Que je vous plains, madame! et que pour votre vie....

ÉRIPHILE.

Tu vois Agamemnon avec Iphigénie.

SCÈNE II.

AGAMEMNON, IPHIGÉNIE, ÉRIPHILE, DORIS.

IPHIGÉNIE.

Seigneur, où courez-vous? et quels empressements
Vous dérobent sitôt à nos embrassements?
A qui dois-je imputer cette fuite soudaine?
Mon respect a fait place aux transports de la reine :
Un moment à mon tour ne vous puis-je arrêter?
Et ma joie à vos yeux n'ose-t-elle éclater?
Ne puis-je....

AGAMEMNON.

Hé bien, ma fille, embrassez votre père;
Il vous aime toujours.

IPHIGÉNIE.

Que cette amour m'est chère!
Quel plaisir de vous voir et de vous contempler
Dans ce nouvel éclat dont je vous vois briller!
Quels honneurs! quel pouvoir! Déjà la renommée
Par d'étonnants récits m'en avoit informée :

---

[1] Euripide, Iphigénie, vers 635 :

Iphigénie. O mon père, après une longue absence, ne puis-je presser votre sein contre le mien? Je brûle de jouir de votre douce présence, si mes caresses ne vous importunent point. *Agamemnon.* Embrassez-moi, ma fille, vous m'avez toujours aimé plus que mes autres enfants.

Mais que, voyant de près ce spectacle charmant,
Je sens croître ma joie et mon étonnement!
Dieux! avec quel amour la Grèce vous révère!
Quel bonheur de me voir la fille d'un tel père!

AGAMEMNON.

Vous méritez, ma fille, un père plus heureux.

IPHIGÉNIE.

Quelle félicité peut manquer à vos vœux ? [1]
A de plus grands honneurs un roi peut-il prétendre?
J'ai cru n'avoir au ciel que des graces à rendre.

AGAMEMNON, à part.

Grands dieux! à son malheur dois-je la préparer?

IPHIGÉNIE.

Vous vous cachez, seigneur, et semblez soupirer;
Tous vos regards sur moi ne tombent qu'avec peine :
Avons-nous sans votre ordre abandonné Mycène?

AGAMEMNON.

Ma fille, je vous vois toujours des mêmes yeux;
Mais les temps sont changés, aussi-bien que les lieux :
D'un soin cruel ma joie est ici combattue.

IPHIGÉNIE.

Hé! mon père, oubliez votre rang à ma vue.

---

[1] Euripide, Iphigénie, vers 648 :

Iphigénie. Dissipez cette tristesse; et montrez-moi des yeux satisfaits. *Agamemnon.* Vous le voyez, ma fille, je suis heureux, mais c'est d'être avec vous. *Iphigénie.* Cependant vos yeux se remplissent de larmes. *Agamemnon.* L'absence qui nous séparera bientôt sera longue, etc.

Je prévois la rigueur d'un long éloignement :
N'osez-vous, sans rougir, être père un moment?
Vous n'avez devant vous qu'une jeune princesse
A qui j'avois pour moi vanté votre tendresse;
Cent fois, lui promettant mes soins, votre bonté,
J'ai fait gloire à ses yeux de ma félicité :
Que va-t-elle penser de votre indifférence?
Ai-je flatté ses vœux d'une fausse espérance?
N'éclaircirez-vous point ce front chargé d'ennuis?

AGAMEMNON.

Ah, ma fille!

IPHIGÉNIE.

Seigneur, poursuivez.

AGAMEMNON.

Je ne puis.

IPHIGÉNIE.

Périsse le Troyen auteur de nos alarmes!

AGAMEMNON.

Sa perte à ses vainqueurs coûtera bien des larmes.

IPHIGÉNIE.

Les dieux daignent sur-tout prendre soin de vos jours!

AGAMEMNON.

Les dieux depuis un temps me sont cruels et sourds.

IPHIGÉNIE.

Calchas, dit-on, prépare un pompeux sacrifice.

AGAMEMNON.

Puissé-je auparavant fléchir leur injustice!

IPHIGÉNIE.
L'offrira-t-on bientôt?

AGAMEMNON.
Plus tôt que je ne veux.

IPHIGÉNIE.
Me sera-t-il permis de me joindre à vos vœux?
Verra-t-on à l'autel votre heureuse famille?

AGAMEMNON.
Hélas!

IPHIGÉNIE.
Vous vous taisez.

AGAMEMNON.
Vous y serez, ma fille. [1]
Adieu.

SCÈNE III.

IPHIGÉNIE, ÉRIPHILE, DORIS.

IPHIGÉNIE.
De cet accueil que dois-je soupçonner?
D'une secrète horreur je me sens frissonner :
Je crains, malgré moi-même, un malheur que j'ignore.
Justes dieux, vous savez pour qui je vous implore!

---

[1] Euripide s'est servi du même moyen, mais moins heureusement (Iphigénie, vers 675) : *Agamemnon*. Il faut qu'auparavant j'offre dans ces lieux un sacrifice. *Iphigénie*. Hé bien! il faut déterminer avec les prêtres le moment de ce sacrifice. *Agamemnon*. Vous le saurez, ma fille, et vous assisterez à cette solemnité près du vase qui renferme l'eau expiatoire.

ACTE II, SCÈNE III.

ÉRIPHILE.

Quoi ! parmi tous les soins qui doivent l'accabler,
Quelque froideur suffit pour vous faire trembler !
Hélas ! à quels soupirs suis-je donc condamnée,
Moi qui, de mes parents toujours abandonnée,
Étrangère par-tout, n'ai pas, même en naissant,
Peut-être reçu d'eux un regard caressant !
Du moins, si vos respects sont rejetés d'un père,
Vous en pouvez gémir dans le sein d'une mère ;
Et, de quelque disgrace enfin que vous pleuriez,
Quels pleurs par un amant ne sont point essuyés !

IPHIGÉNIE.

Je ne m'en défends point : mes pleurs, belle Ériphile,
Ne tiendront pas long-temps contre les soins d'Achille ;
Sa gloire, son amour, mon père, mon devoir,
Lui donnent sur mon ame un trop juste pouvoir.
Mais de lui-même ici que faut-il que je pense ?
Cet amant, pour me voir brûlant d'impatience,
Que les Grecs de ces bords ne pouvoient arracher,
Qu'un père de si loin m'ordonne de chercher,
S'empresse-t-il assez pour jouir d'une vue
Qu'avec tant de transports je croyois attendue ?
Pour moi, depuis deux jours qu'approchant de ces lieux
Leur aspect souhaité se découvre à nos yeux,
Je l'attendois par-tout ; et, d'un regard timide,
Sans cesse parcourant les chemins de l'Aulide,
Mon cœur pour le chercher voloit loin devant moi :
Et je demande Achille à tout ce que je voi.

Je viens, j'arrive enfin sans qu'il m'ait prévenue.
Je n'ai percé qu'à peine une foule inconnue ;
Lui seul ne paroît point : le triste Agamemnon
Semble craindre à mes yeux de prononcer son nom.
Que fait-il ? qui pourra m'expliquer ce mystère ?
Trouverai-je l'amant glacé comme le père ?
Et les soins de la guerre auroient-ils en un jour
Éteint dans tous les cœurs la tendresse et l'amour ?
Mais non, c'est l'offenser par d'injustes alarmes :
C'est à moi que l'on doit le secours de ses armes.
Il n'étoit point à Sparte entre tous ces amants
Dont le père d'Hélène a reçu les serments :
Lui seul de tous les Grecs maître de sa parole,
S'il part contre Ilion, c'est pour moi qu'il y vole ;
Et, satisfait d'un prix qui lui semble si doux,
Il veut même y porter le nom de mon époux.

SCÈNE IV.

CLYTEMNESTRE, IPHIGÉNIE, ÉRIPHILE, DORIS.

CLYTEMNESTRE.

Ma fille, il faut partir sans que rien nous retienne,
Et sauver, en fuyant, votre gloire et la mienne.
Je ne m'étonne plus qu'interdit et distrait
Votre père ait paru nous revoir à regret :
Aux affronts d'un refus craignant de vous commettre,
Il m'avoit par Arcas envoyé cette lettre.

ACTE II, SCÈNE IV.

Arcas s'est vu tromper par notre égarement,
Et vient de me la rendre en ce même moment.
Sauvons, encore un coup, notre gloire offensée :
Pour votre hymen Achille a changé de pensée ;
Et, refusant l'honneur qu'on lui veut accorder,
Jusques à son retour il veut le retarder.

ÉRIPHILE.

Qu'entends-je ?

CLYTEMNESTRE.

Je vous vois rougir de cet outrage.
Il faut d'un noble orgueil armer votre courage.
Moi-même, de l'ingrat approuvant le dessein,
Je vous l'ai dans Argos présenté de ma main ;
Et mon choix, que flattoit le bruit de sa noblesse,
Vous donnoit avec joie au fils d'une déesse.
Mais, puisque désormais son lâche repentir
Dément le sang des dieux dont on le fait sortir,
Ma fille, c'est à nous de montrer qui nous sommes,
Et de ne voir en lui que le dernier des hommes.
Lui ferons-nous penser, par un plus long séjour,
Que vos vœux de son cœur attendent le retour ?
Rompons avec plaisir un hymen qu'il diffère.
J'ai fait de mon dessein avertir votre père ;
Je ne l'attends ici que pour m'en séparer ;
Et pour ce prompt départ je vais tout préparer.
        (à Ériphile.)
Je ne vous presse point, madame, de nous suivre ;
En de plus chères mains ma retraite vous livre.

De vos desseins secrets on est trop éclairci;
Et ce n'est pas Calchas que vous cherchez ici.

SCÈNE V.

IPHIGÉNIE, ÉRIPHILE, DORIS.

IPHIGÉNIE.

En quel funeste état ces mots m'ont-ils laissée !
Pour mon hymen Achille a changé de pensée !
Il me faut sans honneur retourner sur mes pas !
Et vous cherchez ici quelque autre que Calchas !

ÉRIPHILE.

Madame, à ce discours je ne puis rien comprendre.

IPHIGÉNIE.

Vous m'entendez assez si vous voulez m'entendre.
Le sort injurieux me ravit un époux ;
Madame, à mon malheur m'abandonnerez-vous ?
Vous ne pouviez sans moi demeurer à Mycène ;
Me verra-t-on sans vous partir avec la reine ?

ÉRIPHILE.

Je voulois voir Calchas avant que de partir.

IPHIGÉNIE.

Que tardez-vous, madame, à le faire avertir ?

ÉRIPHILE.

D'Argos, dans un moment, vous reprenez la route.

IPHIGÉNIE.

Un moment quelquefois éclaircit plus d'un doute.

ACTE II, SCÈNE V.

Mais, madame, je vois que c'est trop vous presser;
Je vois ce que jamais je n'ai voulu penser :
Achille.... Vous brûlez que je ne sois partie.

ÉRIPHILE.

Moi! vous me soupçonnez de cette perfidie!
Moi! j'aimerois, madame, un vainqueur furieux,
Qui toujours tout sanglant se présente à mes yeux;
Qui, la flamme à la main, et de meurtres avide,
Mit en cendres Lesbos....

IPHIGÉNIE.

Oui, vous l'aimez, perfide;
Et ces mêmes fureurs que vous me dépeignez,
Ces bras que dans le sang vous avez vus baignés,
Ces morts, cette Lesbos, ces cendres, cette flamme,
Sont les traits dont l'amour l'a gravé dans votre ame;
Et, loin d'en détester le cruel souvenir,
Vous vous plaisez encore à m'en entretenir.
Déjà plus d'une fois dans vos plaintes forcées
J'ai dû voir et j'ai vu le fond de vos pensées :
Mais toujours sur mes yeux ma facile bonté
A remis le bandeau que j'avois écarté.
Vous l'aimez. Que faisois-je? et quelle erreur fatale
M'a fait entre mes bras recevoir ma rivale?
Crédule, je l'aimois : mon cœur même aujourd'hui
De son parjure amant lui promettoit l'appui.
Voilà donc le triomphe où j'étois amenée!
Moi-même à votre char je me suis enchaînée.
Je vous pardonne, hélas! des vœux intéressés,

Et la perte d'un cœur que vous me ravissez :
Mais que, sans m'avertir du piège qu'on me dresse,
Vous me laissiez chercher jusqu'au fond de la Grèce
L'ingrat qui ne m'attend que pour m'abandonner,
Perfide, cet affront se peut-il pardonner?

ÉRIPHILE.

Vous me donnez des noms qui doivent me surprendre,
Madame : on ne m'a pas instruite à les entendre ;
Et les dieux, contre moi dès long-temps indignés,
A mon oreille encor les avoient épargnés.
Mais il faut des amants excuser l'injustice.
Et de quoi voulliez-vous que je vous avertisse?
Avez-vous pu penser qu'au sang d'Agamemnon
Achille préférât une fille sans nom,
Qui de tout son destin ce qu'elle a pu comprendre,
C'est qu'elle sort d'un sang qu'il brûle de répandre?

IPHIGÉNIE.

Vous triomphez, cruelle, et bravez ma douleur.
Je n'avois pas encor senti tout mon malheur :
Et vous ne comparez votre exil et ma gloire,
Que pour mieux relever votre injuste victoire.
Toutefois vos transports sont trop précipités :
Ce même Agamemnon à qui vous insultez,
Il commande à la Grèce, il est mon père, il m'aime,
Il ressent mes douleurs beaucoup plus que moi-même.
Mes larmes par avance avoient su le toucher;
J'ai surpris ses soupirs qu'il me vouloit cacher :

Hélas! de son accueil condamnant la tristesse,
J'osois me plaindre à lui de son peu de tendresse!

SCÈNE VI.

ACHILLE, IPHIGÉNIE, ÉRIPHILE, DORIS.

ACHILLE.

Il est donc vrai, madame, et c'est vous que je vois!
Je soupçonnois d'erreur tout le camp à la fois.
Vous en Aulide! Vous! Hé! qu'y venez-vous faire?
D'où vient qu'Agamemnon m'assuroit le contraire?

IPHIGÉNIE.

Seigneur, rassurez-vous : vos vœux seront contents;
Iphigénie encor n'y sera pas long-temps.

SCÈNE VII.

ACHILLE, ÉRIPHILE, DORIS.

ACHILLE.

Elle me fuit! Veillé-je? ou n'est-ce point un songe?
Dans quel trouble nouveau cette fuite me plonge!
   Madame, je ne sais si sans vous irriter
Achille devant vous pourra se présenter :
Mais, si d'un ennemi vous souffrez la prière,
Si lui-même souvent a plaint sa prisonnière,
Vous savez quel sujet conduit ici leurs pas,
Vous savez....

IPHIGÉNIE.

ÉRIPHILE.

Quoi! seigneur, ne le savez-vous pas,
Vous qui, depuis un mois, brûlant sur ce rivage,
Avez conclu vous-même et hâté leur voyage?

ACHILLE.

De ce même rivage absent depuis un mois,
Je le revis hier pour la première fois.

ÉRIPHILE.

Quoi! lorsqu'Agamemnon écrivoit à Mycène,
Votre amour, votre main n'a pas conduit la sienne?
Quoi! vous, qui de sa fille adoriez les attraits....

ACHILLE.

Vous m'en voyez encore épris plus que jamais,
Madame; et, si l'effet eût suivi ma pensée,
Moi-même dans Argos je l'aurois devancée.
Cependant on me fuit. Quel crime ai-je commis?
Mais je ne vois par-tout que des yeux ennemis :
Que dis-je? en ce moment, Calchas, Nestor, Ulysse,
De leur vaine éloquence employant l'artifice,
Combattoient mon amour, et sembloient m'annoncer
Que, si j'en crois ma gloire, il y faut renoncer.
Quelle entreprise ici pourroit être formée?
Suis-je, sans le savoir, la fable de l'armée?
Entrons : c'est un secret qu'il leur faut arracher.

SCÈNE VIII.

ÉRIPHILE, DORIS.

ÉRIPHILE.

Dieux, qui voyez ma honte, où me dois-je cacher?
Orgueilleuse rivale, on t'aime; et tu murmures!
Souffrirai-je à la fois ta gloire et tes injures?
Ah! plutôt.... Mais, Doris, ou j'aime à me flatter,
Ou sur eux quelque orage est tout près d'éclater.
J'ai des yeux. Leur bonheur n'est pas encor tranquille :
On trompe Iphigénie; on se cache d'Achille;
Agamemnon gémit. Ne désespérons point;
Et, si le sort contre elle à ma haine se joint,
Je saurai profiter de cette intelligence
Pour ne pas pleurer seule et mourir sans vengeance.

FIN DU SECOND ACTE.

ACTE TROISIÈME.

SCÈNE I.

AGAMEMNON, CLYTEMNESTRE.

CLYTEMNESTRE.

Oui, seigneur, nous partions ; et mon juste courroux
Laissoit bientôt Achille et le camp loin de nous :
Ma fille dans Argos couroit pleurer sa honte.
Mais lui-même, étonné d'une fuite si prompte,
Par combien de serments, dont je n'ai pu douter,
Vient-il de me convaincre et de nous arrêter !
Il presse cet hymen qu'on prétend qu'il diffère,
Et vous cherche, brûlant d'amour et de colère :
Prêt d'imposer silence à ce bruit imposteur,
Achille en veut connoître et confondre l'auteur.
Bannissez ces soupçons qui troublent notre joie.

AGAMEMNON.

Madame, c'est assez : je consens qu'on le croie.
Je reconnois l'erreur qui nous avoit séduits,
Et ressens votre joie autant que je le puis.
Vous voulez que Calchas l'unisse à ma famille :
Vous pouvez à l'autel envoyer votre fille :
Je l'attends. Mais, avant que de passer plus loin,
J'ai voulu vous parler un moment sans témoin.

Vous voyez en quels lieux vous l'avez amenée :
Tout y ressent la guerre et non point l'hyménée.
Le tumulte d'un camp, soldats et matelots,
Un autel hérissé de dards, de javelots,
Tout ce spectacle enfin, pompe digne d'Achille,
Pour attirer vos yeux n'est point assez tranquille;
Et les Grecs y verroient l'épouse de leur roi
Dans un état indigne et de vous et de moi.
M'en croirez-vous? laissez, de vos femmes suivie, [1]
A cet hymen, sans vous, marcher Iphigénie.

CLYTEMNESTRE.

Qui ? moi! que, remettant ma fille en d'autres bras,
Ce que j'ai commencé je ne l'achève pas!
Qu'après l'avoir d'Argos amenée en Aulide,
Je refuse à l'autel de lui servir de guide!

---

[1] L'idée de cette scène est puisée dans Euripide. Iphigénie, vers 727 :

Agamemnon. Je vais présenter ma fille à son époux. *Clytemnestre.* Comment, sans une mère, vous pourrez remplir le devoir qui lui est imposé? *Agamemnon.* Je célèbrerai l'hymen de ma fille en présence des Grecs.... Partez pour Argos afin de prendre soin de vos autres filles. *Clytemnestre.* Quoi j'abandonnerois Iphigénie! Et qui portera le flambeau nuptial? *Agamemnon.* Je le porterai, moi, et je le présenterai aux époux. *Clytemnestre.* Cela n'est point dans nos mœurs; et vous jugez vous-même qu'en m'absentant je blesserai toutes les convenances. *Agamemnon.* Il ne vous convient pas de vous trouver dans le tumulte d'un camp. *Clytemnestre.* N'est-ce pas un devoir sacré pour une mère de présider à l'hymen de ses enfants?.... *Agamemnon.* Obéissez.

Dois-je donc de Calchas être moins près que vous?
Et qui présentera ma fille à son époux?
Quelle autre ordonnera cette pompe sacrée?

AGAMEMNON.

Vous n'êtes point ici dans le palais d'Atrée :
Vous êtes dans un camp....

CLYTEMNESTRE.

Où tout vous est soumis;
Où le sort de l'Asie en vos mains est remis;
Où je vois sous vos lois marcher la Grèce entière;
Où le fils de Thétis va m'appeler sa mère.
Dans quel palais superbe et plein de ma grandeur
Puis-je jamais paroître avec plus de splendeur?

AGAMEMNON.

Madame, au nom des dieux auteurs de notre race,
Daignez à mon amour accorder cette grace.
J'ai mes raisons.

CLYTEMNESTRE.

Seigneur, au nom des mêmes dieux,
D'un spectacle si doux ne privez point mes yeux.
Daignez ne point ici rougir de ma présence.

AGAMEMNON.

J'avois plus espéré de votre complaisance.
Mais, puisque la raison ne vous peut émouvoir,
Puisqu'enfin ma prière a si peu de pouvoir,
Vous avez entendu ce que je vous demande,
Madame; je le veux, et je vous le commande.
Obéissez.

SCÈNE II.

CLYTEMNESTRE.

D'où vient que d'un soin si cruel
L'injuste Agamemnon m'écarte de l'autel ?
Fier de son nouveau rang m'ose-t-il méconnoître ?
Me croit-il à sa suite indigne de paroître ?
Ou, de l'empire encor timide possesseur,
N'oseroit-il d'Hélène ici montrer la sœur ?
Et pourquoi me cacher ? et par quelle injustice
Faut-il que sur mon front sa honte rejaillisse ?
Mais n'importe ; il le veut, et mon cœur s'y résout.
Ma fille, ton bonheur me console de tout :
Le ciel te donne Achille ; et ma joie est extrême
De t'entendre nommer.... Mais le voici lui-même.

SCÈNE III.

ACHILLE, CLYTEMNESTRE.

ACHILLE.

Tout succède, madame, à mon empressement ;
Le roi n'a point voulu d'autre éclaircissement :
Il en croit mes transports ; et, sans presque m'entendre,
Il vient en m'embrassant de m'accepter pour gendre.
Il ne m'a dit qu'un mot. Mais vous a-t-il conté
Quel bonheur dans le camp vous avez apporté ?
Les dieux vont s'apaiser : du moins Calchas publie
Qu'avec eux, dans une heure, il nous réconcilie ;

Que Neptune et les vents, prêts à nous exaucer,
N'attendent que le sang que sa main va verser.
Déjà dans les vaisseaux la voile se déploie;
Déjà sur sa parole ils se tournent vers Troie.
Pour moi, quoique le ciel, au gré de mon amour,
Dût encore des vents retarder le retour,
Que je quitte à regret la rive fortunée
Où je vais allumer les flambeaux d'hyménée;
Puis-je ne point chérir l'heureuse occasion
D'aller du sang troyen sceller notre union,
Et de laisser bientôt, sous Troie ensevelie,
Le déshonneur d'un nom à qui le mien s'allie?

SCÈNE IV.

ACHILLE, CLYTEMNESTRE, IPHIGÉNIE, ÉRIPHILE, DORIS, ÆGINE.

ACHILLE.

Princesse, mon bonheur ne dépend que de vous;
Votre père à l'autel vous destine un époux :
Venez y recevoir un cœur qui vous adore.

IPHIGÉNIE.

Seigneur, il n'est pas temps que nous partions encore.
La reine permettra que j'ose demander
Un gage à votre amour, qu'il me doit accorder.
Je viens vous présenter une jeune princesse :
Le ciel a sur son front imprimé sa noblesse.
De larmes tous les jours ses yeux sont arrosés;

ACTE III, SCÈNE IV.

Vous savez ses malheurs, vous les avez causés.
Moi-même, où m'emportoit une aveugle colère!
J'ai tantôt, sans respect, affligé sa misère.
Que ne puis-je aussi-bien, par d'utiles secours,
Réparer promptement mes injustes discours!
Je lui prête ma voix, je ne puis davantage.
Vous seul pouvez, seigneur, détruire votre ouvrage :
Elle est votre captive; et ses fers que je plains,
Quand vous l'ordonnerez, tomberont de ses mains.
Commencez donc par-là cette heureuse journée.
Qu'elle puisse à nous voir n'être plus condamnée.
Montrez que je vais suivre au pied de nos autels [1]
Un roi qui, non content d'effrayer les mortels,
A des embrasements ne borne point sa gloire,
Laisse aux pleurs d'une épouse attendrir sa victoire,

---

[1] Ce rapprochement paroît puisé dans le discours de Cicéron pour Marcellus. L'alliance de mots *attendrir sa victoire* a été blamée par quelques puristes sans goût; elle se trouve dans le passage de Cicéron qui va être cité. C'est une de ces conquêtes sur la langue latine que Boileau admiroit souvent dans l'auteur d'Iphigénie.

Après avoir fait le plus beau tableau des exploits de César, l'orateur ajoute : Mais se vaincre soi-même, mais réprimer sa colère, *adoucir sa victoire*, non seulement relever, dans sa défaite, un adversaire illustre par son génie, ses vertus et sa noblesse, mais augmenter encore ses anciennes dignités : je ne compare pas le héros qui s'honore par de telles actions aux plus grands hommes, mais je le crois semblable à dieu.

« Verùm animum vincere, iracundiam cohibere, *victoriam*

Et, par les malheureux quelquefois désarmé,
Sait imiter en tout les dieux qui l'ont formé.

ÉRIPHILE.

Oui, seigneur, des douleurs soulagez la plus vive.
La guerre dans Lesbos me fit votre captive :
Mais c'est pousser trop loin ses droits injurieux,
Qu'y joindre le tourment que je souffre en ces lieux.

ACHILLE.

Vous, madame !

ÉRIPHILE.

Oui, seigneur ; et, sans compter le reste,
Pouvez-vous m'imposer une loi plus funeste
Que de rendre mes yeux les tristes spectateurs
De la félicité de mes persécuteurs ?
J'entends de toutes parts menacer ma patrie ;
Je vois marcher contre elle une armée en furie ;
Je vois déjà l'hymen, pour mieux me déchirer,
Mettre en vos mains le feu qui la doit dévorer.
Souffrez que, loin du camp et loin de votre vue,
Toujours infortunée et toujours inconnue,
J'aille cacher un sort si digne de pitié,
Et dont mes pleurs encor vous taisent la moitié.

« *temperare*, adversarium nobilitate, ingenio, virtute præstan-
« tem, non modò extollere jacentem, sed etiam amplificare ejus
« pristinam dignitatem : hæc qui faciat, non ego eum cum sum-
« mis viris comparo, sed simillimum deo judico. »

Cic. orat. pro Marcello, cap. III.

ACTE III, SCÈNE IV.

ACHILLE.

C'est trop, belle princesse : il ne faut que nous suivre.
Venez ; qu'aux yeux des Grecs Achille vous délivre ;
Et que le doux moment de ma félicité
Soit le moment heureux de votre liberté.

SCÈNE V.

CLYTEMNESTRE, ACHILLE, IPHIGÉNIE, ÉRIPHILE, ARCAS, ÆGINE, DORIS.

ARCAS.

Madame, tout est prêt pour la cérémonie.
Le roi près de l'autel attend Iphigénie ;
Je viens la demander : ou plutôt contre lui,
Seigneur, je viens pour elle implorer votre appui.

ACHILLE.

Arcas, que dites-vous ?

CLYTEMNESTRE.

        Dieux ! que vient-il m'apprendre ?

ARCAS, à Achille.

Je ne vois plus que vous qui la puissiez défendre.[1]

---

[1] Euripide, Iphigénie, vers 864 :

Le vieillard. O Fortune ! ô Providence ! conservez ceux que je veux sauver.... Clytemnestre. Découvre-nous promptement ce secret. Le vieillard. Agamemnon veut immoler sa fille de sa main. Clytemnestre. Qu'entends-je ? ô ciel ! es-tu bien sûr de ce que tu nous annonces ? Le vieillard. La tête innocente de cette vierge tombera sous le glaive sacré.

ACHILLE.

Contre qui?

ARCAS.

Je le nomme et l'accuse à regret;
Autant que je l'ai pu j'ai gardé son secret :
Mais le fer, le bandeau, la flamme est toute prête.
Dût tout cet appareil retomber sur ma tête,
Il faut parler.

CLYTEMNESTRE.

Je tremble. Expliquez-vous, Arcas.

ACHILLE.

Qui que ce soit, parlez; et ne le craignez pas.

ARCAS.

Vous êtes son amant; et vous êtes sa mère :
Gardez-vous d'envoyer la princesse à son père.

CLYTEMNESTRE.

Pourquoi le craindrons-nous?

ACHILLE.

Pourquoi m'en défier?

ARCAS.

Il l'attend à l'autel pour la sacrifier.

ACHILLE.

Lui!

CLYTEMNESTRE.

Sa fille!

IPHIGÉNIE.

Mon père!

ACTE III, SCÈNE V.

ÉRIPHILE.
Oh ciel! quelle nouvelle!

ACHILLE.
Quelle aveugle fureur pourroit l'armer contre elle?
Ce discours sans horreur se peut-il écouter?

ARCAS.
Ah, seigneur! plût au ciel que je pusse en douter!
Par la voix de Calchas l'oracle la demande;
De toute autre victime il refuse l'offrande;
Et les dieux, jusque-là protecteurs de Pâris,
Ne nous promettent Troie et les vents qu'à ce prix.

CLYTEMNESTRE.
Les dieux ordonneroient un meurtre abominable!

IPHIGÉNIE.
Ciel! pour tant de rigueur, de quoi suis-je coupable?

CLYTEMNESTRE.
Je ne m'étonne plus de cet ordre cruel
Qui m'avoit interdit l'approche de l'autel.

IPHIGÉNIE, à Achille.
Et voilà donc l'hymen où j'étois destinée!

ARCAS.
Le roi, pour vous tromper, feignoit cet hyménée:[1]
Tout le camp même encore est trompé comme vous.

---

[1] Euripide, Iphigénie, vers 885 :

Le vieillard. Le roi a feint de destiner Iphigénie à Achille, afin que vous prissiez sans résistance la résolution de la conduire en ces lieux.

CLYTEMNESTRE.

Seigneur, c'est donc à moi d'embrasser vos genoux.[1]

ACHILLE, la relevant.

Ah, madame !

CLYTEMNESTRE.

Oubliez une gloire importune ;
Ce triste abaissement convient à ma fortune :
Heureuse si mes pleurs vous peuvent attendrir !
Une mère à vos pieds peut tomber sans rougir.
C'est votre épouse, hélas ! qui vous est enlevée ;
Dans cet heureux espoir je l'avois élevée.
C'est vous que nous cherchions sur ce funeste bord ;
Et votre nom, seigneur, la conduit à la mort.
Ira-t-elle, des dieux implorant la justice,
Embrasser leurs autels parés pour son supplice ?
Elle n'a que vous seul : vous êtes en ces lieux

---

[1] Euripide, Iphigénie, vers 900 :

Clytemnestre, à Achille. Je ne craindrai pas de tomber à vos genoux : moi, fille d'un mortel, je peux m'abaisser devant le fils d'une déesse. De quoi puis-je aujourd'hui m'enorgueillir ? quel soin plus pressant pour moi que celui de sauver ma fille ? Prêtez votre appui à mon malheur, fils d'une déesse ; secourez celle qui a porté un moment le nom de votre épouse. C'est donc en vain que je l'ai amenée ici, couronnée de fleurs, pour vous offrir sa main. C'est à la mort que je la conduisois. Si vous ne la sauvez pas, vous éprouverez la plus sanglante injure. Quoique les nœuds de l'hymen ne soient pas encore serrés pour vous, vous avez été appelé l'époux de ma malheureuse fille.... Je ne puis plus trouver d'autre asile qu'à vos pieds.

ACTE III, SCÈNE V.

Son père, son époux, son asile, ses dieux.
Je lis dans vos regards la douleur qui vous presse.
Auprès de votre époux, ma fille, je vous laisse.
Seigneur, daignez m'attendre, et ne la point quitter :
A mon perfide époux je cours me présenter ;
Il ne soutiendra point la fureur qui m'anime.
Il faudra que Calchas cherche une autre victime :
Ou, si je ne vous puis dérober à leurs coups,
Ma fille, ils pourront bien m'immoler avant vous.

SCÈNE VI.

ACHILLE, IPHIGÉNIE.

ACHILLE.

Madame, je me tais, et demeure immobile.
Est-ce à moi que l'on parle ? et connoît-on Achille ?
Une mère pour vous croit devoir me prier !
Une reine à mes pieds se vient humilier !
Et, me déshonorant par d'injustes alarmes,
Pour attendrir mon cœur on a recours aux larmes !
Qui doit prendre à vos jours plus d'intérêt que moi ?
Ah ! sans doute, on s'en peut reposer sur ma foi.
L'outrage me regarde ; et, quoi qu'on entreprenne,
Je réponds d'une vie où j'attache la mienne.[1]

---

[1] Euripide, Iphigénie, vers 934 :
Je vous protègerai : je ne souffrirai pas qu'on immole celle qui a été regardée comme mon épouse ; je ne souffrirai pas

Mais ma juste douleur va plus loin m'engager :
C'est peu de vous défendre, et je cours vous venger,
Et punir à la fois le cruel stratagème
Qui s'ose de mon nom armer contre vous-même.

IPHIGÉNIE.

Ah! demeurez, seigneur, et daignez m'écouter.

ACHILLE.

Quoi! madame, un barbare osera m'insulter!
Il voit que de sa sœur je cours venger l'outrage :
Il sait que, le premier lui donnant mon suffrage,
Je le fis nommer chef de vingt rois ses rivaux;
Et, pour fruit de mes soins, pour fruit de mes travaux,
Pour tout le prix enfin d'une illustre victoire
Qui le doit enrichir, venger, combler de gloire,
Content et glorieux du nom de votre époux,
Je ne lui demandois que l'honneur d'être à vous :
Cependant aujourd'hui, sanguinaire, parjure,
C'est peu de violer l'amitié, la nature,
C'est peu que de vouloir, sous un couteau mortel,
Me montrer votre cœur fumant sur un autel;
D'un appareil d'hymen couvrant ce sacrifice,
Il veut que ce soit moi qui vous mène au supplice,
Que ma crédule main conduise le couteau,
Qu'au lieu de votre époux je sois votre bourreau!
Et quel étoit pour vous ce sanglant hyménée,

---

qu'Agamemnon abuse de mon nom pour consommer cet affreux sacrifice.

ACTE III, SCÈNE VI.

Si je fusse arrivé plus tard d'une journée?
Quoi donc! à leur fureur livrée en ce moment,
Vous iriez à l'autel me chercher vainement;
Et d'un fer imprévu vous tomberiez frappée,
En accusant mon nom qui vous auroit trompée!
Il faut de ce péril, de cette trahison,
Aux yeux de tous les Grecs lui demander raison.
A l'honneur d'un époux vous-même intéressée,
Madame, vous devez approuver ma pensée.
Il faut que le cruel qui m'a pu mépriser
Apprenne de quel nom il osoit abuser.

IPHIGÉNIE.

Hélas! si vous m'aimez; si, pour grace dernière,
Vous daignez d'une amante écouter la prière;
C'est maintenant, seigneur, qu'il faut me le prouver:
Car enfin ce cruel que vous allez braver,
Cet ennemi barbare, injuste, sanguinaire,
Songez, quoi qu'il ait fait, songez qu'il est mon père.

ACHILLE.

Lui, votre père! Après son horrible dessein,
Je ne le connois plus que pour votre assassin.

IPHIGÉNIE.

C'est mon père, seigneur, je vous le dis encore,
Mais un père que j'aime, un père que j'adore,
Qui me chérit lui-même, et dont, jusqu'à ce jour,
Je n'ai jamais reçu que des marques d'amour.
Mon cœur, dans ce respect élevé dès l'enfance,
Ne peut que s'affliger de tout ce qui l'offense;

Et loin d'oser ici, par un prompt changement,
Approuver la fureur de votre emportement,
Loin que par mes discours je l'attise moi-même,
Croyez qu'il faut aimer autant que je vous aime
Pour avoir pu souffrir tous les noms odieux
Dont votre amour le vient d'outrager à mes yeux.
Et pourquoi voulez-vous qu'inhumain et barbare
Il ne gémisse pas du coup qu'on me prépare?
Quel père de son sang se plaît à se priver?
Pourquoi me perdroit-il s'il pouvoit me sauver?
J'ai vu, n'en doutez point, ses larmes se répandre.
Faut-il le condamner avant que de l'entendre?
Hélas! de tant d'horreurs son cœur déjà troublé
Doit-il de votre haine être encore accablé?

ACHILLE.

Quoi, madame! parmi tant de sujets de crainte,
Ce sont là les frayeurs dont vous êtes atteinte!
Un cruel (comment puis-je autrement l'appeler?)
Par la main de Calchas s'en va vous immoler;
Et lorsqu'à sa fureur j'oppose ma tendresse,
Le soin de son repos est le seul qui vous presse!
On me ferme la bouche! on l'excuse! on le plaint!
C'est pour lui que l'on tremble; et c'est moi que l'on craint!
Triste effet de mes soins! est-ce donc là, madame,
Tout le progrès qu'Achille avoit fait dans votre ame?

IPHIGÉNIE.

Ah, cruel! cet amour, dont vous voulez douter,
Ai-je attendu si tard pour le faire éclater?

ACTE III, SCÈNE VI.

Vous voyez de quel œil, et comme indifférente
J'ai reçu de ma mort la nouvelle sanglante :
Je n'en ai point pâli. Que n'avez-vous pu voir
A quel excès tantôt alloit mon désespoir,
Quand, presque en arrivant, un récit peu fidèle
M'a de votre inconstance annoncé la nouvelle !
Quel trouble, quel torrent de mots injurieux
Accusoit à la fois les hommes et les dieux !
Ah ! que vous auriez vu, sans que je vous le die,
De combien votre amour m'est plus cher que ma vie !
Qui sait même, qui sait si le ciel irrité
A pu souffrir l'excès de ma félicité ?
Hélas ! il me sembloit qu'une flamme si belle
M'élevoit au-dessus du sort d'une mortelle !

ACHILLE.

Ah ! si je vous suis cher, ma princesse, vivez.

SCÈNE VII.

CLYTEMNESTRE, IPHIGÉNIE, ACHILLE, ÆGINE.

CLYTEMNESTRE.

Tout est perdu, seigneur, si vous ne nous sauvez.
Agamemnon m'évite, et, craignant mon visage,
Il me fait de l'autel refuser le passage :
Des gardes, que lui-même a pris soin de placer,
Nous ont de toutes parts défendu de passer.
Il me fuit. Ma douleur étonne son audace.

ACHILLE.

Hé bien ! c'est donc à moi de prendre votre place.
Il me verra, madame ; et je vais lui parler.

IPHIGÉNIE.

Ah, madame !.... Ah, seigneur ! où voulez-vous aller ?

ACHILLE.

Et que prétend de moi votre injuste prière ?
Vous faudra-t-il toujours combattre la première ?

CLYTEMNESTRE.

Quel est votre dessein, ma fille ?

IPHIGÉNIE.

Au nom des dieux,
Madame, retenez un amant furieux :
De ce triste entretien détournons les approches.
Seigneur, trop d'amertume aigriroit vos reproches.
Je sais jusqu'où s'emporte un amant irrité ;
Et mon père est jaloux de son autorité :
On ne connoît que trop la fierté des Atrides :
Laissez parler, seigneur, des bouches plus timides.
Surpris, n'en doutez point, de mon retardement,
Lui-même il me viendra chercher dans un moment :
Il entendra gémir une mère oppressée :
Et que ne pourra point m'inspirer la pensée
De prévenir les pleurs que vous verseriez tous,
D'arrêter vos transports, et de vivre pour vous !

ACHILLE.

Enfin, vous le voulez : il faut donc vous complaire.
Donnez-lui l'une et l'autre un conseil salutaire :

Rappelez sa raison; persuadez-le bien,
Pour vous, pour mon repos, et sur-tout pour le sien.
Je perds trop de moments en des discours frivoles;
Il faut des actions et non pas des paroles.
(à Clytemnestre.)
Madame, à vous servir je vais tout disposer :
Dans votre appartement allez vous reposer.
Votre fille vivra, je puis vous le prédire.
Croyez du moins, croyez que, tant que je respire,
Les dieux auront en vain ordonné son trépas :
Cet oracle est plus sûr que celui de Calchas. [1]

---

[1] Dans l'Andrienne de Térence, Pamphile proteste à Mysis qu'il n'abandonnera jamais sa maîtresse : la mort seule pourra la lui ravir. Il ajoute : Les oracles d'Apollon ne sont pas plus sûrs que ce que je vous dis. « Non Apollinis magis verum, at-« que hoc, responsum est. »
Terent., Andr., act. IV, sc. ij.

FIN DU TROISIÈME ACTE.

ACTE QUATRIÈME.

SCÈNE I.

ÉRIPHILE, DORIS.

DORIS.

Ah! que me dites-vous? Quelle étrange manie
Vous peut faire envier le sort d'Iphigénie?
Dans une heure elle expire. Et jamais, dites-vous,
Vos yeux de son bonheur ne furent plus jaloux.
Qui le croira, madame? Et quel cœur si farouche.....

ÉRIPHILE.

Jamais rien de plus vrai n'est sorti de ma bouche :
Jamais de tant de soins mon esprit agité
Ne porta plus d'envie à sa félicité.
Favorables périls! espérance inutile!
N'as-tu pas vu sa gloire et le trouble d'Achille?
J'en ai vu, j'en ai fui les signes trop certains.
Ce héros, si terrible au reste des humains,
Qui ne connoît de pleurs que ceux qu'il fait répandre,
Qui s'endurcit contre eux dès l'âge le plus tendre,
Et qui, si l'on nous fait un fidèle discours,
Suça même le sang des lions et des ours,
Pour elle de la crainte a fait l'apprentissage :

ACTE IV, SCÈNE I.

Elle l'a vu pleurer et changer de visage.
Et tu la plains, Doris! Par combien de malheurs
Ne lui voudrois-je point disputer de tels pleurs!
Quand je devrois comme elle expirer dans une heure....
Mais que dis-je expirer! ne crois pas qu'elle meure.
Dans un lâche sommeil crois-tu qu'enseveli
Achille aura pour elle impunément pâli?
Achille à son malheur saura bien mettre obstacle.
Tu verras que les dieux n'ont dicté cet oracle
Que pour croître à la fois sa gloire et mon tourment,
Et la rendre plus belle aux yeux de son amant.
Hé quoi! ne vois-tu pas tout ce qu'on fait pour elle?
On supprime des dieux la sentence mortelle;
Et, quoique le bûcher soit déjà préparé,
Le nom de la victime est encore ignoré :
Tout le camp n'en sait rien. Doris, à ce silence,
Ne reconnois-tu pas un père qui balance?
Et que fera-t-il donc? Quel courage endurci
Soutiendroit les assauts qu'on lui prépare ici :
Une mère en fureur, les larmes d'une fille,
Les cris, le désespoir de toute une famille,
Le sang à ces objets facile à s'ébranler,
Achille menaçant tout prêt à l'accabler?
Non, te dis-je, les dieux l'ont en vain condamnée :
Je suis et je serai la seule infortunée.
Ah! si je m'en croyois!....

DORIS.
Quoi? que méditez-vous?

IPHIGÉNIE.

ÉRIPHILE.

Je ne sais qui m'arrête et retient mon courroux,
Que, par un prompt avis de tout ce qui se passe,
Je ne coure des dieux divulguer la menace,
Et publier par-tout les complots criminels
Qu'on fait ici contre eux et contre leurs autels.

DORIS.

Ah! quel dessein, madame!

ÉRIPHILE.

Ah, Doris! quelle joie!
Que d'encens brûleroit dans les temples de Troie,
Si, troublant tous les Grecs, et vengeant ma prison,
Je pouvois contre Achille armer Agamemnon,
Si leur haine, de Troie oubliant la querelle,
Tournoit contre eux le fer qu'ils aiguisent contre elle,
Et si de tout le camp mes avis dangereux
Faisoient à ma patrie un sacrifice heureux!

DORIS.

J'entends du bruit. On vient : Clytemnestre s'avance.
Remettez-vous, madame; ou fuyez sa présence.

ÉRIPHILE.

Rentrons. Et pour troubler un hymen odieux
Consultons des fureurs qu'autorisent les dieux.

SCÈNE II.

CLYTEMNESTRE, ÆGINE.

CLYTEMNESTRE.

Ægine, tu le vois, il faut que je la fuie.
Loin que ma fille pleure, et tremble pour sa vie,
Elle excuse son père, et veut que ma douleur
Respecte encor la main qui lui perce le cœur.
O constance! ô respect! Pour prix de sa tendresse,
Le barbare à l'autel se plaint de sa paresse.
Je l'attends ; il viendra m'en demander raison,
Et croit pouvoir encor cacher sa trahison.
Il vient. Sans éclater contre son injustice,
Voyons s'il soutiendra son indigne artifice.

SCÈNE III.

AGAMEMNON, CLYTEMNESTRE, ÆGINE.

AGAMEMNON.

Que faites-vous, madame? et d'où vient que ces lieux
N'offrent point avec vous votre fille à mes yeux?
Mes ordres par Arcas vous l'avoient demandée :
Qu'attend-elle? Est-ce vous qui l'avez retardée?
A mes justes désirs ne vous rendez-vous pas?
Ne peut-elle à l'autel marcher que sur vos pas?
Parlez.

CLYTEMNESTRE.

S'il faut partir, ma fille est toute prête.
Mais vous, n'avez-vous rien, seigneur, qui vous arrête?

AGAMEMNON.

Moi, madame?

CLYTEMNESTRE.

Vos soins ont-ils tout préparé?

AGAMEMNON.

Calchas est prêt, madame, et l'autel est paré.
J'ai fait ce que m'ordonne un devoir légitime.

CLYTEMNESTRE.

Vous ne me parlez point, seigneur, de la victime.

AGAMEMNON.

Que me voulez-vous dire? et de quel soin jaloux....

SCÈNE IV.

AGAMEMNON, CLYTEMNESTRE, IPHIGÉNIE, ÆGINE.

CLYTEMNESTRE.

Venez, venez, ma fille, on n'attend plus que vous;
Venez remercier un père qui vous aime,
Et qui veut à l'autel vous conduire lui-même.

AGAMEMNON.

Que vois-je! quel discours! Ma fille, vous pleurez,
Et baissez devant moi vos yeux mal assurés :

Quel trouble! Mais tout pleure, et la fille et la mère.
Ah! malheureux Arcas, tu m'as trahi!

IPHIGÉNIE.

Mon père,
Cessez de vous troubler, vous n'êtes point trahi :
Quand vous commanderez, vous serez obéi.
Ma vie est votre bien; vous voulez le reprendre :
Vos ordres sans détour pouvoient se faire entendre.
D'un œil aussi content, d'un cœur aussi soumis
Que j'acceptois l'époux que vous m'aviez promis,
Je saurai, s'il le faut, victime obéissante,
Tendre au fer de Calchas une tête innocente;
Et, respectant le coup par vous-même ordonné,
Vous rendre tout le sang que vous m'avez donné.
Si pourtant ce respect, si cette obéissance
Paroît digne à vos yeux d'une autre récompense;
Si d'une mère en pleurs vous plaignez les ennuis;
J'ose vous dire ici qu'en l'état où je suis
Peut-être assez d'honneurs environnoient ma vie
Pour ne pas souhaiter qu'elle me fût ravie,
Ni qu'en me l'arrachant un sévère destin
Si près de ma naissance en eût marqué la fin.
Fille d'Agamemnon, c'est moi qui la première, [1]
Seigneur, vous appelai de ce doux nom de père;

---

[1] Euripide, Iphigénie, vers 1220 :
La première je vous donnai le nom de père, et vous m'honorâtes de celui de votre fille : vous m'approchâtes la première

C'est moi qui, si long-temps le plaisir de vos yeux,
Vous ai fait de ce nom remercier les dieux,
Et pour qui, tant de fois prodiguant vos caresses,
Vous n'avez point du sang dédaigné les foiblesses.
Hélas! avec plaisir je me faisois conter
Tous les noms des pays que vous allez domter;
Et déjà, d'Ilion présageant la conquête,
D'un triomphe si beau je préparois la fête.
Je ne m'attendois pas que, pour le commencer,
Mon sang fût le premier que vous dussiez verser.
Non que la peur du coup dont je suis menacée
Me fasse rappeler votre bonté passée :
Ne craignez rien; mon cœur de votre honneur jaloux
Ne fera point rougir un père tel que vous;
Et, si je n'avois eu que ma vie à défendre,
J'aurois su renfermer un souvenir si tendre.
Mais à mon triste sort, vous le savez, seigneur,
Une mère, un amant, attachoient leur bonheur.
Un roi digne de vous a cru voir la journée
Qui devoit éclairer notre illustre hyménée :
Déjà, sûr de mon cœur à sa flamme promis,

---

de vos genoux paternels. Je vous ai procuré de douces jouissances, et vous avez comblé mon enfance de bontés.

Rotrou, Iphigénie, acte IV, scène iij.

S'il vous souvient pourtant que je suis la première
Qui vous ait appelé de ce doux nom de père,
Qui vous ait fait caresse, et qui, sur vos genoux,
Vous ait servi long-temps de passe-temps si doux.

ACTE IV, SCÈNE IV.

Il s'estimoit heureux : vous me l'aviez permis.
Il sait votre dessein; jugez de ses alarmes.
Ma mère est devant vous; et vous voyez ses larmes.
Pardonnez aux efforts que je viens de tenter
Pour prévenir les pleurs que je leur vais coûter.

AGAMEMNON.

Ma fille, il est trop vrai. J'ignore pour quel crime
La colère des dieux demande une victime.
Mais ils vous ont nommée : un oracle cruel
Veut qu'ici votre sang coule sur un autel.
Pour défendre vos jours de leurs lois meurtrières
Mon amour n'avoit pas attendu vos prières.
Je ne vous dirai point combien j'ai résisté :
Croyez-en cet amour par vous-même attesté.
Cette nuit même encore, on a pu vous le dire,
J'avois révoqué l'ordre où l'on me fit souscrire :
Sur l'intérêt des Grecs vous l'aviez emporté;
Je vous sacrifiois mon rang, ma sûreté.
Arcas alloit du camp vous défendre l'entrée :
Les dieux n'ont pas voulu qu'il vous ait rencontrée;
Ils ont trompé les soins d'un père infortuné
Qui protégeoit en vain ce qu'ils ont condamné.
Ne vous assurez point sur ma foible puissance : [1]

---

[1] Euripide, Iphigénie, vers 1258 :

Voyez-vous cette immense armée navale? ces rois de la Grèce revêtus de leurs armes? ils sont instruits que les chemins de Troie leur sont fermés, si vous n'êtes sacrifiée.

Quel frein pourroit d'un peuple arrêter la licence,
Quand les dieux, nous livrant à son zèle indiscret,
L'affranchissent d'un joug qu'il portoit à regret?
Ma fille, il faut céder : votre heure est arrivée.[1]
Songez bien dans quel rang vous êtes élevée :
Je vous donne un conseil qu'à peine je reçoi;
Du coup qui vous attend vous mourrez moins que moi :
Montrez, en expirant, de qui vous êtes née :
Faites rougir ces dieux qui vous ont condamnée.
Allez; et que les Grecs, qui vont vous immoler,
Reconnoissent mon sang en le voyant couler.

CLYTEMNESTRE.

Vous ne démentez point une race funeste;
Oui, vous êtes le sang d'Atrée et de Thyeste :
Bourreau de votre fille, il ne vous reste enfin
Que d'en faire à sa mère un horrible festin.
Barbare! c'est donc là cet heureux sacrifice
Que vos soins préparoient avec tant d'artifice!
Quoi! l'horreur de souscrire à cet ordre inhumain
N'a pas, en le traçant, arrêté votre main!
Pourquoi feindre à nos yeux une fausse tristesse?
Pensez-vous par des pleurs prouver votre tendresse?
Où sont-ils ces combats que vous avez rendus?

---

[1] Euripide, Iphigénie, vers 1272 :

Ma fille, nous sommes soumis à la nécessité. Il faut, par ce sacrifice, prévenir désormais l'audace des barbares qui voudroient enlever des femmes grecques.

ACTE IV, SCÈNE IV.

Quels flots de sang pour elle avez-vous répandus?
Quel débris parle ici de votre résistance?
Quel champ couvert de morts me condamne au silence?
Voilà par quels témoins il falloit me prouver,
Cruel! que votre amour a voulu la sauver.
Un oracle fatal ordonne qu'elle expire!
Un oracle dit-il tout ce qu'il semble dire?
Le ciel, le juste ciel, par le meurtre honoré,
Du sang de l'innocence est-il donc altéré?
Si du crime d'Hélène on punit sa famille,
Faites chercher à Sparte Hermione sa fille :
Laissez à Ménélas racheter d'un tel prix
Sa coupable moitié dont il est trop épris.
Mais vous, quelles fureurs vous rendent sa victime?
Pourquoi vous imposer la peine de son crime?
Pourquoi moi-même enfin me déchirant le flanc
Payer sa folle amour du plus pur de mon sang?

Que dis-je? Cet objet de tant de jalousie,
Cette Hélène, qui trouble et l'Europe et l'Asie,
Vous semble-t-elle un prix digne de vos exploits?
Combien nos fronts pour elle ont-ils rougi de fois!
Avant qu'un nœud fatal l'unît à votre frère,
Thésée avoit osé l'enlever à son père :
Vous savez, et Calchas mille fois vous l'a dit,
Qu'un hymen clandestin mit ce prince en son lit;
Et qu'il en eut pour gage une jeune princesse
Que sa mère a cachée au reste de la Grèce.
Mais non, l'amour d'un frère et son honneur blessé

Sont les moindres des soins dont vous êtes pressé :
Cette soif de régner que rien ne peut éteindre,
L'orgueil de voir vingt rois vous servir et vous craindre,
Tous les droits de l'empire en vos mains confiés,
Cruel! c'est à ces dieux que vous sacrifiez;
Et, loin de repousser le coup qu'on vous prépare,
Vous voulez vous en faire un mérite barbare :
Trop jaloux d'un pouvoir qu'on peut vous envier,
De votre propre sang vous courez le payer,
Et voulez par ce prix épouvanter l'audace
De quiconque vous peut disputer votre place.
Est-ce donc être père? Ah! toute ma raison
Cède à la cruauté de cette trahison.
Un prêtre, environné d'une foule cruelle,
Portera sur ma fille une main criminelle,
Déchirera son sein, et, d'un œil curieux,
Dans son cœur palpitant consultera les dieux!
Et moi, qui l'amenai triomphante, adorée,
Je m'en retournerai seule et désespérée!

---

[1] Rotrou, Iphigénie, acte II, scène ij. C'est Ménélas qui parle à Agamemnon :

> Mais la perte en effet que vous plaigniez dans l'ame
> Étoit de votre rang, et non pas de ma femme.
> C'est de votre intérêt que vous êtes jaloux,
> Et d'inclination vous ne servez que vous.

[2] Euripide, Iphigénie, vers 1173 :

Quel sera mon sort, quand je ne verrai plus ma fille dans ma demeure désolée, quand je ne la trouverai plus dans la retraite de ses sœurs? Seule, assise, et déplorant son horrible

ACTE IV, SCÈNE IV.

Je verrai les chemins encor tout parfumés
Des fleurs dont sous ses pas on les avoit semés!
Non, je ne l'aurai point amenée au supplice;
Ou vous ferez aux Grecs un double sacrifice.
Ni crainte ni respect ne m'en peut détacher :
De mes bras tout sanglants il faudra l'arracher.
Aussi barbare époux qu'impitoyable père,
Venez, si vous l'osez, la ravir à sa mère.
Et vous, rentrez, ma fille; et du moins à mes lois
Obéissez encor pour la dernière fois.

SCÈNE V.
AGAMEMNON.

A de moindres fureurs je n'ai pas dû m'attendre.
Voilà, voilà les cris que je craignois d'entendre.
Heureux si, dans le trouble où flottent mes esprits,
Je n'avois toutefois à craindre que ces cris!
Hélas! en m'imposant une loi si sévère,
Grands dieux, me deviez-vous laisser un cœur de père!

SCÈNE VI.
AGAMEMNON, ACHILLE.

ACHILLE.

Un bruit assez étrange est venu jusqu'à moi,
Seigneur; je l'ai jugé trop peu digne de foi.

---

sort, je dirai : Ma fille, ton père t'a donné la mort; ce n'est
point une autre main, c'est la sienne qui t'a frappée, etc.

On dit, et sans horreur je ne puis le redire,
Qu'aujourd'hui par votre ordre Iphigénie expire;
Que vous-même, étouffant tout sentiment humain,
Vous l'allez à Calchas livrer de votre main :
On dit que sous mon nom à l'autel appelée
Je ne l'y conduisois que pour être immolée;
Et que, d'un faux hymen nous abusant tous deux,
Vous vouliez me charger d'un emploi si honteux.
Qu'en dites-vous, seigneur? Que faut-il que j'en pense?
Ne ferez-vous pas taire un bruit qui vous offense?

AGAMEMNON.

Seigneur, je ne rends point compte de mes desseins.
Ma fille ignore encor mes ordres souverains;
Et, quand il sera temps qu'elle en soit informée,
Vous apprendrez son sort, j'en instruirai l'armée.

ACHILLE.

Ah! je sais trop le sort que vous lui réservez.

AGAMEMNON.

Pourquoi le demander, puisque vous le savez?

ACHILLE.

Pourquoi je le demande? Oh ciel! le puis-je croire,
Qu'on ose des fureurs avouer la plus noire!
Vous pensez qu'approuvant vos desseins odieux
Je vous laisse immoler votre fille à mes yeux?
Que ma foi, mon amour, mon honneur y consente?

AGAMEMNON.

Mais vous, qui me parlez d'une voix menaçante,
Oubliez-vous ici qui vous interrogez?

ACTE IV, SCÈNE VI.

ACHILLE.

Oubliez-vous qui j'aime et qui vous outragez?

AGAMEMNON.

Et qui vous a chargé du soin de ma famille?
Ne pourrai-je, sans vous, disposer de ma fille?
Ne suis-je plus son père? Êtes-vous son époux?
Et ne peut-elle....

ACHILLE.

Non, elle n'est plus à vous :
On ne m'abuse point par des promesses vaines.
Tant qu'un reste de sang coulera dans mes veines,
Vous deviez à mon sort unir tous ses moments,
Je défendrai mes droits fondés sur vos serments.
Et n'est-ce pas pour moi que vous l'avez mandée?

AGAMEMNON.

Plaignez-vous donc aux dieux qui me l'ont demandée :
Accusez et Calchas et le camp tout entier,
Ulysse, Ménélas, et vous tout le premier.

ACHILLE.

Moi!

AGAMEMNON.

Vous, qui de l'Asie embrassant la conquête
Querellez tous les jours le ciel qui vous arrête;
Vous, qui vous offensant de mes justes terreurs,
Avez dans tout le camp répandu vos fureurs.
Mon cœur pour la sauver vous ouvroit une voie;
Mais vous ne demandez, vous ne cherchez que Troie.

Je vous fermois le champ où vous voulez courir :
Vous le voulez; partez; sa mort va vous l'ouvrir.

ACHILLE.

Juste ciel! puis-je entendre et souffrir ce langage?
Est-ce ainsi qu'au parjure on ajoute l'outrage?
Moi, je voulois partir aux dépens de ses jours?
Et que m'a fait à moi cette Troie où je cours? [1]
Au pied de ses remparts quel intérêt m'appelle?
Pour qui, sourd à la voix d'une mère immortelle,
Et d'un père éperdu négligeant les avis,
Vais-je y chercher la mort tant prédite à leur fils?
Jamais vaisseaux partis des rives du Scamandre
Aux champs thessaliens osèrent-ils descendre?
Et jamais dans Larisse un lâche ravisseur
Me vint-il enlever ou ma femme ou ma sœur?
Qu'ai-je à me plaindre? Où sont les pertes que j'ai faites?
Je n'y vais que pour vous, barbare que vous êtes;

---

[1] Homère, Iliade, livre I, vers 152 :

Ce n'est point en haine des braves Troyens que je suis venu les combattre; ils ne sont pas coupables envers moi. Jamais ils ne ravirent ni mes chevaux, ni mes génisses; jamais ils ne ravagèrent les fertiles moissons de l'heureuse Phthie : de nombreuses montagnes hérissées de forêts et la mer bruyante nous séparent. Mais, ô mortel audacieux, c'est toi que nous avons suivi pour satisfaire tes désirs, pour rétablir par la punition des Troyens la gloire de Ménélas et la tienne, homme arrogant; et tu n'en es point touché, tu n'en conçois que du mépris, et tu oses me menacer de venir toi-même m'arracher le prix que je méritai par tant de combats.

ACTE IV, SCÈNE VI.

Pour vous, à qui des Grecs moi seul je ne dois rien ;
Vous, que j'ai fait nommer et leur chef et le mien ;
Vous, que mon bras vengeoit dans Lesbos enflammée,
Avant que vous eussiez assemblé votre armée.
Et quel fut le dessein qui nous assembla tous ?
Ne courons-nous pas rendre Hélène à son époux ?
Depuis quand pense-t-on qu'inutile à moi-même
Je me laisse ravir une épouse que j'aime ?
Seul d'un honteux affront votre frère blessé
A-t-il droit de venger son amour offensé ?
Votre fille me plut; je prétendis lui plaire ;
Elle est de mes serments seule dépositaire :
Content de son hymen, vaisseaux, armes, soldats,
Ma foi lui promit tout, et rien à Ménélas.
Qu'il poursuive, s'il veut, son épouse enlevée ;
Qu'il cherche une victoire à mon sang réservée :
Je ne connois Priam, Hélène, ni Pâris ;
Je voulois votre fille, et ne pars qu'à ce prix.

AGAMEMNON.

Fuyez donc ; retournez dans votre Thessalie.[1]
Moi-même je vous rends le serment qui vous lie.

---

[1] Homère, Iliade, livre I, vers 173 :

Fuis à l'instant, dit Agamemnon le roi des hommes, fuis, si ton cœur n'aspire qu'à la fuite : je ne te supplie pas de rester ici en ma faveur : assez d'autres sont près de moi qui s'intéresseront à ma gloire, et sur-tout le grand Jupiter. De tous les rois qu'il protège, tu m'es le plus odieux; tu ne respires jamais que discordes, que guerres, que combats. Si tu as tant de va-

Assez d'autres viendront, à mes ordres soumis,
Se couvrir des lauriers qui vous furent promis;
Et, par d'heureux exploits forçant la destinée,
Trouveront d'Ilion la fatale journée.
J'entrevois vos mépris, et juge, à vos discours,
Combien j'achèterois vos superbes secours.
De la Grèce déjà vous vous rendez l'arbitre;
Ses rois, à vous ouïr, m'ont paré d'un vain titre.
Fier de votre valeur, tout, si je vous en crois,
Doit marcher, doit fléchir, doit trembler sous vos lois.
Un bienfait reproché tint toujours lieu d'offense :
Je veux moins de valeur, et plus d'obéissance.
Fuyez. Je ne crains point votre impuissant courroux;
Et je romps tous les nœuds qui m'attachent à vous.

ACHILLE.

Rendez grace au seul nœud qui retient ma colère :
D'Iphigénie encor je respecte le père.
Peut-être, sans ce nom, le chef de tant de rois
M'auroit osé braver pour la dernière fois.
Je ne dis plus qu'un mot; c'est à vous de m'entendre.
J'ai votre fille ensemble et ma gloire à défendre :
Pour aller jusqu'au cœur que vous voulez percer,
Voilà par quels chemins vos coups doivent passer.

---

leur, ne sont-ce pas les dieux qui te l'ont donnée? Fuis en ton pays avec tes compagnons et tes vaisseaux; règne sur tes Myrmidons; je ne fais aucun cas de toi : peu m'importe que tu sois irrité, et je te brave encore par cette menace.

SCÈNE VII.

AGAMEMNON.

Et voilà ce qui rend sa perte inévitable.
Ma fille toute seule étoit plus redoutable.
Ton insolent amour, qui croit m'épouvanter,
Vient de hâter le coup que tu veux arrêter.
Ne délibérons plus. Bravons sa violence :
Ma gloire intéressée emporte la balance.
Achille menaçant détermine mon cœur :
Ma pitié sembleroit un effet de ma peur.
Holà, gardes, à moi.

SCÈNE VIII.

AGAMEMNON, EURYBATE, GARDES.

EURYBATE.
Seigneur.

AGAMEMNON.
Que vais-je faire ?
Puis-je leur prononcer cet ordre sanguinaire ?
Cruel ! à quel combat faut-il te préparer !
Quel est cet ennemi que tu leur vas livrer ?
Une mère m'attend ; une mère intrépide ;
Qui défendra son sang contre un père homicide :
Je verrai mes soldats, moins barbares que moi,
Respecter dans ses bras la fille de leur roi.

Achille nous menace, Achille nous méprise :
Mais ma fille en est-elle à mes lois moins soumise ?
Ma fille, de l'autel cherchant à s'échapper,
Gémit-elle du coup dont je la veux frapper ?
Que dis-je ? Que prétend mon sacrilège zèle ?
Quels vœux, en l'immolant, formerai-je sur elle ?
Quelques prix glorieux qui me soient proposés,
Quels lauriers me plairont de son sang arrosés ?
Je veux fléchir des dieux la puissance suprême :
Ah ! quels dieux me seroient plus cruels que moi-même ?
Non, je ne puis. Cédons au sang, à l'amitié,
Et ne rougissons plus d'une juste pitié :
Qu'elle vive.... Mais quoi ! peu jaloux de ma gloire,
Dois-je au superbe Achille accorder la victoire ?
Son téméraire orgueil, que je vais redoubler,
Croira que je lui cède, et qu'il m'a fait trembler....
De quel frivole soin mon esprit s'embarrasse ?
Ne puis-je pas d'Achille humilier l'audace ?
Que ma fille à ses yeux soit un sujet d'ennui :
Il l'aime ; elle vivra pour un autre que lui.
Eurybate, appelez la princesse, la reine.
Qu'elles ne craignent point.

SCÈNE IX.

AGAMEMNON, GARDES.

AGAMEMNON.

Grands dieux, si votre haine
Persévère à vouloir l'arracher de mes mains,

Que peuvent devant vous tous les foibles humains?
Loin de la secourir, mon amitié l'opprime :
Je le sais : mais, grands dieux, une telle victime
Vaut bien que, confirmant vos rigoureuses lois,
Vous me la demandiez une seconde fois.

SCÈNE X.

AGAMEMNON, CLYTEMNESTRE, IPHIGÉNIE, ÉRIPHILE, EURYBATE, DORIS, GARDES.

AGAMEMNON.

ALLEZ, madame, allez; prenez soin de sa vie :
Je vous rends votre fille, et je vous la confie.
Loin de ces lieux cruels précipitez ses pas :
Mes gardes vous suivront commandés par Arcas;
Je veux bien excuser son heureuse imprudence.
Tout dépend du secret et de la diligence :
Ulysse ni Calchas n'ont point encor parlé;
Gardez que ce départ ne leur soit révélé.
Cachez bien votre fille; et que tout le camp croie
Que je la retiens seule, et que je vous renvoie.
Fuyez. Puissent les dieux, de mes larmes contents,
A mes tristes regards ne l'offrir de long-temps!
Gardes, suivez la reine.

CLYTEMNESTRE.

Ah, seigneur!

IPHIGÉNIE.

Ah, mon père!

AGAMEMNON.

Prévenez de Calchas l'empressement sévère :
Fuyez, vous dis-je. Et moi, pour vous favoriser,
Par de feintes raisons je m'en vais l'abuser :
Je vais faire suspendre une pompe funeste,
Et de ce jour, au moins, lui demander le reste.

SCÈNE XI.

ÉRIPHILE, DORIS.

ÉRIPHILE.

Suis-moi : ce n'est pas là Doris, notre chemin.

DORIS.

Vous ne les suivez pas ?

ÉRIPHILE.

Ah ! je succombe enfin.
Je reconnois l'effet des tendresses d'Achille.
Je n'emporterai point une rage inutile :
Plus de raisons ; il faut ou la perdre ou périr.
Viens, te dis-je. A Calchas je vais tout découvrir.

FIN DU QUATRIÈME ACTE.

ACTE CINQUIÈME.

SCÈNE I.

IPHIGÉNIE, ÆGINE.

IPHIGÉNIE.

Cesse de m'arrêter. Va, retourne à ma mère,
Ægine : il faut des dieux apaiser la colère.
Pour ce sang malheureux qu'on veut leur dérober,
Regarde quel orage est tout prêt à tomber;
Considère l'état où la reine est réduite;
Vois comme tout le camp s'oppose à notre fuite,
Avec quelle insolence ils ont, de toutes parts,
Fait briller à nos yeux la pointe de leurs dards.
Nos gardes repoussés, la reine évanouie....
Ah! c'est trop l'exposer : souffre que je la fuie;
Et, sans attendre ici ses secours impuissants,
Laisse-moi profiter du trouble de ses sens.
Mon père même, hélas! puisqu'il faut te le dire,
Mon père, en me sauvant, ordonne que j'expire.

ÆGINE.

Lui, madame! Quoi donc? qu'est-ce qui s'est passé?

IPHIGÉNIE.

Achille, trop ardent, l'a peut-être offensé :
Mais le roi, qui le hait, veut que je le haïsse;

Il ordonne à mon cœur cet affreux sacrifice :
Il m'a fait par Arcas expliquer ses souhaits ;
Ægine, il me défend de lui parler jamais.

ÆGINE.

Ah, madame !

IPHIGÉNIE.

Ah, sentence ! ah, rigueur inouie !
Dieux plus doux, vous n'avez demandé que ma vie !
Mourons, obéissons. Mais qu'est-ce que je vois ?
Dieux ! Achille !

SCÈNE II.

ACHILLE, IPHIGÉNIE.

ACHILLE.

Venez, madame, suivez-moi :
Ne craignez ni les cris ni la foule impuissante
D'un peuple qui se presse autour de cette tente.
Paroissez ; et bientôt, sans attendre mes coups,
Ces flots tumultueux s'ouvriront devant vous.
Patrocle, et quelques chefs qui marchent à ma suite,
De mes Thessaliens vous amènent l'élite :
Tout le reste, assemblé près de mon étendard,
Vous offre de ses rangs l'invincible rempart.
A vos persécuteurs opposons cet asile :
Qu'ils viennent vous chercher sous les tentes d'Achille.
Quoi ! madame, est-ce ainsi que vous me secondez ?
Ce n'est que par des pleurs que vous me répondez !

ACTE V, SCÈNE II.

Vous fiez-vous encore à de si foibles armes ?
Hâtons-nous : votre père a déjà vu vos larmes.

IPHIGÉNIE.

Je le sais bien, seigneur : aussi tout mon espoir
N'est plus qu'au coup mortel que je vais recevoir.

ACHILLE.

Vous, mourir ! Ah ! cessez de tenir ce langage.
Songez-vous quel serment vous et moi nous engage ?
Songez-vous, pour trancher d'inutiles discours,
Que le bonheur d'Achille est fondé sur vos jours ?

IPHIGÉNIE.

Le ciel n'a point aux jours de cette infortunée
Attaché le bonheur de votre destinée.
Notre amour nous trompoit ; et les arrêts du sort
Veulent que ce bonheur soit un fruit de ma mort.
Songez, seigneur, songez à ces moissons de gloire
Qu'à vos vaillantes mains présente la victoire :
Ce champ si glorieux où vous aspirez tous,
Si mon sang ne l'arrose, est stérile pour vous.
Telle est la loi des dieux à mon père dictée :
En vain, sourd à Calchas, il l'avoit rejetée ;
Par la bouche des Grecs contre moi conjurés
Leurs ordres éternels se sont trop déclarés.
Partez ; à vos honneurs j'apporte trop d'obstacles :
Vous-même, dégagez la foi de vos oracles ;
Signalez ce héros à la Grèce promis ;
Tournez votre douleur contre ses ennemis.

IPHIGÉNIE.

Déjà Priam pâlit; déjà Troie, en alarmes,[1]
Redoute mon bûcher, et frémit de vos larmes.
Allez; et, dans ses murs vides de citoyens,
Faites pleurer ma mort aux veuves des Troyens :
Je meurs dans cet espoir satisfaite et tranquille.[2]
Si je n'ai pas vécu la compagne d'Achille,
J'espère que du moins un heureux avenir
A vos faits immortels joindra mon souvenir;
Et qu'un jour mon trépas, source de votre gloire,
Ouvrira le récit d'une si belle histoire.
Adieu, prince; vivez, digne race des dieux.

ACHILLE.

Non, je ne reçois point vos funestes adieux.
En vain, par ces discours, votre cruelle adresse

---

[1] Rotrou, Iphigénie, acte IV, scène vj :
   Laissez donc accomplir les vœux de la déesse;
   Je lui donne mon sang, je le donne à la Grèce.
   . . . .
   Fille, à mille vaisseaux, j'aurai tracé la voie,
   J'aurai puni Pâris, j'aurai saccagé Troie,
   Vengé l'honneur des Grecs, satisfait Ménélas;
   Et pour tous ces exploits, il ne faut qu'un trépas.

[2] Quelques rapports avec un passage de l'Andromède de Corneille, acte II, scène iij. Elle dit à Phinée : Le ciel du moins m'a rendu
   Quelques moments bien doux,
   Par ce flatteur espoir que j'allois être à vous;
   Mais puisque ce n'étoit qu'une trompeuse attente,
   Gardez mon souvenir, et je mourrai contente.

ACTE V, SCÈNE II.

Veut servir votre père, et tromper ma tendresse;
En vain vous prétendez, obstinée à mourir,
Intéresser ma gloire à vous laisser périr :
Ces moissons de lauriers, ces honneurs, ces conquêtes,
Ma main, en vous servant, les trouve toutes prêtes.
Et qui de ma faveur se voudroit honorer
Si mon hymen prochain ne peut vous assurer?
Ma gloire, mon amour, vous ordonnent de vivre :
Venez, madame; il faut les en croire, et me suivre.

IPHIGÉNIE.

Qui? moi? que, contre un père osant me révolter,
Je mérite la mort que j'irois éviter?
Où seroit le respect et ce devoir suprême....

ACHILLE.

Vous suivrez un époux avoué par lui-même.
C'est un titre qu'en vain il prétend me voler.
Ne fait-il des serments que pour les violer?
Vous-même, que retient un devoir si sévère,
Quand il vous donne à moi n'est-il point votre père?
Suivez-vous seulement ses ordres absolus
Quand il cesse de l'être et ne vous connoît plus?
Enfin, c'est trop tarder, ma princesse; et ma crainte....

IPHIGÉNIE.

Quoi, seigneur! vous iriez jusques à la contrainte?
D'un coupable transport écoutant la chaleur,
Vous pourriez ajouter ce comble à mon malheur?
Ma gloire vous seroit moins chère que ma vie?

Ah, seigneur! épargnez la triste Iphigénie.
Asservie à des lois que j'ai dû respecter,
C'est déjà trop pour moi que de vous écouter :
Ne portez pas plus loin votre injuste victoire;
Ou, par mes propres mains immolée à ma gloire,
Je saurai m'affranchir, dans ces extrémités,
Du secours dangereux que vous me présentez.

ACHILLE.

Hé bien, n'en parlons plus. Obéissez, cruelle,
Et cherchez une mort qui vous semble si belle :
Portez à votre père un cœur où j'entrevoi
Moins de respect pour lui que de haine pour moi.
Une juste fureur s'empare de mon ame :
Vous allez à l'autel; et moi, j'y cours, madame.
Si de sang et de morts le ciel est affamé,
Jamais de plus de sang ses autels n'ont fumé.
A mon aveugle amour tout sera légitime : [1]
Le prêtre deviendra la première victime;
Le bûcher, par mes mains détruit et renversé,
Dans le sang des bourreaux nagera dispersé;
Et si, dans les horreurs de ce désordre extrême,
Votre père frappé tombe et périt lui-même,
Alors, de vos respects voyant les tristes fruits,
Reconnoissez les coups que vous aurez conduits.

---

[1] Rotrou, Iphigénie, acte IV, scène vj :
    Je suivrois sans respect le zèle qui m'anime;
    J'immolerois le prêtre aux yeux de la victime.

ACTE V, SCÈNE II.

IPHIGÉNIE.

Ah, seigneur! Ah, cruel!.... Mais il fuit, il m'échappe.
O toi, qui veux ma mort, me voilà seule, frappe,
Termine, juste ciel, ma vie et mon effroi,
Et lance ici des traits qui n'accablent que moi!

SCÈNE III.

CLYTEMNESTRE, IPHIGÉNIE, ÆGINE,
EURYBATE, GARDES.

CLYTEMNESTRE.

Oui, je la défendrai contre toute l'armée.
Lâches, vous trahissez votre reine opprimée!

EURYBATE.

Non, madame : il suffit que vous me commandiez ;
Vous nous verrez combattre, et mourir à vos pieds.
Mais de nos foibles mains que pouvez-vous attendre?
Contre tant d'ennemis qui vous pourra défendre?
Ce n'est plus un vain peuple en désordre assemblé ;
C'est d'un zèle fatal tout le camp aveuglé.
Plus de pitié. Calchas seul règne, seul commande :
La piété sévère exige son offrande.
Le roi de son pouvoir se voit déposséder,
Et lui-même au torrent nous contraint de céder.
Achille à qui tout cède, Achille à cet orage
Voudroit lui-même en vain opposer son courage :
Que fera-t-il, madame? et qui peut dissiper
Tous les flots d'ennemis prêts à l'envelopper?

CLYTEMNESTRE.

Qu'ils viennent donc sur moi prouver leur zèle impie,
Et m'arrachent ce peu qui me reste de vie !
La mort seule, la mort pourra rompre les nœuds
Dont mes bras nous vont joindre et lier toutes deux :
Mon corps sera plutôt séparé de mon ame,
Que je souffre jamais.... Ah, ma fille !

IPHIGÉNIE.

Ah, madame !
Sous quel astre cruel avez-vous mis au jour
Le malheureux objet d'une si tendre amour !
Mais que pouvez-vous faire en l'état où nous sommes ?
Vous avez à combattre et les dieux et les hommes.
Contre un peuple en fureur vous exposerez-vous ?
N'allez point dans un camp, rebelle à votre époux,[1]
Seule à me retenir vainement obstinée,
Par des soldats peut-être indignement traînée,
Présenter, pour tout fruit d'un déplorable effort,
Un spectacle à mes yeux plus cruel que la mort.
Allez ; laissez aux Grecs achever leur ouvrage,
Et quittez pour jamais un malheureux rivage ;

---

[1] Dans l'Hécube d'Euripide, Polixène fait la même prière à sa mère.

Hécube, vers 404 :

Malheureuse, ne vous révoltez pas contre le vainqueur. Voulez-vous être renversée par terre, et faire déchirer par des blessures ce corps maternel ? Des soldats farouches porteroient leurs mains sur vous, etc.

ACTE V, SCÈNE III.

Du bûcher qui m'attend, trop voisin de ces lieux,
La flamme de trop près viendroit frapper vos yeux.
Sur-tout, si vous m'aimez, par cet amour de mère,
Ne reprochez jamais mon trépas à mon père. [1]

CLYTEMNESTRE.

Lui, par qui votre cœur à Calchas présenté....

IPHIGÉNIE.

Pour me rendre à vos pleurs que n'a-t-il point tenté ?

CLYTEMNESTRE.

Par quelle trahison le cruel m'a déçue !

IPHIGÉNIE.

Il me cédoit aux dieux dont il m'avoit reçue.
Ma mort n'emporte pas tout le fruit de vos feux :
De l'amour qui vous joint vous avez d'autres nœuds ;
Vos yeux me reverront dans Oreste mon frère.
Puisse-t-il être, hélas ! moins funeste à sa mère !

D'un peuple impatient vous entendez la voix.
Daignez m'ouvrir vos bras pour la dernière fois,
Madame ; et rappelant votre vertu sublime....
Eurybate, à l'autel conduisez la victime.

SCÈNE IV.

CLYTEMNESTRE, ÆGINE, GARDES.

CLYTEMNESTRE.

AH ! vous n'irez pas seule ; et je ne prétends pas....

---

[1] Euripide prête à Iphigénie ce sentiment délicat, vers 1455 :
  Ne haïssez jamais mon père et votre époux.

Mais on se jette en foule au-devant de mes pas.
Perfides, contentez votre soif sanguinaire.

ÆGINE.

Où courez-vous, madame ? Et que voulez-vous faire ?

CLYTEMNESTRE.

Hélas ! je me consume en impuissants efforts,
Et rentre au trouble affreux dont à peine je sors.
Mourrai-je tant de fois sans sortir de la vie ! [1]

ÆGINE.

Ah ! savez-vous le crime, et qui vous a trahie,
Madame ? Savez-vous quel serpent inhumain
Iphigénie avoit retiré dans son sein ?
Ériphile, en ces lieux par vous-même conduite,
A seule à tous les Grecs révélé votre fuite.

CLYTEMNESTRE.

O monstre, que Mégère en ses flancs a porté !
Monstre, que dans nos bras les enfers ont jeté !
Quoi ! tu ne mourras point ! Quoi ! pour punir son crime...
Mais où va ma douleur chercher une victime ?
Quoi ! pour noyer les Grecs et leurs mille vaisseaux,
Mer, tu n'ouvriras pas des abîmes nouveaux !
Quoi ! lorsque les chassant du port qui les recèle

---

[1] Louis Racine rapporte que le célèbre de Thou, accablé de souffrances, fit le jour de sa mort un vers latin dont le sens est que la vie ne vaut pas qu'on meure tant de fois pour la conserver :

« Ne è vitâ tanti est, tandiù, ut vivas, mori. »

L'Aulide aura vomi leur flotte criminelle,
Les vents, les mêmes vents si long-temps accusés,
Ne te couvriront pas de ses vaisseaux brisés!
Et toi, soleil, et toi, qui dans cette contrée [1]
Reconnois l'héritier et le vrai fils d'Atrée,
Toi, qui n'osas du père éclairer le festin,
Recule, ils t'ont appris ce funeste chemin!

Mais, cependant, oh ciel! ô mère infortunée!
De festons odieux ma fille couronnée
Tend la gorge aux couteaux par son père apprêtés.
Calchas va dans son sang.... Barbares, arrêtez;
C'est le pur sang du dieu qui lance le tonnerre....
J'entends gronder la foudre, et sens trembler la terre;
Un dieu vengeur, un dieu fait retentir ces coups.

---

[1] Malherbe, dans une ode, s'est servi de cette belle figure pour exprimer l'horreur que lui avoit inspirée l'attentat commis sur la personne de Henri IV, par Étienne de Lisle, le 19 décembre 1605 :

> O soleil, ô grand luminaire!
> Si jadis l'horreur d'un festin
> Fit que de ta route ordinaire
> Tu reculas vers le matin,
> Et, d'un émerveillable change,
> Tu couchas aux rives du Gange,
> D'où vient que ta sévérité,
> Moindre qu'en la faute d'Atrée,
> Ne punit point cette contrée
> D'une éternelle obscurité?

SCÈNE V.

CLYTEMNESTRE, ÆGINE, ARCAS, GARDES.

ARCAS.

N'en doutez point, madame, un dieu combat pour vous.
Achille en ce moment exauce vos prières;
Il a brisé des Grecs les trop foibles barrières :
Achille est à l'autel. Calchas est éperdu :
Le fatal sacrifice est encor suspendu.
On se menace, on court, l'air gémit, le fer brille.
Achille fait ranger autour de votre fille
Tous ses amis, pour lui prêts à se dévouer.
Le triste Agamemnon, qui n'ose l'avouer,
Pour détourner ses yeux des meurtres qu'il présage,
Ou pour cacher ses pleurs, s'est voilé le visage.[1]
Venez, puisqu'il se tait, venez par vos discours
De votre défenseur appuyer le secours.
Lui-même de sa main, de sang toute fumante,
Il veut entre vos bras remettre son amante;
Lui-même il m'a chargé de conduire vos pas.
Ne craignez rien.

CLYTEMNESTRE.

Moi, craindre! Ah! courons, cher Arcas!

---

[1] C'est Euripide qui a imaginé cette position, célèbre par le tableau de Timante dont les anciens ont souvent parlé. Iphigénie, vers 1546 : Quand Agamemnon vit sa fille marcher au sacrifice, il gémit; ensuite détournant la tête, et la voilant avec sa robe, il fondit en larmes.

Le plus affreux péril n'a rien dont je pâlisse.
J'irai par-tout.... Mais, dieux! ne vois-je pas Ulysse?
C'est lui. Ma fille est morte! Arcas, il n'est plus temps!

SCÈNE VI.

ULYSSE, CLYTEMNESTRE, ARCAS, ÆGINE, GARDES.

ULYSSE.

Non, votre fille vit, et les dieux sont contents.
Rassurez-vous, le ciel a voulu vous la rendre.

CLYTEMNESTRE.

Elle vit! et c'est vous qui venez me l'apprendre!

ULYSSE.

Oui, c'est moi, qui long-temps contre elle et contre vous
Ai cru devoir, madame, affermir votre époux;
Moi qui, jaloux tantôt de l'honneur de nos armes,
Par d'austères conseils ai fait couler vos larmes;
Et qui viens, puisqu'enfin le ciel est apaisé,
Réparer tout l'ennui que je vous ai causé.

CLYTEMNESTRE.

Ma fille! Ah, prince! Oh ciel! Je demeure éperdue.
Quel miracle, seigneur, quel dieu me l'a rendue?

ULYSSE.

Vous m'en voyez moi-même, en cet heureux moment,
Saisi d'horreur, de joie et de ravissement.
 Jamais jour n'a paru si mortel à la Grèce.
Déjà de tout le camp la discorde maîtresse

Avoit sur tous les yeux mis son bandeau fatal,
Et donné du combat le funeste signal.
De ce spectacle affreux votre fille alarmée
Voyoit pour elle Achille, et contre elle l'armée :
Mais, quoique seul pour elle, Achille furieux
Épouvantoit l'armée, et partageoit les dieux.
Déjà de traits en l'air s'élevoit un nuage :
Déjà couloit le sang, prémices du carnage :
Entre les deux partis Calchas s'est avancé,
L'œil farouche, l'air sombre, et le poil hérissé,
Terrible, et plein du dieu qui l'agitoit sans doute :
« Vous, Achille, a-t-il dit, et vous, Grecs, qu'on m'écoute.
« Le dieu qui maintenant vous parle par ma voix
« M'explique son oracle, et m'instruit de son choix.
« Un autre sang d'Hélène, une autre Iphigénie
« Sur ce bord immolée y doit laisser sa vie.
« Thésée avec Hélène uni secrètement
« Fit succéder l'hymen à son enlèvement :
« Une fille en sortit, que sa mère a célée;
« Du nom d'Iphigénie elle fut appelée.
« Je vis moi-même alors ce fruit de leurs amours :
« D'un sinistre avenir je menaçai ses jours.
« Sous un nom emprunté sa noire destinée
« Et ses propres fureurs ici l'ont amenée.
« Elle me voit, m'entend, elle est devant vos yeux;
« Et c'est elle, en un mot, que demandent les dieux. »
Ainsi parle Calchas. Tout le camp immobile
L'écoute avec frayeur, et regarde Ériphile.

Elle étoit à l'autel; et peut-être en son cœur
Du fatal sacrifice accusoit la lenteur.
Elle-même tantôt, d'une course subite,
Étoit venue aux Grecs annoncer votre fuite.
On admire en secret sa naissance et son sort.
Mais, puisque Troie enfin est le prix de sa mort,
L'armée à haute voix se déclare contre elle,
Et prononce à Calchas sa sentence mortelle.
Déjà pour la saisir Calchas lève le bras.
« Arrête, a-t-elle dit, et ne m'approche pas. [1]
« Le sang de ces héros dont tu me fais descendre
« Sans tes profanes mains saura bien se répandre. »
Furieuse elle vole, et sur l'autel prochain
Prend le sacré couteau, le plonge dans son sein.
A peine son sang coule et fait rougir la terre,
Les dieux font sur l'autel entendre le tonnerre, [2]

---

[1] Dans l'Hécube d'Euripide, Polixène s'exprime à peu près de même, avant d'être immolée.

Hécube, vers 547 :

O Grecs qui avez renversé Troie, je meurs volontairement. Que personne ne porte sur moi une main profane : je présenterai ma tête sans frémir au couteau mortel.

[2] Ovide, Métamorph., livre XII, vers 35 :

« Ergo ubi, quâ decuit, lenita est cæde Diana,
« Et pariter Phœbus, pariter maris ira recessit;
« Accipiunt ventos à tergo mille carinæ. »

Diane est apaisée par ce sacrifice qui lui est offert, Apollon se déclare pour les Grecs, la mer ne s'oppose plus à leur en-

Les vents agitent l'air d'heureux frémissements,
Et la mer leur répond par ses mugissements;
La rive au loin gémit, blanchissante d'écume;
La flamme du bûcher d'elle-même s'allume;
Le ciel brille d'éclairs, s'entr'ouvre, et parmi nous
Jette une sainte horreur qui nous rassure tous.
Le soldat étonné dit que dans une nue
Jusque sur le bûcher Diane est descendue;
Et croit que, s'élevant au travers de ses feux,
Elle portoit au ciel notre encens et nos vœux.
Tout s'empresse, tout part. La seule Iphigénie
Dans ce commun bonheur pleure son ennemie.
Des mains d'Agamemnon venez la recevoir:
Venez. Achille et lui, brûlant de vous revoir,
Madame, et désormais tous deux d'intelligence,
Sont prêts à confirmer leur auguste alliance.

CLYTEMNESTRE.

Par quel prix, quel encens, ô ciel, puis-je jamais
Récompenser Achille, et payer tes bienfaits!

---

treprise; et les vents favorables enflent les voiles de mille vaisseaux.

FIN D'IPHIGÉNIE.

PHÈDRE,

TRAGÉDIE.

1677.

PRÉFACE.

Voici encore une tragédie dont le sujet est pris d'Euripide. Quoique j'aie suivi une route un peu différente de celle de cet auteur pour la conduite de l'action, je n'ai pas laissé d'enrichir ma pièce de tout ce qui m'a paru le plus éclatant dans la sienne. Quand je ne lui devrois que la seule idée du caractère de Phèdre, je pourrois dire que je lui dois ce que j'ai peut-être mis de plus raisonnable sur le théâtre. Je ne suis point étonné que ce caractère ait eu un succès si heureux du temps d'Euripide, et qu'il ait encore si bien réussi dans notre siècle, puisqu'il a toutes les qualités qu'Aristote demande dans le héros de la tragédie, et qui sont propres à exciter la compassion et la terreur. En effet, Phèdre n'est ni tout-à-fait coupable, ni tout-à-fait innocente. Elle est engagée, par sa destinée et par la colère des dieux, dans une passion illégitime, dont elle a horreur toute la première : elle fait tous ses efforts pour la surmonter : elle aime mieux se laisser mourir que de la déclarer à personne; et, lorsqu'elle est forcée de la découvrir, elle en parle avec une confusion qui fait bien voir que son crime est plutôt une punition des dieux, qu'un mouvement de sa volonté.

J'ai même pris soin de la rendre un peu moins odieuse

qu'elle n'est dans les tragédies des anciens, où elle **se résout** d'elle-même à accuser Hippolyte. J'ai cru que la calomnie avoit quelque chose de trop bas et de trop noir pour la mettre dans la bouche d'une princesse qui a d'ailleurs des sentiments si nobles et si vertueux. Cette bassesse m'a paru plus convenable à une nourrice, qui pouvoit avoir des inclinations plus serviles, et qui néanmoins n'entreprend cette fausse accusation que pour sauver la vie et l'honneur de sa maîtresse. Phèdre n'y donne les mains que parcequ'elle est dans une agitation d'esprit qui la met hors d'elle-même; et elle vient un moment après dans le dessein de justifier l'innocence et de déclarer la vérité.

Hippolyte est accusé, dans Euripide et dans Sénèque, d'avoir en effet violé sa belle-mère : *vim corpus tulit*. Mais il n'est ici accusé que d'en avoir eu le dessein. J'ai voulu épargner à Thésée une confusion qui l'auroit pu rendre moins agréable aux spectateurs.

Pour ce qui est du personnage d'Hippolyte, j'avois remarqué dans les anciens qu'on reprochoit à Euripide de l'avoir représenté comme un philosophe exempt de toute imperfection; ce qui faisoit que la mort de ce jeune prince causoit beaucoup plus d'indignation que de pitié. J'ai cru lui devoir donner quelque foiblesse qui le rendroit un peu coupable envers son père, sans pourtant lui rien ôter

PRÉFACE.

de cette grandeur d'ame avec laquelle il épargne l'honneur de Phèdre, et se laisse opprimer sans l'accuser. J'appelle foiblesse la passion qu'il ressent malgré lui pour Aricie, qui est la fille et la sœur des ennemis mortels de son père.

Cette Aricie n'est point un personnage de mon invention. Virgile dit qu'Hippolyte l'épousa, et en eut un fils, après qu'Esculape l'eut ressuscité : et j'ai lu encore dans quelques auteurs qu'Hippolyte avoit épousé et emmené en Italie une jeune Athénienne de grande naissance qui s'appeloit Aricie, et qui avoit donné son nom à une petite ville d'Italie.

Je rapporte ces autorités, parceque je me suis très scrupuleusement attaché à suivre la fable. J'ai même suivi l'histoire de Thésée telle qu'elle est dans Plutarque.

C'est dans cet historien que j'ai trouvé que ce qui avoit donné occasion de croire que Thésée fût descendu dans les enfers pour enlever Proserpine étoit un voyage que ce prince avoit fait en Épire vers la source de l'Achéron, chez un roi dont Pirithoüs vouloit enlever la femme, et qui arrêta Thésée prisonnier, après avoir fait mourir Pirithoüs. Ainsi j'ai tâché de conserver la vraisemblance de l'histoire, sans rien perdre des ornements de la fable, qui fournit extrêmement à la poésie. Et le bruit de la mort de Thésée, fondé sur ce voyage fabuleux, donne lieu à Phèdre de faire une déclaration d'amour, qui devient une des principales causes de son malheur, et qu'elle n'auroit jamais osé faire tant qu'elle auroit cru que son mari étoit vivant.

Au reste, je n'ose encore assurer que cette pièce soit en effet la meilleure de mes tragédies ; je laisse et aux lecteurs et au temps à décider de son véritable prix. Ce que je puis assurer, c'est que je n'en ai point fait où la vertu soit plus mise en jour que dans celle-ci. Les moindres fautes y sont sévèrement punies : la seule pensée du crime y est regardée avec autant d'horreur que le crime même : les foiblesses de l'amour y passent pour de vraies foiblesses : les passions n'y sont présentées aux yeux que pour montrer tout le désordre dont elles sont cause ; et le vice y est peint par-tout avec des couleurs qui en font connoître et haïr la difformité. C'est là proprement le but que tout homme qui travaille pour le public doit se proposer ; et c'est ce que les premiers poëtes tragiques avoient en vue sur toute chose. Leur théâtre étoit une école où la vertu n'étoit pas moins bien enseignée que dans les écoles des philosophes. Aussi Aristote a bien voulu donner des règles du poëme dramatique ; et Socrate, le plus sage des philosophes, ne dédaignoit pas de mettre la main aux tragédies d'Euripide. Il seroit à souhaiter que nos ouvrages fussent aussi solides et aussi pleins d'utiles instructions que ceux de ces poëtes : ce seroit peut-être un moyen de réconcilier la tragédie avec quantité de personnes célèbres par leur piété et par leur doctrine, qui l'ont condamnée dans ces derniers temps, et qui en jugeroient sans doute plus favorablement, si les auteurs songeoient autant à instruire leurs spectateurs qu'à les divertir, et s'ils suivoient en cela la véritable intention de la tragédie.

PERSONNAGES.

THÉSÉE, fils d'Égée, roi d'Athènes.
PHÈDRE, femme de Thésée, fille de Minos et de Pasiphaé.
HIPPOLYTE, fils de Thésée, et d'Antiope reine des Amazones.
ARICIE, princesse du sang royal d'Athènes.
OENONE, nourrice et confidente de Phèdre.
THÉRAMÈNE, gouverneur d'Hippolyte.
ISMÈNE, confidente d'Aricie.
PANOPE, femme de la suite de Phèdre.
GARDES.

La scène est à Trézène, ville du Péloponnèse.

PHÈDRE.

ACTE PREMIER.

SCÈNE I.

HIPPOLYTE, THÉRAMÈNE.

HIPPOLYTE.

Le dessein en est pris, je pars, cher Théramène,
Et quitte le séjour de l'aimable Trézene.
Dans le doute mortel dont je suis agité,
Je commence à rougir de mon oisiveté :
Depuis plus de six mois éloigné de mon père,
J'ignore le destin d'une tête si chère,
J'ignore jusqu'aux lieux qui le peuvent cacher.

THÉRAMÈNE.

Et dans quels lieux, seigneur, l'allez-vous donc chercher?
Déjà, pour satisfaire à votre juste crainte,
J'ai couru les deux mers que sépare Corinthe;
J'ai demandé Thésée aux peuples de ces bords
Où l'on voit l'Achéron se perdre chez les morts;
J'ai visité l'Élide, et, laissant le Ténare,
Passé jusqu'à la mer qui vit tomber Icare.
Sur quel espoir nouveau, dans quels heureux climats
Croyez-vous découvrir la trace de ses pas?

Qui sait même, qui sait si le roi votre père
Veut que de son absence on sache le mystère?
Et si, lorsqu'avec vous nous tremblons pour ses jours,
Tranquille, et nous cachant de nouvelles amours,
Ce héros n'attend point qu'une amante abusée....

HIPPOLYTE.

Cher Théramène, arrête; et respecte Thésée.
De ses jeunes erreurs désormais revenu,
Par un indigne obstacle il n'est point retenu;
Et fixant de ses vœux l'inconstance fatale
Phèdre depuis long-temps ne craint plus de rivale.
Enfin, en le cherchant je suivrai mon devoir,
Et je fuirai ces lieux, que je n'ose plus voir.

THÉRAMÈNE.

Hé! depuis quand, seigneur, craignez-vous la présence
De ces paisibles lieux si chers à votre enfance,
Et dont je vous ai vu préférer le séjour
Au tumulte pompeux d'Athène et de la cour?
Quel péril, ou plutôt quel chagrin vous en chasse?

HIPPOLYTE.

Cet heureux temps n'est plus. Tout a changé de face,
Depuis que sur ces bords les dieux ont envoyé
La fille de Minos et de Pasiphaé.

THÉRAMÈNE.

J'entends : de vos douleurs la cause m'est connue.
Phèdre ici vous chagrine, et blesse votre vue.
Dangereuse marâtre, à peine elle vous vit,
Que votre exil d'abord signala son crédit.

Mais sa haine, sur vous autrefois attachée,
Ou s'est évanouie, ou s'est bien relâchée.
Et d'ailleurs quels périls vous peut faire courir
Une femme mourante, et qui cherche à mourir?
Phèdre atteinte d'un mal qu'elle s'obstine à taire,
Lasse enfin d'elle-même et du jour qui l'éclaire,
Peut-elle contre vous former quelques desseins?

HIPPOLYTE.

Sa vaine inimitié n'est pas ce que je crains.
Hippolyte en partant fuit une autre ennemie :
Je fuis, je l'avoûrai, cette jeune Aricie,
Reste d'un sang fatal conjuré contre nous.

THÉRAMÈNE.

Quoi! vous-même, seigneur, la persécutez-vous?
Jamais l'aimable sœur des cruels Pallantides
Trempa-t-elle aux complots de ses frères perfides?
Et devez-vous haïr ses innocents appas?

HIPPOLYTE.

Si je la haïssois, je ne la fuirois pas.

THÉRAMÈNE.

Seigneur, m'est-il permis d'expliquer votre fuite?
Pourriez-vous n'être plus ce superbe Hippolyte
Implacable ennemi des amoureuses lois [1].

---

[1] Euripide peint de la même manière le caractère d'Hippolyte.
C'est Vénus qui parle.

  Hippolyte, vers 10 :

    Hippolyte, fils de Thésée, né d'une Amazone, disciple du

Et d'un joug que Thésée a subi tant de fois?
Vénus, par votre orgueil si long-temps méprisée,
Voudroit-elle à la fin justifier Thésée?
Et, vous mettant au rang du reste des mortels,
Vous a-t-elle forcé d'encenser ses autels?
Aimeriez-vous, seigneur?

HIPPOLYTE.

Ami, qu'oses-tu dire?
Toi qui connois mon cœur depuis que je respire,
Des sentiments d'un cœur si fier, si dédaigneux,
Peux-tu me demander le désaveu honteux?
C'est peu qu'avec son lait une mère amazone
M'ait fait sucer encor cet orgueil qui t'étonne;
Dans un âge plus mûr moi-même parvenu,
Je me suis applaudi quand je me suis connu.
Attaché près de moi par un zèle sincère,
Tu me contois alors l'histoire de mon père.
Tu sais combien mon ame, attentive à ta voix,
S'échauffoit au récit de ses nobles exploits;
Quand tu me dépeignois ce héros intrépide
Consolant les mortels de l'absence d'Alcide,
Les monstres étouffés, et les brigands punis,
Procruste, Cercyon, et Scyron, et Sinnis,

---

chaste Pithée, seul de tous les habitants de Trézène, dit que je suis la plus dangereuse des déesses. Il fuit les plaisirs de l'amour; il méprise l'hymen. Mais il honore Diane, fille de Jupiter, et sœur d'Apollon; il la regarde comme la plus grande des déesses.

Et les os dispersés du géant d'Épidaure,
Et la Crète fumant du sang du Minotaure :
Mais quand tu récitois des faits moins glorieux,
Sa foi par-tout offerte et reçue en cent lieux,
Hélène à ses parents dans Sparte dérobée,
Salamine témoin des pleurs de Péribée,
Tant d'autres, dont les noms lui sont même échappés,
Trop crédules esprits que sa flamme a trompés !
Ariane aux rochers contant ses injustices,
Phèdre enlevée enfin sous de meilleurs auspices ;
Tu sais comme, à regret écoutant ce discours,
Je te pressois souvent d'en abréger le cours.
Heureux si j'avois pu ravir à la mémoire
Cette indigne moitié d'une si belle histoire !
Et moi-même, à mon tour, je me verrois lié !
Et les dieux jusque-là m'auroient humilié !
Dans mes lâches soupirs d'autant plus méprisable,
Qu'un long amas d'honneurs rend Thésée excusable ;
Qu'aucuns monstres par moi domtés jusqu'aujourd'hui
Ne m'ont acquis le droit de faillir comme lui !
Quand même ma fierté pourroit s'être adoucie,
Aurois-je pour vainqueur dû choisir Aricie ?
Ne souviendroit-il plus à mes sens égarés
De l'obstacle éternel qui nous a séparés ?
Mon père la réprouve ; et, par des lois sévères,
Il défend de donner des neveux à ses frères.
D'une tige coupable il craint un rejeton.
Il veut avec leur sœur ensevelir leur nom ;

Et que, jusqu'au tombeau soumise à sa tutelle,
Jamais les feux d'hymen ne s'allument pour elle.
Dois-je épouser ses droits contre un père irrité?
Donnerai-je l'exemple à la témérité?
Et dans un fol amour ma jeunesse embarquée....

THÉRAMÈNE.

Ah, seigneur! si votre heure est une fois marquée,
Le ciel de nos raisons ne sait point s'informer.
Thésée ouvre vos yeux en voulant les fermer;
Et sa haine, irritant une flamme rebelle,
Prête à son ennemie une grace nouvelle.
Enfin, d'un chaste amour pourquoi vous effrayer?
S'il a quelque douceur, n'osez-vous l'essayer?
En croirez-vous toujours un farouche scrupule?
Craint-on de s'égarer sur les traces d'Hercule?
Quels courages Vénus n'a-t-elle pas domtés?
Vous-même où seriez-vous, vous qui la combattez,
Si toujours Antiope, à ses lois opposée,
D'une pudique ardeur n'eût brûlé pour Thésée?
Mais que sert d'affecter un superbe discours?
Avouez-le, tout change; et depuis quelques jours
On vous voit moins souvent, orgueilleux et sauvage,
Tantôt faire voler un char sur le rivage,
Tantôt, savant dans l'art par Neptune inventé,
Rendre docile au frein un coursier indomté :
Les forêts de nos cris moins souvent retentissent :
Chargés d'un feu secret vos yeux s'appesantissent.
Il n'en faut point douter, vous aimez, vous brûlez;

Vous périssez d'un mal que vous dissimulez.
La charmante Aricie a-t-elle su vous plaire ?

HIPPOLYTE.

Théramène, je pars, et vais chercher mon père.

THÉRAMÈNE.

Ne verrez-vous point Phèdre avant que de partir,
Seigneur ?

HIPPOLYTE.

C'est mon dessein ; tu peux l'en avertir.
Voyons-la, puisqu'ainsi mon devoir me l'ordonne.
Mais quel nouveau malheur trouble sa chère OEnone ?

SCÈNE II.

HIPPOLYTE, OENONE, THÉRAMÈNE.

OENONE.

Hélas ! seigneur, quel trouble au mien peut être égal ?
La reine touche presque à son terme fatal.
En vain à l'observer jour et nuit je m'attache, [1]
Elle meurt dans mes bras d'un mal qu'elle me cache ;
Un désordre éternel règne dans son esprit ;
Son chagrin inquiet l'arrache de son lit ;

---

[1] Hippolyte d'Euripide, vers 37 :
Gémissante et consternée, la malheureuse Phèdre expire sous les traits d'une passion funeste ; le silence qu'elle garde augmente ses tourments : aucun de ceux qui l'entourent ne connoît la cause de sa douleur.

Elle veut voir le jour, et sa douleur profonde
M'ordonne toutefois d'écarter tout le monde....
Elle vient.

HIPPOLYTE.

Il suffit : je la laisse en ces lieux,
Et ne lui montre point un visage odieux.

SCÈNE III.

PHÈDRE, OENONE.

PHÈDRE.

N'allons point plus avant. Demeurons, chère OEnone. [1]
Je ne me soutiens plus; ma force m'abandonne :
Mes yeux sont éblouis du jour que je revoi,
Et mes genoux tremblants se dérobent sous moi.
Hélas!

(Elle s'assied.)

---

[1] C'est dans la bouche de la nourrice qu'Euripide met la description des maux de Phèdre. Vers 179 :

Vous êtes, lui dit-elle, au grand jour, vous jouissez de l'air; vous avez désiré qu'on vous transportât ici : bientôt vous voudrez retourner dans votre appartement, car vous changez souvent de pensée. Vous ne jouissez de rien. Ce que vous possédez ne peut vous plaire; et vous faites des vœux pour ce que vous ne possédez pas.

Ce passage d'Euripide a aussi fourni à Racine l'idée des réflexions qu'OEnone fait ensuite sur l'état de Phèdre :

Comme on voit tous ses vœux l'un l'autre se détruire!

ACTE I, SCÈNE III.

OENONE.

Dieux tout-puissants, que nos pleurs vous apaisent!

PHÈDRE.

Que ces vains ornements, que ces voiles me pèsent! [1]
Quelle importune main, en formant tous ces nœuds,
A pris soin sur mon front d'assembler mes cheveux?
Tout m'afflige et me nuit et conspire à me nuire.

OENONE.

Comme on voit tous ses vœux l'un l'autre se détruire!
Vous-même, condamnant vos injustes desseins,
Tantôt à vous parer vous excitiez nos mains;
Vous-même, rappelant votre force première,
Vous vouliez vous montrer et revoir la lumière.
Vous la voyez, madame; et, prête à vous cacher,
Vous haïssez le jour que vous veniez chercher!

PHÈDRE.

Noble et brillant auteur d'une triste famille,
Toi, dont ma mère osoit se vanter d'être fille,
Qui peut-être rougis du trouble où tu me vois,
Soleil, je te viens voir pour la dernière fois!

OENONE.

Quoi! vous ne perdrez point cette cruelle envie?

---

[1] Hippolyte d'Euripide, vers 201 :
C'est un tourment pour moi de porter sur ma tête ces vains ornements. Enlevez-les : mettez mes cheveux en liberté. Malheureuse que je suis!

Vous verrai-je toujours, renonçant à la vie,
Faire de votre mort les funestes apprêts ?

PHÈDRE.

Dieux ! que ne suis-je assise à l'ombre des forêts ! [1]
Quand pourrai-je, au travers d'une noble poussière,
Suivre de l'œil un char fuyant dans la carrière ?

OENONE.

Quoi, madame ?

PHÈDRE.

Insensée, où suis-je ? et qu'ai-je dit ?
Où laissé-je égarer mes vœux et mon esprit ?
Je l'ai perdu : les dieux m'en ont ravi l'usage.
OEnone, la rougeur me couvre le visage :
Je te laisse trop voir mes honteuses douleurs;
Et mes yeux malgré moi se remplissent de pleurs.

OENONE.

Ah ! s'il vous faut rougir, rougissez d'un silence
Qui de vos maux encore aigrit la violence ;

---

[1] Dans Euripide, cette idée est plus étendue.

Hippolyte d'Euripide, vers 207 :

Hélas ! que ne puis-je me désaltérer sur le bord d'une fontaine limpide ? que ne puis-je me reposer sous un arbre touffu, et dans une prairie verdoyante ?...... Conduisez-moi sur la montagne, faites-moi parcourir les forêts où les chasseurs, sur la trace des chiens agiles, font tomber les cerfs timides....... Et toi, déesse qui présides aux combats du Cirque, ô Diane ! plût au ciel que, dans la carrière, je pusse dompter de fiers coursiers !

ACTE I, SCÈNE III.

Rebelle à tous nos soins, sourde à tous nos discours,
Voulez-vous sans pitié laisser finir vos jours?
Quelle fureur les borne au milieu de leur course?
Quel charme ou quel poison en a tari la source?
Les ombres par trois fois ont obscurci les cieux [1]
Depuis que le sommeil n'est entré dans vos yeux;
Et le jour a trois fois chassé la nuit obscure
Depuis que votre corps languit sans nourriture.
A quel affreux dessein vous laissez-vous tenter?
De quel droit sur vous-même osez-vous attenter?
Vous offensez les dieux auteurs de votre vie;
Vous trahissez l'époux à qui la foi vous lie;
Vous trahissez enfin vos enfants malheureux, [2]

---

[1] Modèle de périphrase. Dans l'Hippolyte d'Euripide, vers 275, la nourrice se borne à dire au chœur : Comment ne seroit-elle pas changée? depuis trois jours elle n'a pris aucune nourriture.

[2] Hippolyte d'Euripide, vers 305 :

LA NOURRICE.

Si vous mourez, vous trahissez vos enfants; ils n'auront point de part à l'héritage paternel. Ne savez-vous pas qu'ils auroient pour maître cet enfant illégitime que Thésée a eu d'une Amazone.... Vous le connoissez cet Hippolyte.

PHÈDRE.

Hélas!

LA NOURRICE.

Son nom vous touche.

PHÈDRE.

Tu me perds. Je te prie, au nom des dieux, de ne me plus parler de cet homme.

Que vous précipitez sous un joug rigoureux.
Songez qu'un même jour leur ravira leur mère,
Et rendra l'espérance au fils de l'étrangère,
A ce fier ennemi de vous, de votre sang,
Ce fils qu'une Amazone a porté dans son flanc,
Cet Hippolyte....

PHÈDRE.

Ah dieux!

OENONE.

Ce reproche vous touche?

PHÈDRE.

Malheureuse! quel nom est sorti de ta bouche!

OENONE.

Hé bien, votre colère éclate avec raison :
J'aime à vous voir frémir à ce funeste nom.
Vivez donc : que l'amour, le devoir vous excite.
Vivez; ne souffrez pas que le fils d'une Scythe,
Accablant vos enfants d'un empire odieux,
Commande au plus beau sang de la Grèce et des dieux.
Mais ne différez point; chaque moment vous tue :
Réparez promptement votre force abattue,
Tandis que de vos jours prêts à se consumer
Le flambeau dure encore et peut se rallumer.

PHÈDRE.

J'en ai trop prolongé la coupable durée.

OENONE.

Quoi! de quelques remords êtes-vous déchirée?

ACTE I, SCÈNE III.

Quel crime a pu produire un trouble si pressant?
Vos mains n'ont point trempé dans le sang innocent.[1]

PHÈDRE.

Graces au ciel, mes mains ne sont point criminelles.
Plût aux dieux que mon cœur fût innocent comme elles!

OENONE.

Et quel affreux projet avez-vous enfanté
Dont votre cœur encor doive être épouvanté?

PHÈDRE.

Je t'en ai dit assez : épargne-moi le reste.
Je meurs, pour ne point faire un aveu si funeste.

OENONE.

Mourez donc, et gardez un silence inhumain :
Mais pour fermer vos yeux cherchez une autre main.
Quoiqu'il vous reste à peine une foible lumière,
Mon ame chez les morts descendra la première;[2]

---

[1] Hippolyte d'Euripide, vers 316 :

LA NOURRICE.

O ma fille, vos mains sont pures de sang.

PHÈDRE.

Oui, mes mains sont pures; mais mon cœur est souillé.

[2] Hippolyte d'Euripide, vers 324 :

LA NOURRICE.

Je mourrai avec vous.

PHÈDRE.

Que fais-tu? pourquoi cette violence? quitte ma main.

LA NOURRICE.

Je ne cesserai point d'embrasser vos genoux.

Mille chemins ouverts y conduisent toujours,
Et ma juste douleur choisira les plus courts.
Cruelle! quand ma foi vous a-t-elle déçue?
Songez-vous qu'en naissant mes bras vous ont reçue?
Mon pays, mes enfants, pour vous j'ai tout quitté.
Réserviez-vous ce prix à ma fidélité?

PHÈDRE.

Quel fruit espères-tu de tant de violence?
Tu frémiras d'horreur si je romps le silence.

OENONE.

Et que me direz-vous qui ne cède, grands dieux!
A l'horreur de vous voir expirer à mes yeux?

PHÈDRE.

Quand tu sauras mon crime, et le sort qui m'accable,
Je n'en mourrai pas moins; j'en mourrai plus coupable.

OENONE.

Madame, au nom des pleurs que pour vous j'ai versés,
Par vos foibles genoux que je tiens embrassés,
Délivrez mon esprit de ce funeste doute.

PHÈDRE.

Tu le veux : lève-toi.

OENONE.

Parlez, je vous écoute.

PHÈDRE.

Si tu entends mes malheurs, tu frémiras.

LA NOURRICE.

Quel malheur peut être plus grand pour moi que votre perte?

ACTE I, SCÈNE III.

PHÈDRE.

Ciel! que lui vais-je dire? et par où commencer?

OENONE.

Par de vaines frayeurs cessez de m'offenser.

PHÈDRE.

O haine de Vénus! ô fatale colère!
Dans quels égarements l'amour jeta ma mère![1]

OENONE.

Oublions-les, madame; et qu'à tout l'avenir
Un silence éternel cache ce souvenir.

PHÈDRE.

Ariane ma sœur! de quel amour blessée
Vous mourûtes aux bords où vous fûtes laissée!

OENONE.

Que faites-vous, madame? et quel mortel ennui
Contre tout votre sang vous anime aujourd'hui?

---

[1] Hippolyte d'Euripide, vers 337 :

PHÈDRE.

O ma mère, de quel amour as-tu été consumée!

LA NOURRICE.

Ma fille, pourquoi rappeler ce triste souvenir?

PHÈDRE.

Et toi, ma malheureuse sœur, qui épousas Bacchus....

LA NOURRICE.

Que vous arrive-t-il, ma fille? pourquoi déplorer les égarements de votre famille?

PHÈDRE.

Je suis la troisième de cette famille coupable; et je mourrai aussi malheureuse.

PHÈDRE.

Puisque Vénus le veut, de ce sang déplorable
Je péris la dernière et la plus misérable.

OENONE.

Aimez-vous?

PHÈDRE.

De l'amour j'ai toutes les fureurs.

OENONE.

Pour qui?

PHÈDRE.

Tu vas ouïr le comble des horreurs.
J'aime.... A ce nom fatal je tremble, je frissonne.[1]
J'aime....

OENONE.

Qui?

PHÈDRE.

Tu connois ce fils de l'Amazone,
Ce prince si long-temps par moi-même opprimé.

---

[1] Hippolyte d'Euripide, vers 350 :

LA NOURRICE.
Que dites-vous, ma fille? aimez-vous quelqu'un?
PHÈDRE.
Parle. Quel est ce fils de l'Amazone?
LA NOURRICE.
Hippolyte, dites-vous?
PHÈDRE.
C'est toi qui l'as nommé. Souviens-toi que je n'ai pas prononcé son nom.

ACTE I, SCÈNE III.

OENONE.

Hippolyte ? Grands dieux !

PHÈDRE.

C'est toi qui l'as nommé !

OENONE.

Juste ciel ! tout mon sang dans mes veines se glace !
O désespoir ! ô crime ! ô déplorable race !
Voyage infortuné ! Rivage malheureux,
Falloit-il approcher de tes bords dangereux !

PHÈDRE.

Mon mal vient de plus loin. A peine au fils d'Égée
Sous les lois de l'hymen je m'étois engagée,
Mon repos, mon bonheur sembloit être affermi ;
Athènes me montra mon superbe ennemi :
Je le vis, je rougis, je pâlis à sa vue ; [1]
Un trouble s'éleva dans mon ame éperdue ;

---

[1] Imitation d'un fragment de l'ode de Sapho. Boileau l'a traduite ainsi :

> Je sens, de veine en veine, une subtile flamme
> Courir par tout mon corps sitôt que je te vois ;
> Et, dans les doux transports où s'égare mon ame,
> Je ne saurois trouver de langue ni de voix.
>
> Un nuage confus se répand sur ma vue :
> Je n'entends plus ; je tombe en de douces langueurs ;
> Et pâle, sans haleine, interdite, éperdue,
> Un frisson me saisit ; je tremble, je me meurs.

M. Delille a fait aussi la traduction de ce fragment, pour

Mes yeux ne voyoient plus, je ne pouvois parler;
Je sentis tout mon corps et transir et brûler.
Je reconnus Vénus, et ses feux redoutables,
D'un sang qu'elle poursuit tourments inévitables.

---

donner une idée de l'espèce de rhythme que Sapho avoit inventé :

> De veine en veine une subtile flamme
> Court dans mon sein sitôt que je te vois;
> Et, dans le trouble où s'égare mon ame,
>   Je demeure sans voix.
>
> Je n'entends plus, un voile est sur ma vue,
> Je rêve et tombe en de douces langueurs;
> Et sans haleine, interdite, éperdue,
>   Je tremble, je me meurs.

On sait que Fausta conçut une passion semblable à celle de Phèdre. Dans la tragédie de Tristan, intitulée *la Mort de Chrispe*, l'impératrice exprime les mêmes sentiments :

> Mon ame toutefois est encore flattée
> De ces mêmes horreurs qui l'ont épouvantée :
> Je me sens tour à tour et brûler et glacer,
> Et je ne les saurois ni souffrir ni chasser.

Horace tient à peu près le même langage à Lydie, livre I, ode xiij :

> « Tunc nec mens mihi, nec color
> « Certâ sede manet; humor et in genas
> « Furtim labitur, arguens
> « Quàm lentis penitùs macerer ignibus. »

Alors ma raison m'abandonne, mon visage change de couleur; et des larmes tombant furtivement sur mes joues disent de quels feux mon cœur est lentement consumé.

Par des vœux assidus je crus les détourner :
Je lui bâtis un temple, et pris soin de l'orner ;[1]
De victimes moi-même à toute heure entourée,
Je cherchois dans leurs flancs ma raison égarée :
D'un incurable amour remèdes impuissants !
En vain sur les autels ma main brûloit l'encens.
Quand ma bouche imploroit le nom de la déesse,
J'adorois Hippolyte; et, le voyant sans cesse,
Même au pied des autels que je faisois fumer,
J'offrois tout à ce dieu que je n'osois nommer.
Je l'évitois par-tout. O comble de misère !
Mes yeux le retrouvoient dans les traits de son père.
Contre moi-même enfin j'osai me révolter :
J'excitai mon courage à le persécuter.
Pour bannir l'ennemi dont j'étois idolâtre,
J'affectai les chagrins d'une injuste marâtre ;
Je pressai son exil ; et mes cris éternels
L'arrachèrent du sein et des bras paternels.
Je respirois, OEnone ; et, depuis son absence,

---

[1] Dans Euripide, c'est Vénus qui raconte que Phèdre lui a bâti un temple.

Hippolyte d'Euripide, vers 27 :

Phèdre renfermoit dans son cœur l'amour que je lui avois inspiré. Avant de venir à Trézène, elle m'éleva un temple sur la roche élevée de Pallas. L'absence de celui qu'elle aimoit lui avoit inspiré ce projet : elle voulut que dans la suite on sût que ce temple avoit été fondé comme un monument de sa passion pour Hippolyte.

Mes jours moins agités couloient dans l'innocence :
Soumise à mon époux, et cachant mes ennuis,
De son fatal hymen je cultivois les fruits.
Vaines précautions ! Cruelle destinée !
Par mon époux lui-même à Trézène amenée,
J'ai revu l'ennemi que j'avois éloigné :
Ma blessure trop vive aussitôt a saigné.
Ce n'est plus une ardeur dans mes veines cachée,
C'est Vénus tout entière à sa proie attachée.[1]
J'ai conçu pour mon crime une juste terreur :[2]
J'ai pris la vie en haine, et ma flamme en horreur;
Je voulois en mourant prendre soin de ma gloire,
Et dérober au jour une flamme si noire :
Je n'ai pu soutenir tes larmes, tes combats ;
Je t'ai tout avoué ; je ne m'en repens pas,
Pourvu que de ma mort respectant les approches

---

[1] Horace, en exprimant son amour pour Glycère, emploie la même figure, livre I, ode xix :

« In me tota ruens Venus
« Cyprûm deseruit. »

Le vers françois est la traduction littérale de *in me tota ruens Venus*.

[2] Fausta, dans la mort de Chrispe, fait le même retour sur elle-même, acte I, scène j :

Je frémis tout ensemble, et brûle pour ce crime ;
La raison me gourmande, et mon amour m'opprime.
Mais il faut noblement achever son destin ;
Il faut vivre et mourir femme de Constantin.

Tu ne m'affliges plus par d'injustes reproches,
Et que tes vains secours cessent de rappeler
Un reste de chaleur tout prêt à s'exhaler.

SCÈNE IV.

PHÈDRE, OENONE, PANOPE.

PANOPE.

JE voudrois vous cacher une triste nouvelle,
Madame; mais il faut que je vous la révèle.
La mort vous a ravi votre invincible époux;
Et ce malheur n'est plus ignoré que de vous.

OENONE.

Panope, que dis-tu?

PANOPE.

Que la reine abusée
En vain demande au ciel le retour de Thésée,
Et que, par des vaisseaux arrivés dans le port,
Hippolyte son fils vient d'apprendre sa mort.

PHÈDRE.

Ciel!

PANOPE.

Pour le choix d'un maître Athènes se partage.
Au prince votre fils l'un donne son suffrage,
Madame; et de l'état l'autre oubliant les lois
Au fils de l'étrangère ose donner sa voix.
On dit même qu'au trône une brigue insolente
Veut placer Aricie et le sang de Pallante.

J'ai cru de ce péril vous devoir avertir.
Déjà même Hippolyte est tout prêt à partir;
Et l'on craint, s'il paroît dans ce nouvel orage,
Qu'il n'entraîne après lui tout un peuple volage.

OENONE.

Panope, c'est assez : la reine, qui t'entend,
Ne négligera point cet avis important.

SCÈNE V.

PHÈDRE, OENONE.

OENONE.

Madame, je cessois de vous presser de vivre,
Déjà même au tombeau je songeois à vous suivre;
Pour vous en détourner je n'avois plus de voix :
Mais ce nouveau malheur vous prescrit d'autres lois.
Votre fortune change et prend une autre face :
Le roi n'est plus, madame; il faut prendre sa place.
Sa mort vous laisse un fils à qui vous vous devez;
Esclave s'il vous perd, et roi si vous vivez.
Sur qui, dans son malheur, voulez-vous qu'il s'appuie?
Ses larmes n'auront plus de main qui les essuie;
Et ses cris innocents, portés jusques aux dieux,
Iront contre sa mère irriter ses aïeux.
Vivez; vous n'avez plus de reproche à vous faire :
Votre flamme devient une flamme ordinaire;
Thésée en expirant vient de rompre les nœuds
Qui faisoient tout le crime et l'horreur de vos feux.

ACTE I, SCÈNE V.

Hippolyte pour vous devient moins redoutable;
Et vous pouvez le voir sans vous rendre coupable.
Peut-être, convaincu de votre aversion,
Il va donner un chef à la sédition :
Détrompez son erreur, fléchissez son courage.
Roi de ces bords heureux, Trézène est son partage;
Mais il sait que les lois donnent à votre fils
Les superbes remparts que Minerve a bâtis.
Vous avez l'un et l'autre une juste ennemie :
Unissez-vous tous deux pour combattre Aricie.

PHÈDRE.

Hé bien ! à tes conseils je me laisse entraîner.
Vivons, si vers la vie on peut me ramener,
Et si l'amour d'un fils, en ce moment funeste,
De mes foibles esprits peut ranimer le reste.

FIN DU PREMIER ACTE.

ACTE SECOND.

SCÈNE I.

ARICIE, ISMÈNE.

ARICIE.

Hippolyte demande à me voir en ce lieu?
Hippolyte me cherche, et veut me dire adieu?
Ismène, dis-tu vrai? n'es-tu point abusée?

ISMÈNE.

C'est le premier effet de la mort de Thésée.
Préparez-vous, madame, à voir de tous côtés
Voler vers vous les cœurs par Thésée écartés.
Aricie, à la fin, de son sort est maîtresse,
Et bientôt à ses pieds verra toute la Grèce.

ARICIE.

Ce n'est donc point, Ismène, un bruit mal affermi?
Je cesse d'être esclave, et n'ai plus d'ennemi?

ISMÈNE.

Non, madame, les dieux ne vous sont plus contraires;
Et Thésée a rejoint les mânes de vos frères.

ARICIE.

Dit-on quelle aventure a terminé ses jours?

ISMÈNE.

On sème de sa mort d'incroyables discours.

On dit que, ravisseur d'une amante nouvelle,
Les flots ont englouti cet époux infidèle.
On dit même, et ce bruit est par-tout répandu,
Qu'avec Pirithoüs aux enfers descendu
Il a vu le Cocyte et les rivages sombres,
Et s'est montré vivant aux infernales ombres;
Mais qu'il n'a pu sortir de ce triste séjour,
Et repasser les bords qu'on passe sans retour.

ARICIE.

Croirai-je qu'un mortel, avant sa dernière heure,
Peut pénétrer des morts la profonde demeure?
Quel charme l'attiroit sur ces bords redoutés?

ISMÈNE.

Thésée est mort, madame, et vous seule en doutez :
Athènes en gémit; Trézène en est instruite,
Et déjà pour son roi reconnoît Hippolyte.
Phèdre, dans ce palais, tremblante pour son fils,
De ses amis troublés demande les avis.

ARICIE.

Et tu crois que, pour moi plus humain que son père,
Hippolyte rendra ma chaîne plus légère,
Qu'il plaindra mes malheurs?

ISMÈNE.

Madame, je le croi.

ARICIE.

L'insensible Hippolyte est-il connu de toi?
Sur quel frivole espoir penses-tu qu'il me plaigne,
Et respecte en moi seule un sexe qu'il dédaigne?

Tu vois depuis quel temps il évite nos pas,
Et cherche tous les lieux où nous ne sommes pas.

ISMÈNE.

Je sais de ses froideurs tout ce que l'on récite :
Mais j'ai vu près de vous ce superbe Hippolyte ;
Et même, en le voyant, le bruit de sa fierté
A redoublé pour lui ma curiosité.
Sa présence à ce bruit n'a point paru répondre :
Dès vos premiers regards je l'ai vu se confondre ;
Ses yeux, qui vainement vouloient vous éviter,
Déjà pleins de langueur ne pouvoient vous quitter.
Le nom d'amant peut-être offense son courage ;
Mais il en a les yeux, s'il n'en a le langage.

ARICIE.

Que mon cœur, chère Ismène, écoute avidement
Un discours qui peut-être a peu de fondement !
O toi qui me connois, te sembloit-il croyable
Que le triste jouet d'un sort impitoyable,
Un cœur toujours nourri d'amertume et de pleurs,
Dût connoître l'amour et ses folles douleurs ?
Reste du sang d'un roi noble fils de la Terre,
Je suis seule échappée aux fureurs de la guerre :
J'ai perdu dans la fleur de leur jeune saison
Six frères ; quel espoir d'une illustre maison !
Le fer moissonna tout, et la terre humectée [1]
But à regret le sang des neveux d'Erechthée.

---

[1] Cette expression est prise d'Eschyle. Dans les sept chefs

Tu sais depuis leur mort quelle sévère loi
Défend à tous les Grecs de soupirer pour moi :
On craint que de la sœur les flammes téméraires
Ne raniment un jour la cendre de ses frères.
Mais tu sais bien aussi de quel œil dédaigneux
Je regardois ce soin d'un vainqueur soupçonneux.
Tu sais que, de tout temps à l'amour opposée,
Je rendois souvent grace à l'injuste Thésée,
Dont l'heureuse rigueur secondoit mes mépris.
Mes yeux alors, mes yeux n'avoient pas vu son fils.
Non que, par les yeux seuls lâchement enchantée,
J'aime en lui sa beauté, sa grace tant vantée,
Présents dont la nature a voulu l'honorer,
Qu'il méprise lui-même, et qu'il semble ignorer :
J'aime, je prise en lui de plus nobles richesses,
Les vertus de son père, et non point les foiblesses :
J'aime, je l'avoûrai, cet orgueil généreux
Qui jamais n'a fléchi sous le joug amoureux.
Phèdre en vain s'honoroit des soupirs de Thésée :
Pour moi, je suis plus fière, et fuis la gloire aisée
D'arracher un hommage à mille autres offert,
Et d'entrer dans un cœur de toutes parts ouvert.
Mais de faire fléchir un courage inflexible,

---

devant Thèbes, le messager qui annonce la mort d'Étéocle et de Polynice dit que la terre a *bû* leur sang. Voici la traduction latine du vers grec :

« Bibit cruorem terra mutuò cæsorum. »

De porter la douleur dans une ame insensible,
D'enchaîner un captif de ses fers étonné,
Contre un joug qui lui plaît vainement mutiné :
C'est là ce que je veux, c'est là ce qui m'irrite.
Hercule à désarmer coûtoit moins qu'Hippolyte,
Et vaincu plus souvent, et plus tôt surmonté,
Préparoit moins de gloire aux yeux qui l'ont domté.
Mais, chère Ismène, hélas! quelle est mon imprudence!
On ne m'opposera que trop de résistance :
Tu m'entendras peut-être, humble dans mon ennui,
Gémir du même orgueil que j'admire aujourd'hui.
Hippolyte aimeroit! Par quel bonheur extrême
Aurois-je pu fléchir....

ISMÈNE.

Vous l'entendrez lui-même.
Il vient à vous.

SCÈNE II.

HIPPOLYTE, ARICIE, ISMÈNE.

HIPPOLYTE.

Madame, avant que de partir,
J'ai cru de votre sort vous devoir avertir.
Mon père ne vit plus. Ma juste défiance
Présageoit les raisons de sa trop longue absence :
La mort seule, bornant ses travaux éclatants,
Pouvoit à l'univers le cacher si long-temps.
Les dieux livrent enfin à la parque homicide
L'ami, le compagnon, le successeur d'Alcide.

Je crois que votre haine, épargnant ses vertus,
Écoute sans regret ces noms qui lui sont dus.
Un espoir adoucit ma tristesse mortelle :
Je puis vous affranchir d'une austère tutelle;
Je révoque des lois dont j'ai plaint la rigueur.
Vous pouvez disposer de vous, de votre cœur;
Et dans cette Trézène, aujourd'hui mon partage,
De mon aïeul Pitthée autrefois l'héritage,
Qui m'a sans balancer reconnu pour son roi,
Je vous laisse aussi libre et plus libre que moi.

ARICIE.

Modérez des bontés dont l'excès m'embarrasse.
D'un soin si généreux honorer ma disgrace,
Seigneur, c'est me ranger, plus que vous ne pensez,
Sous ces austères lois dont vous me dispensez.

HIPPOLYTE.

Du choix d'un successeur Athènes incertaine
Parle de vous, me nomme, et le fils de la reine.

ARICIE.

De moi, seigneur?

HIPPOLYTE.

     Je sais, sans vouloir me flatter,
Qu'une superbe loi semble me rejeter :
La Grèce me reproche une mère étrangère.
Mais si pour concurrent je n'avois que mon frère,
Madame, j'ai sur lui de véritables droits
Que je saurois sauver du caprice des lois.
Un frein plus légitime arrête mon audace :

Je vous cède ou plutôt je vous rends une place,
Un sceptre que jadis vos aïeux ont reçu
De ce fameux mortel que la Terre a conçu.
L'adoption le mit entre les mains d'Égée.
Athènes, par mon père accrue et protégée,
Reconnut avec joie un roi si généreux,
Et laissa dans l'oubli vos frères malheureux.
Athènes dans ses murs maintenant vous rappelle :
Assez elle a gémi d'une longue querelle ;
Assez dans ses sillons votre sang englouti
A fait fumer le champ dont il étoit sorti.
Trézène m'obéit. Les campagnes de Crète
Offrent au fils de Phèdre une riche retraite.
L'Attique est votre bien. Je pars, et vais pour vous
Réunir tous les vœux partagés entre nous.

ARICIE.

De tout ce que j'entends étonnée et confuse,
Je crains presque, je crains qu'un songe ne m'abuse.
Veillé-je ? Puis-je croire un semblable dessein ?
Quel dieu, seigneur, quel dieu l'a mis dans votre sein ?
Qu'à bon droit votre gloire en tous lieux est semée !
Et que la vérité passe la renommée !
Vous-même en ma faveur vous voulez vous trahir !
N'étoit-ce pas assez de ne me point haïr,
Et d'avoir si long-temps pu défendre votre ame
De cette inimitié....

HIPPOLYTE.

   Moi, vous haïr, madame !

Avec quelques couleurs qu'on ait peint ma fierté,
Croit-on que dans ses flancs un monstre m'ait porté ?
Quelles sauvages mœurs, quelle haine endurcie
Pourroit, en vous voyant, n'être point adoucie ?
Ai-je pu résister au charme décevant....

ARICIE.

Quoi, seigneur !

HIPPOLYTE.

Je me suis engagé trop avant.
Je vois que la raison cède à la violence :
Puisque j'ai commencé de rompre le silence,
Madame, il faut poursuivre ; il faut vous informer
D'un secret que mon cœur ne peut plus renfermer.

Vous voyez devant vous un prince déplorable,
D'un téméraire orgueil exemple mémorable :
Moi qui, contre l'amour fièrement révolté,
Aux fers de ses captifs ai long-temps insulté ;
Qui, des foibles mortels déplorant les naufrages,
Pensois toujours du bord contempler les orages ;
Asservi maintenant sous la commune loi,
Par quel trouble me vois-je emporté loin de moi !
Un moment a vaincu mon audace imprudente :
Cette ame si superbe est enfin dépendante.
Depuis près de six mois, honteux, désespéré,
Portant par-tout le trait dont je suis déchiré,
Contre vous, contre moi, vainement je m'éprouve :
Présente, je vous fuis ; absente, je vous trouve ;
Dans le fond des forêts votre image me suit ;

La lumière du jour, les ombres de la nuit,
Tout retrace à mes yeux les charmes que j'évite;
Tout vous livre à l'envi le rebelle Hippolyte.
Moi-même, pour tout fruit de mes soins superflus,
Maintenant je me cherche, et ne me trouve plus :
Mon arc, mes javelots, mon char, tout m'importune;
Je ne me souviens plus des leçons de Neptune;
Mes seuls gémissements font retentir les bois;
Et mes coursiers oisifs ont oublié ma voix.

Peut-être le récit d'un amour si sauvage
Vous fait, en m'écoutant, rougir de votre ouvrage.
D'un cœur qui s'offre à vous quel farouche entretien!
Quel étrange captif pour un si beau lien!
Mais l'offrande à vos yeux en doit être plus chère :
Songez que je vous parle une langue étrangère;
Et ne rejetez pas des vœux mal exprimés,
Qu'Hippolyte sans vous n'auroit jamais formés.

SCÈNE III.

HIPPOLYTE, ARICIE, THÉRAMÈNE, ISMÈNE.

THÉRAMÈNE.

Seigneur, la reine vient, et je l'ai devancée :
Elle vous cherche.

HIPPOLYTE.
Moi?

THÉRAMÈNE.
J'ignore sa pensée;

Mais on vous est venu demander de sa part.
Phèdre veut vous parler avant votre départ.

HIPPOLYTE.

Phèdre! que lui dirai-je? et que peut-elle attendre?....

ARICIE.

Seigneur, vous ne pouvez refuser de l'entendre :
Quoique trop convaincu de son inimitié,
Vous devez à ses pleurs quelque ombre de pitié.

HIPPOLYTE.

Cependant vous sortez. Et je pars : et j'ignore
Si je n'offense point les charmes que j'adore;
J'ignore si ce cœur que je laisse en vos mains....

ARICIE.

Partez, prince, et suivez vos généreux desseins;
Rendez de mon pouvoir Athènes tributaire :
J'accepte tous les dons que vous me voulez faire.
Mais cet empire enfin, si grand, si glorieux,
N'est pas de vos présents le plus cher à mes yeux.

SCÈNE IV.

HIPPOLYTE, THÉRAMÈNE.

HIPPOLYTE.

Ami, tout est-il prêt? Mais la reine s'avance!
Va, que pour le départ tout s'arme en diligence :
Fais donner le signal, cours, ordonne; et revien
Me délivrer bientôt d'un fâcheux entretien.

SCÈNE V.

PHÈDRE, HIPPOLYTE, OENONE.

PHÈDRE, à OEnone, dans le fond du théâtre.

Le voici. Vers mon cœur tout mon sang se retire. [1]

---

[1] Il se trouve dans le volumineux théâtre de Lope de Vega, poëte espagnol du seizième siècle, une pièce qui a plus d'un rapport avec Phèdre. Il est probable que Racine la connoissoit, puisqu'il avoit, ainsi que Corneille, cultivé la littérature castillane.

Cette pièce a pu fournir à Racine l'idée du rôle d'Aricie, que les anciens n'avoient pas indiqué. Voici le sujet de cette pièce intitulée *el Perseguido*:

Un duc de Bourgogne, appelé Arnault, a pris soin de l'enfance de Carlos, abandonné par ses parents; il l'a traité comme son fils. Cassandre, femme d'Arnault, a conçu une passion criminelle pour ce jeune homme. Carlos paroit insensible comme Hippolyte; mais il aime secrètement Léonore, sœur du duc. La duchesse, après avoir fait confidence de son amour à une de ses femmes, prend la résolution de le déclarer à celui qui en est l'objet. On ne sera probablement pas fâché de comparer cette déclaration à celle de Phèdre. La différence des mœurs pourra donner lieu à des observations curieuses. C'est ce qui a décidé à donner un extrait de cette scène singulière.

Cassandre. Comment se peut-il qu'à la fleur de votre âge, au milieu des espérances brillantes que vous donnez, étant le plus aimable chevalier de cette cour, vous soyez assez ennemi de vous-même pour vous refuser tous les plaisirs? De toutes les femmes charmantes qui seroient jalouses de mériter votre amour, qui ne se lassent point de fixer sur vous leurs yeux troublés, vous n'en préférez aucune. Est-il dans cette cour un jeune

J'oublie, en le voyant, ce que je viens lui dire. [1]

homme, de quelque pays qu'il soit, qui imite votre indifférence? tous sont attachés à quelque dame, tous cherchent à inventer pour elle des jeux et des fêtes brillantes : vous seul, solitaire, caché à tout le monde, quoique vous l'emportiez sur les autres chevaliers, vous ne connoissez encore ni l'amitié, ni l'amour : non, vous n'avez pas même un ami dont l'attachement vous occupe : d'où vient que vous êtes si sauvage? dites-le-moi.

Carlos fait tous ses efforts pour éluder la déclaration qu'il prévoit : il répond qu'il ne se croit digne de l'amour d'aucune femme. La duchesse dit qu'il ne se rend pas justice. Votre modestie, ajoute-t-elle, augmente votre mérite. Enfin, malgré toute la réserve de Carlos, Cassandre poursuit : Une grande dame, dit-elle, m'a ouvert son cœur; disposez-vous à l'aimer; elle se trouvera heureuse si votre amour répond à celui que vous lui avez inspiré. L'embarras de Carlos augmente; la duchesse ne garde plus de mesure; elle se déclare; et le jeune homme est saisi d'horreur.

Cassandre prend le même parti que Phèdre; elle accuse Carlos d'avoir voulu abuser d'elle. Le duc d'abord très irrité ne peut cependant concevoir que son fils adoptif soit coupable à ce point : il l'interroge, et Carlos, comme l'Hippolyte de Racine, avoue qu'il aime Léonore, avec laquelle il est marié secrètement. Le duc désabusé consent à leur union; et Cassandre, qui veut encore troubler le repos de son époux, est exilée.

[1] Phèdre, dans Sénèque, éprouve le même trouble.
Hippolyte, vers 602 :
« Sed ora cœptis transitum verbis negant.
« Vis magna vocem emittit, at major tenet. »
Ma bouche se refuse à prononcer ce que je veux vous dire; une force puissante excite ma voix; une plus grande la retient.

OENONE.
Souvenez-vous d'un fils qui n'espère qu'en vous.

PHÈDRE.
On dit qu'un prompt départ vous éloigne de nous,
Seigneur. A vos douleurs je viens joindre mes larmes;
Je vous viens pour un fils expliquer mes alarmes.
Mon fils n'a plus de père, et le jour n'est pas loin
Qui de ma mort encor doit le rendre témoin.
Déjà mille ennemis attaquent son enfance :
Vous seul pouvez contre eux embrasser sa défense.
Mais un secret remords agite mes esprits :
Je crains d'avoir fermé votre oreille à ses cris;
Je tremble que sur lui votre juste colère
Ne poursuive bientôt une odieuse mère.

HIPPOLYTE.
Madame, je n'ai point de sentiments si bas.

PHÈDRE.
Quand vous me haïriez, je ne m'en plaindrois pas,
Seigneur; vous m'avez vue attachée à vous nuire;
Dans le fond de mon cœur vous ne pouviez pas lire.
A votre inimitié j'ai pris soin de m'offrir;
Aux bords que j'habitois je n'ai pu vous souffrir;
En public, en secret, contre vous déclarée,
J'ai voulu par des mers en être séparée;
J'ai même défendu par une expresse loi
Qu'on osât prononcer votre nom devant moi :
Si pourtant à l'offense on mesure la peine,
Si la haine peut seule attirer votre haine,

Jamais femme ne fut plus digne de pitié,
Et moins digne, seigneur, de votre inimitié.

HIPPOLYTE.

Des droits de ses enfants une mère jalouse
Pardonne rarement au fils d'une autre épouse;
Madame, je le sais : les soupçons importuns
Sont d'un second hymen les fruits les plus communs.
Toute autre auroit pour moi pris les mêmes ombrages,
Et j'en aurois peut-être essuyé plus d'outrages.

PHÈDRE.

Ah, seigneur! que le ciel, j'ose ici l'attester,
De cette loi commune a voulu m'excepter!
Qu'un soin bien différent me trouble et me dévore!

HIPPOLYTE.

Madame, il n'est pas temps de vous troubler encore :
Peut-être votre époux voit encore le jour;
Le ciel peut à nos pleurs accorder son retour.
Neptune le protège; et ce dieu tutélaire
Ne sera pas en vain imploré par mon père.

PHÈDRE.

On ne voit point deux fois le rivage des morts,[1]
Seigneur : puisque Thésée a vu les sombres bords,

---

[1] Hippolyte de Sénèque, vers 219 :

« Reditus nullos metuo. Non unquàm ampliùs
« Convexa tetigit supera, qui mersus semel
« Adiit silentem nocte perpetuâ domum. »

Je ne crains point le retour de Thésée. Celui qui une fois

En vain vous espérez qu'un dieu vous le renvoie;
Et l'avare Achéron ne lâche point sa proie.
Que dis-je? il n'est point mort, puisqu'il respire en vous.
Toujours devant mes yeux je crois voir mon époux :
Je le vois, je lui parle; et mon cœur.... Je m'égare,
Seigneur; ma folle ardeur malgré moi se déclare.

HIPPOLYTE.

Je vois de votre amour l'effet prodigieux : ¹
Tout mort qu'il est, Thésée est présent à vos yeux,
Toujours de son amour votre ame est embrasée.

PHÈDRE.

Oui, prince, je languis, je brûle pour Thésée :

---

est descendu dans le séjour sombre et silencieux de la mort ne revient jamais à la lumière.

Même pièce, vers 625 :

« Regni tenacis dominus, et tacitæ Stygis
« Nullam relictos fecit ad superos viam. »

Le maître de l'avare Achéron et du Styx silencieux n'ouvre aucune route vers le jour quand on l'a quitté.

¹ Hippolyte de Sénèque, vers 644 :

HIPPOLYTUS.

« Amore nempè Thesei casto furis.

PHÆDRA.

« Hippolyte, sic est. Thesei vultus amo
« Illos priores quos tulit quondam puer,
« Cùm prima puras barba signaret genas,
« Monstrique cæcam Gnossii vidit domum,
« Et longa curvâ fila collegit viâ.

ACTE II, SCÈNE V.

Je l'aime, non point tel que l'ont vu les enfers,
Volage adorateur de mille objets divers,
Qui va du dieu des morts déshonorer la couche ;
Mais fidèle, mais fier, et même un peu farouche,

« Quis tùm ille fulsit! presserant vittæ comam,
« Et ora flavus tenera tingebat pudor.
« Inerant lacertis mollibus fortes tori.
« Tuæve Phœbes vultus, aut Phœbi mei,
« Tuusque potiùs. Talis, en talis fuit.
« . . . . , Sic tulit celsum caput.
« In te magis refulget incomtus decor,
« Et genitor in te totus ; et torvæ tamen
« Pars aliqua matris miscet ex æquo decus.
« In ore Grajo Scythicus apparet rigor.
« Si cum parente Creticum intrâsses fretum,
« Tibi fila potiùs nostra nevisset soror. »

HIPPOLYTE.

Vous brûlez pour Thésée d'un chaste amour.

PHÈDRE.

Hippolyte, il est vrai. J'aime dans Thésée ces traits charmants qu'il avoit dans sa jeunesse, alors qu'un léger duvet paroissoit à peine sur ses joues vermeilles. C'est ainsi qu'il pénétra dans la sombre demeure du monstre de Gnosse, et qu'il en parcourut les détours tortueux avec un fil secourable. Quel étoit alors son éclat! des tresses légères ceignoient sa chevelure ; une douce pudeur coloroit son visage. Ses bras délicats laissoient voir des muscles nerveux : il me parut tel qu'on dépeint Diane dont vous suivez les lois, tel qu'on dépeint Apollon mon aïeul, ou plutôt tel que je vous vois. C'est ainsi qu'il portoit sa tête altière. Vous ressemblez en tout à votre père ; cependant un éclat plus naturel brille dans vous : quelque chose de la sévérité de

Charmant, jeune, traînant tous les cœurs après soi,
Tel qu'on dépeint nos dieux, ou tel que je vous voi.
Il avoit votre port, vos yeux, votre langage;
Cette noble pudeur coloroit son visage,
Lorsque de notre Crète il traversa les flots,
Digne sujet des vœux des filles de Minos.

---

votre mère se mêle à votre douceur : dans les traits d'un jeune Grec on aperçoit le caractère sauvage d'un Scythe. Si vous eussiez suivi votre père dans les mers de Crète, sans doute ma sœur n'eût préparé que pour vous le fil fatal.

On sera peut-être curieux de comparer à la belle imitation de Racine celle de Robert Garnier, poëte tragique, qui mourut en 1590 :

>J'ai, misérable, j'ai la poitrine embrasée
>De l'amour que je porte aux beautés de Thésée,
>Telles qu'il les avoit, lorsque bien jeune encor,
>Son menton cotonnoit d'une frisure d'or,
>Quand il vit, estranger, la maison dédalique
>De l'homme mi-taureau notre monstre crétique.
>Hélas! que sembloit-il? ses cheveux crêpelés
>Comme soye retorce en petits anelets,
>Lui blondissoient la tête; et sa face estoilée
>Étoit entre le blanc de vermillon meslée.
>Sa taille belle et droite, avec ce teint divin,
>Ressembloit esgalée à celle d'Appollin,
>A celle de Diane, et sur-tout à la vôtre,
>Qui en rare beauté surpassez l'une et l'autre.
>Si nous vous eussions vu quand votre géniteur
>Vint en l'isle de Crète, Ariadne ma sœur
>Vous eût plutôt que lui, par son fil salutaire,
>Retiré des prisons du roi Minos mon père.

Que faisiez-vous alors? Pourquoi, sans Hippolyte,
Des héros de la Grèce assembla-t-il l'élite?
Pourquoi, trop jeune encor, ne pûtes-vous alors
Entrer dans le vaisseau qui le mit sur nos bords?
Par vous auroit péri le monstre de la Crète,
Malgré tous les détours de sa vaste retraite :
Pour en développer l'embarras incertain
Ma sœur du fil fatal eût armé votre main.
Mais non : dans ce dessein je l'aurois devancée;
L'amour m'en eût d'abord inspiré la pensée;
C'est moi, prince, c'est moi dont l'utile secours
Vous eût du labyrinthe enseigné les détours.
Que de soins m'eût coûtés cette tête charmante!
Un fil n'eût point assez rassuré votre amante :
Compagne du péril qu'il vous falloit chercher,
Moi-même devant vous j'aurois voulu marcher;
Et Phèdre au labyrinthe avec vous descendue
Se seroit avec vous retrouvée ou perdue.

HIPPOLYTE.

Dieux! qu'est-ce que j'entends! Madame, oubliez-vous
Que Thésée est mon père, et qu'il est votre époux?

PHÈDRE.

Et sur quoi jugez-vous que j'en perds la mémoire,
Prince? Aurois-je perdu tout le soin de ma gloire?

HIPPOLYTE.

Madame, pardonnez : j'avoue, en rougissant,
Que j'accusois à tort un discours innocent.

Ma honte ne peut plus soutenir votre vue;
Et je vais....

PHÈDRE.

Ah, cruel! tu m'as trop entendue!
Je t'en ai dit assez pour te tirer d'erreur.
Hé bien! connois donc Phèdre et toute sa fureur:
J'aime. Ne pense pas qu'au moment que je t'aime,
Innocente à mes yeux, je m'approuve moi-même,
Ni que du fol amour qui trouble ma raison
Ma lâche complaisance ait nourri le poison :
Objet infortuné des vengeances célestes,
Je m'abhorre encor plus que tu ne me détestes.
Les dieux m'en sont témoins, ces dieux qui dans mon flanc [1]
Ont allumé le feu fatal à tout mon sang;
Ces dieux qui se sont fait une gloire cruelle
De séduire le cœur d'une foible mortelle.
Toi-même en ton esprit rappelle le passé :
C'est peu de t'avoir fui, cruel, je t'ai chassé;
J'ai voulu te paroître odieuse, inhumaine;
Pour mieux te résister j'ai recherché ta haine.

---

[1] Horace, en consolant Tibulle d'un amour malheureux, exprime le même sentiment. Livre I, ode xxxiij:

« Sic visum Veneri, cui placet impares
« Formas atque animos sub juga ahenêa
« Sævo mittere cum joco. »

Ainsi le veut Vénus, qui se fait un jeu cruel de serrer par des nœuds d'airain des cœurs qui ne peuvent se convenir.

De quoi m'ont profité mes inutiles soins ?
Tu me haïssois plus, je ne t'aimois pas moins ;
Tes malheurs te prêtoient encor de nouveaux charmes.
J'ai langui, j'ai séché dans les feux, dans les larmes :
Il suffit de tes yeux pour t'en persuader,
Si tes yeux un moment pouvoient me regarder.
Que dis-je ? cet aveu que je te viens de faire,
Cet aveu si honteux, le crois-tu volontaire ?
Tremblante pour un fils que je n'osois trahir,
Je te venois prier de ne le point haïr :
Foibles projets d'un cœur trop plein de ce qu'il aime !
Hélas ! je ne t'ai pu parler que de toi-même !
Venge-toi, punis-moi d'un odieux amour :
Digne fils du héros qui t'a donné le jour,
Délivre l'univers d'un monstre qui t'irrite.
La veuve de Thésée ose aimer Hippolyte !
Crois-moi, ce monstre affreux ne doit point t'échapper :
Voilà mon cœur, c'est là que ta main doit frapper.¹
Impatient déjà d'expier son offense,
Au-devant de ton bras je le sens qui s'avance.
Frappe ; ou si tu le crois indigne de tes coups,
Si ta haine m'envie un supplice si doux,

---

¹ L'Hippolyte de Sénèque, dans sa première indignation, veut immoler Phèdre ; elle se jette au-devant de son épée. Tu guéris, lui dit-elle, une passion furieuse. Le plus ardent de mes vœux est de mourir de ta main sans avoir violé la pudeur. Vers 711 :

« Sanas furentem. Majus hoc voto meo est,
« Salvo ut pudore, manibus immoriar tuis. »

Ou si d'un sang trop vil ta main seroit trempée,
Au défaut de ton bras prête-moi ton épée;
Donne.

OENONE.

Que faites-vous, madame! Justes dieux!
Mais on vient : évitez des témoins odieux.
Venez, rentrez; fuyez une honte certaine.

SCÈNE VI.

HIPPOLYTE, THÉRAMÈNE.

THÉRAMÈNE.

Est-ce Phèdre qui fuit, ou plutôt qu'on entraîne?
Pourquoi, seigneur, pourquoi ces marques de douleur?
Je vous vois sans épée, interdit, sans couleur.

HIPPOLYTE.

Théramène, fuyons. Ma surprise est extrême :
Je ne puis sans horreur me regarder moi-même.
Phèdre .. Mais non, grands dieux! qu'en un profond oubli
Cet horrible secret demeure enseveli.

THÉRAMÈNE.

Si vous voulez partir, la voile est préparée :
Mais Athènes, seigneur, s'est déjà déclarée;
Ses chefs ont pris les voix de toutes ses tribus;
Votre frère l'emporte, et Phèdre a le dessus.

HIPPOLYTE.

Phèdre?

ACTE II, SCÈNE VI.

THÉRAMÈNE.

Un héros chargé des volontés d'Athènes
De l'état en ses mains vient remettre les rênes.
Son fils est roi, seigneur.

HIPPOLYTE.

Dieux, qui la connoissez,
Est-ce donc sa vertu que vous récompensez?

THÉRAMÈNE.

Cependant un bruit sourd veut que le roi respire;
On prétend que Thésée a paru dans l'Épire :
Mais moi, qui l'y cherchai, seigneur, je sais trop bien....

HIPPOLYTE.

N'importe; écoutons tout, et ne négligeons rien.
Examinons ce bruit, remontons à sa source.
S'il ne mérite pas d'interrompre ma course,
Partons; et, quelque prix qu'il en puisse coûter,
Mettons le sceptre aux mains dignes de le porter.

FIN DU SECOND ACTE.

ACTE TROISIÈME.

SCÈNE I.

PHÈDRE, OENONE.

PHÈDRE.

Ah! que l'on porte ailleurs les honneurs qu'on m'envoie :
Importune, peux-tu souhaiter qu'on me voie?
De quoi viens-tu flatter mon esprit désolé?
Cache-moi bien plutôt : je n'ai que trop parlé.
Mes fureurs au dehors ont osé se répandre :
J'ai dit ce que jamais on ne devoit entendre.
Ciel! comme il m'écoutoit! Par combien de détours
L'insensible a long-temps éludé mes discours!
Comme il ne respiroit qu'une retraite prompte!
Et combien sa rougeur a redoublé ma honte!
Pourquoi détournois-tu mon funeste dessein?
Hélas! quand son épée alloit chercher mon sein,
A-t-il pâli pour moi? me l'a-t-il arrachée?
Il suffit que ma main l'ait une fois touchée,
Je l'ai rendue horrible à ses yeux inhumains;
Et ce fer malheureux profaneroit ses mains.

OENONE.

Ainsi, dans vos malheurs ne songeant qu'à vous plaindre,
Vous nourrissez un feu qu'il vous faudroit éteindre.

Ne vaudroit-il pas mieux, digne sang de Minos,
Dans de plus nobles soins chercher votre repos,
Contre un ingrat qui plaît recourir à la fuite,
Régner, et de l'état embrasser la conduite?

PHÈDRE.

Moi, régner! moi, ranger un état sous ma loi, [1]
Quand ma foible raison ne règne plus sur moi!
Lorsque j'ai de mes sens abandonné l'empire!
Quand sous un joug honteux à peine je respire!
Quand je me meurs!

OENONE.

Fuyez.

PHÈDRE.

Je ne le puis quitter.

OENONE.

Vous l'osâtes bannir, vous n'osez l'éviter?

PHÈDRE.

Il n'est plus temps : il sait mes ardeurs insensées.
De l'austère pudeur les bornes sont passées :
J'ai déclaré ma honte aux yeux de mon vainqueur;
Et l'espoir malgré moi s'est glissé dans mon cœur.

---

[1] Thomas Corneille avoit exprimé le même sentiment dans sa tragédie d'Antiochus. Ce jeune prince, épris de la femme de son père, refuse le trône qui lui est offert :

De quel front accepter les droits du diadème,
Si je n'ai pas appris à régner sur moi-même?

Toi-même, rappelant ma force défaillante,
Et mon ame déjà sur mes lèvres errante,
Par tes conseils flatteurs tu m'as su ranimer;
Tu m'as fait entrevoir que je pouvois l'aimer.

OENONE.

Hélas! de vos malheurs innocente ou coupable,
De quoi pour vous sauver n'étois-je point capable?
Mais si jamais l'offense irrita vos esprits,
Pouvez-vous d'un superbe oublier les mépris?
Avec quels yeux cruels sa rigueur obstinée
Vous laissoit à ses pieds peu s'en faut prosternée!
Que son farouche orgueil le rendoit odieux!
Que Phèdre en ce moment n'avoit-elle mes yeux!

PHÈDRE.

OEnone, il peut quitter cet orgueil qui te blesse;
Nourri dans les forêts, il en a la rudesse.
Hippolyte, endurci par de sauvages lois,
Entend parler d'amour pour la première fois:
Peut-être sa surprise a causé son silence;
Et nos plaintes peut-être ont trop de violence.

OENONE.

Songez qu'une barbare en son sein l'a formé.

PHÈDRE.

Quoique Scythe et barbare, elle a pourtant aimé.

OENONE.

Il a pour tout le sexe une haine fatale.

PHÈDRE.

Je ne me verrai point préférer de rivale.

ACTE III, SCÈNE I.

Enfin tous tes conseils ne sont plus de saison.
Sers ma fureur, OEnone, et non point ma raison.
Il oppose à l'amour un cœur inaccessible :
Cherchons pour l'attaquer quelque endroit plus sensible.
Les charmes d'un empire ont paru le toucher ;
Athènes l'attiroit, il n'a pu s'en cacher ;
Déjà de ses vaisseaux la pointe étoit tournée,
Et la voile flottoit aux vents abandonnée.
Va trouver de ma part ce jeune ambitieux,
OEnone ; fais briller la couronne à ses yeux ; [1]
Qu'il mette sur son front le sacré diadème :
Je ne veux que l'honneur de l'attacher moi-même.
Cédons-lui ce pouvoir que je ne puis garder.
Il instruira mon fils dans l'art de commander ;
Peut-être il voudra bien lui tenir lieu de père :
Je mets sous son pouvoir et le fils et la mère.
Pour le fléchir enfin tente tous les moyens ;
Tes discours trouveront plus d'accès que les miens :
Presse, pleure, gémis : peins-lui Phèdre mourante ;

---

[1] Dans Sénèque, Phèdre offre elle-même la couronne à Hippolyte. Vers 617 :

« Mandata recipe sceptra. Me famulam accipe.
« Te imperia regere, me decet jussa exsequi.
« Muliebre non est regna tutari urbium. »

Recevez ce sceptre qui m'étoit confié : souffrez que je sois votre sujette. Il vous sied d'occuper le trône ; c'est à moi d'exécuter vos commandements. Il n'appartient pas à une femme de gouverner les peuples.

Ne rougis point de prendre une voix suppliante :
Je t'avoûrai de tout; je n'espère qu'en toi.
Va : j'attends ton retour pour disposer de moi.

SCÈNE II.

PHÈDRE.

O toi qui vois la honte où je suis descendue,[1]
Implacable Vénus, suis-je assez confondue !
Tu ne saurois plus loin pousser ta cruauté :
Ton triomphe est parfait; tous tes traits ont porté.
Cruelle ! si tu veux une gloire nouvelle,
Attaque un ennemi qui te soit plus rebelle.

---

[1] Cette invocation, dans Sénèque, est adressée à Diane. Vers 408 :

« O magna silvas inter et lucos dea,
« Clarumque cœli sidus, et noctis decus,
« Cujus relucet mundus alternâ face,
« Hecate triformis : eia, ades cœptis favens,
« Animum rigentem tristis Hippolyti doma.
« Amare discat, mutuos ignes ferat.
« . . . . Mitiga pectus ferum.
« . . . . Torvus, aversus, ferox
« In jura Veneris redeat.

O déesse qui présides aux forêts, astre brillant du ciel, honneur des nuits, qui tour à tour éclaires le monde; triple Hécate, ah! favorise mon amour. Dompte le cœur farouche de l'insensible Hippolyte; qu'il apprenne à aimer; qu'il partage mes feux.... Adoucis son ame cruelle.... Que ce jeune homme rebelle, indomtable et superbe rentre sous les lois de Vénus.

Hippolyte te fuit, et, bravant ton courroux,
Jamais à tes autels n'a fléchi les genoux;
Ton nom semble offenser ses superbes oreilles.
Déesse, venge-toi; nos causes sont pareilles :
Qu'il aime.... Mais déjà tu reviens sur tes pas,
OEnone! On me déteste; on ne t'écoute pas.

SCÈNE III.

PHÈDRE, OENONE.

OENONE.

Il faut d'un vain amour étouffer la pensée,
Madame; rappelez votre vertu passée :
Le roi, qu'on a cru mort, va paroître à vos yeux;
Thésée est arrivé, Thésée est en ces lieux.
Le peuple pour le voir court et se précipite.
Je sortois par votre ordre, et cherchois Hippolyte,
Lorsque jusques au ciel mille cris élancés....

PHÈDRE.

Mon époux est vivant, OEnone; c'est assez.
J'ai fait l'indigne aveu d'un amour qui l'outrage.
Il vit; je ne veux pas en savoir davantage.

OENONE.

Quoi?

PHÈDRE.

Je te l'ai prédit; mais tu n'as pas voulu :
Sur mes justes remords tes pleurs ont prévalu :

Je mourois ce matin digne d'être pleurée;
J'ai suivi tes conseils; je meurs déshonorée.

OENONE.

Vous mourez?

PHÈDRE.

Juste ciel! qu'ai-je fait aujourd'hui! [1]
Mon époux va paroître, et son fils avec lui!
Je verrai le témoin de ma flamme adultère
Observer de quel front j'ose aborder son père,
Le cœur gros de soupirs qu'il n'a point écoutés,
L'œil humide de pleurs par l'ingrat rebutés!
Penses-tu que, sensible à l'honneur de Thésée, [2]
Il lui cache l'ardeur dont je suis embrasée?
Laissera-t-il trahir et son père et son roi?
Pourra-t-il contenir l'horreur qu'il a pour moi?
Il se tairoit en vain : je sais mes perfidies, [3]

---

[1] Tristan. Mort de Chrispe, acte I, scène j :

> Que ne dois-je pas craindre? et qu'est-ce que j'espère?
> Si j'ose aimer le fils étant femme du père.
> En quel gouffre de maux sera-ce m'égarer?

[2] Dans Euripide, Phèdre témoigne la même crainte. Vers 689 :

Hippolyte, enflammé de colère, ne révèlera-t-il pas à son père mes honteux égarements? les cachera-t-il au vieux Pitthée? La terre entière retentira de mes désordres.

[3] Dans Euripide, Phèdre adresse à peu près le même discours aux femmes grecques qui ont eu part à sa confidence. Vers 405 :

J'ai senti toute l'horreur de mon crime et toute la honte de

ACTE III, SCENE III.

OEnone, et ne suis point de ces femmes hardies
Qui, goûtant dans le crime une tranquille paix,
Ont su se faire un front qui ne rougit jamais;
Je connois mes fureurs, je les rappelle toutes :
Il me semble déjà que ces murs, que ces voûtes
Vont prendre la parole, et, prêts à m'accuser,
Attendent mon époux pour le désabuser.
Mourons : de tant d'horreurs qu'un trépas me délivre.
Est-ce un malheur si grand que de cesser de vivre?
La mort aux malheureux ne cause point d'effroi :
Je ne crains que le nom que je laisse après moi.
Pour mes tristes enfants quel affreux héritage!
Le sang de Jupiter doit enfler leur courage :
Mais, quelque juste orgueil qu'inspire un sang si beau,
Le crime d'une mère est un pesant fardeau. [1]

---

ma passion : mes devoirs d'épouse m'ont inspiré ce remords : je ne m'aveugle point sur ce forfait justement détesté. Pourquoi le ciel n'a-t-il pas fait périr celle qui la première a souillé le lit conjugal, en y faisant entrer des hommes étrangers? Hélas! c'est dans les plus hautes familles que ce fléau s'est d'abord répandu... Je déteste ces femmes qui sont chastes dans leurs discours, et qui dans l'ombre du secret se livrent à des crimes contre la pudeur. O Vénus, de quel œil osent-elles alors regarder leurs époux? ne doivent-elles pas frémir en voyant les ténèbres complices de leurs désordres? ne doivent-elles pas trembler que les voûtes de leurs palais ne prennent la parole pour les accuser? Telles sont les horreurs qui me forcent à mourir.

[1] Hippolyte d'Euripide, vers 424:
Quel que soit le courage d'un jeune homme, il est toujours

Je tremble qu'un discours, hélas! trop véritable
Un jour ne leur reproche une mère coupable :
Je tremble qu'opprimés de ce poids odieux
L'un ni l'autre jamais n'osent lever les yeux.

OENONE.

Il n'en faut point douter, je les plains l'un et l'autre;
Jamais crainte ne fut plus juste que la vôtre.
Mais à de tels affronts pourquoi les exposer?
Pourquoi contre vous-même allez-vous déposer?
C'en est fait : on dira que Phèdre, trop coupable,
De son époux trahi fuit l'aspect redoutable.
Hippolyte est heureux qu'aux dépens de vos jours
Vous-même, en expirant, appuyiez ses discours.
A votre accusateur que pourrai-je répondre?
Je serai devant lui trop facile à confondre :
De son triomphe affreux je le verrai jouir,
Et conter votre honte à qui voudra l'ouïr.
Ah! que plutôt du ciel la flamme me dévore!
Mais, ne me trompez point, vous est-il cher encore?
De quel œil voyez-vous ce prince audacieux?

PHÈDRE.

Je le vois comme un monstre effroyable à mes yeux.

OENONE.

Pourquoi donc lui céder une victoire entière?

---

prêt à rougir s'il est instruit des désordres de sa mère, ou des crimes de son père.

Vous le craignez; osez l'accuser la première ¹
Du crime dont il peut vous charger aujourd'hui.
Qui vous démentira? Tout parle contre lui :
Son épée en vos mains heureusement laissée,
Votre trouble présent, votre douleur passée,
Son père par vos cris dès long-temps prévenu,
Et déjà son exil par vous-même obtenu.

PHÈDRE.

Moi, que j'ose opprimer et noircir l'innocence !

OENONE.

Mon zèle n'a besoin que de votre silence.
Tremblante comme vous, j'en sens quelques remords :
Vous me verriez plus prompte affronter mille morts.
Mais, puisque je vous perds sans ce triste remède,
Votre vie est pour moi d'un prix à qui tout cède :
Je parlerai. Thésée, aigri par mes avis,
Bornera sa vengeance à l'exil de son fils.
Un père, en punissant, madame, est toujours père ;
Un supplice léger suffit à sa colère.

---

¹ Dans Sénèque, la nourrice donne à Phèdre le même conseil. Le crime, lui dit-elle, doit être caché par un autre crime. Dans la crainte qui vous trouble, il est plus sûr de prévenir Hippolyte. Osons les premières dire qu'il est coupable. Votre faute est secrète : qui osera vous démentir ? Vers 721 :

« Scelere velandum est scelus.
« Tutissimum est inferre, cùm timeas, gradum.
« Ausæ priores simus, an passæ nefas.
« Secreta cùm sit culpa, quis testis sciet ? »

Mais, le sang innocent dût-il être versé,
Que ne demande point votre honneur menacé ?
C'est un trésor trop cher pour oser le commettre.
Quelque loi qu'il vous dicte, il faut vous y soumettre,
Madame ; et, pour sauver notre honneur combattu,
Il faut immoler tout, et même la vertu.
On vient ; je vois Thésée.

PHÈDRE.

Ah ! je vois Hippolyte ;
Dans ses yeux insolents je vois ma perte écrite.
Fais ce que tu voudras, je m'abandonne à toi :
Dans le trouble où je suis je ne puis rien pour moi.

SCÈNE IV.

THÉSÉE, HIPPOLYTE, PHÈDRE, OENONE, THÉRAMÈNE.

THÉSÉE.

La fortune à mes vœux cesse d'être opposée,
Madame, et dans vos bras met....

PHÈDRE.

Arrêtez, Thésée,
Et ne profanez point des transports si charmants :
Je ne mérite plus ces doux empressements ;
Vous êtes offensé. La fortune jalouse
N'a pas en votre absence épargné votre épouse.
Indigne de vous plaire et de vous approcher,
Je ne dois désormais songer qu'à me cacher.

SCÈNE V.

THÉSÉE, HIPPOLYTE, THÉRAMÈNE.

THÉSÉE.

Quel est l'étrange accueil qu'on fait à votre père,
Mon fils?

HIPPOLYTE.

Phèdre peut seule expliquer ce mystère.
Mais, si mes vœux ardents vous peuvent émouvoir,
Permettez-moi, seigneur, de ne la plus revoir;
Souffrez que pour jamais le tremblant Hippolyte
Disparoisse des lieux que votre épouse habite.

THÉSÉE.

Vous, mon fils, me quitter?

HIPPOLYTE.

Je ne la cherchois pas;
C'est vous qui sur ces bords conduisîtes ses pas.
Vous daignâtes, seigneur, aux rives de Trézène
Confier en partant Aricie et la reine :
Je fus même chargé du soin de les garder.
Mais quels soins désormais peuvent me retarder?
Assez dans les forêts mon oisive jeunesse
Sur de vils ennemis a montré son adresse :
Ne pourrai-je, en fuyant un indigne repos,
D'un sang plus glorieux teindre mes javelots?
Vous n'aviez pas encore atteint l'âge où je touche,
Déjà plus d'un tyran, plus d'un monstre farouche,

Avoit de votre bras senti la pesanteur ;
Déjà, de l'insolence heureux persécuteur,
Vous aviez des deux mers assuré les rivages ;
Le libre voyageur ne craignoit plus d'outrages ;
Hercule, respirant sur le bruit de vos coups,
Déjà de son travail se reposoit sur vous :
Et moi, fils inconnu d'un si glorieux père,
Je suis même encor loin des traces de ma mère !
Souffrez que mon courage ose enfin s'occuper :
Souffrez, si quelque monstre a pu vous échapper,
Que j'apporte à vos pieds sa dépouille honorable,
Ou que d'un beau trépas la mémoire durable,
Éternisant des jours si noblement finis,
Prouve à tout l'avenir que j'étois votre fils.

THÉSÉE.

Que vois-je ? quelle horreur dans ces lieux répandue
Fait fuir devant mes yeux ma famille éperdue ?
Si je reviens si craint et si peu désiré,
O ciel, de ma prison pourquoi m'as-tu tiré ?
Je n'avois qu'un ami : son imprudente flamme
Du tyran de l'Épire alloit ravir la femme ;
Je servois à regret ses desseins amoureux ;
Mais le sort irrité nous aveugloit tous deux.
Le tyran m'a surpris sans défense et sans armes.
J'ai vu Pirithoüs, triste objet de mes larmes,
Livré par ce barbare à des monstres cruels
Qu'il nourrissoit du sang des malheureux mortels.
Moi-même il m'enferma dans des cavernes sombres,

Lieux profonds et voisins de l'empire des ombres.
Les dieux, après six mois, enfin m'ont regardé :
J'ai su tromper les yeux par qui j'étois gardé.
D'un perfide ennemi j'ai purgé la nature :
A ses monstres lui-même a servi de pâture.
Et lorsqu'avec transport je pense m'approcher
De tout ce que les dieux m'ont laissé de plus cher;
Que dis-je? quand mon ame, à soi-même rendue,
Vient se rassasier d'une si chère vue,
Je n'ai pour tout accueil que des frémissements;
Tout fuit, tout se refuse à mes embrassements :
Et moi-même, éprouvant la terreur que j'inspire,
Je voudrois être encor dans les prisons d'Épire.
Parlez. Phèdre se plaint que je suis outragé.
Qui m'a trahi? Pourquoi ne suis-je pas vengé?
La Grèce, à qui mon bras fut tant de fois utile,
A-t-elle au criminel accordé quelque asile?
Vous ne répondez point. Mon fils, mon propre fils,
Est-il d'intelligence avec mes ennemis?
Entrons : c'est trop garder un doute qui m'accable.
Connoissons à la fois le crime et le coupable :
Que Phèdre explique enfin le trouble où je la voi.

SCÈNE VI.
HIPPOLYTE, THÉRAMÈNE.

HIPPOLYTE.

Où tendoit ce discours qui m'a glacé d'effroi?
Phèdre, toujours en proie à sa fureur extrême,

Veut-elle s'accuser et se perdre elle-même?
Dieux! que dira le roi? Quel funeste poison
L'amour a répandu sur toute sa maison!
Moi-même, plein d'un feu que sa haine réprouve,
Quel il m'a vu jadis, et quel il me retrouve!
De noirs pressentiments viennent m'épouvanter.
Mais l'innocence enfin n'a rien à redouter :
Allons; cherchons ailleurs par quelle heureuse adresse
Je pourrai de mon père émouvoir la tendresse,
Et lui dire un amour qu'il peut vouloir troubler,
Mais que tout son pouvoir ne sauroit ébranler.

FIN DU TROISIÈME ACTE.

ACTE QUATRIÈME.

SCÈNE I.

THÉSÉE, OENONE.

THÉSÉE.

Ah! qu'est-ce que j'entends! Un traître, un téméraire
Préparoit cet outrage à l'honneur de son père!
Avec quelle rigueur, destin, tu me poursuis!
Je ne sais où je vais, je ne sais où je suis.
O tendresse! ô bonté trop mal récompensée!
Projet audacieux! détestable pensée!
Pour parvenir au but de ses noires amours
L'insolent de la force empruntoit le secours!
J'ai reconnu le fer, instrument de sa rage,
Ce fer dont je l'armai pour un plus noble usage.
Tous les liens du sang n'ont pu le retenir!
Et Phèdre différoit à le faire punir!
Le silence de Phèdre épargnoit le coupable!

OENONE.

Phèdre épargnoit toujours un père déplorable.
Honteuse du dessein d'un amant furieux,
Et du feu criminel qu'il a pris dans ses yeux,
Phèdre mouroit, seigneur, et sa main meurtrière

Éteignoit de ses yeux l'innocente lumière.
J'ai vu lever le bras, j'ai couru la sauver :
Moi seule à votre amour j'ai su la conserver;
Et, plaignant à la fois son trouble et vos alarmes,
J'ai servi malgré moi d'interprète à ses larmes.

THÉSÉE.

Le perfide! il n'a pu s'empêcher de pâlir :
De crainte, en m'abordant, je l'ai vu tressaillir.
Je me suis étonné de son peu d'allégresse;
Ses froids embrassements ont glacé ma tendresse.
Mais ce coupable amour dont il est dévoré
Dans Athènes déjà s'étoit-il déclaré?

OENONE.

Seigneur, souvenez-vous des plaintes de la reine.
Un amour criminel causa toute sa haine.

THÉSÉE.

Et ce feu dans Trézène a donc recommencé?

OENONE.

Je vous ai dit, seigneur, tout ce qui s'est passé.
C'est trop laisser la reine à sa douleur mortelle;
Souffrez que je vous quitte, et me range auprès d'elle.

SCÈNE II.

THÉSEÉ, HIPPOLYTE.

THÉSÉE.

Ah! le voici. Grands dieux! à ce noble maintien [1]
Quel œil ne seroit pas trompé comme le mien?
Faut-il que sur le front d'un profane adultère
Brille de la vertu le sacré caractère!
Et ne devroit-on pas à des signes certains
Reconnoître le cœur des perfides humains!

HIPPOLYTE.

Puis-je vous demander quelle funeste image,

---

[1] Hippolyte de Sénèque, vers 918 :

« O vita fallax! abditos sensus geris,
« Animisque pulchram turpibus faciem induis!
« Pudor impudentem celat, audacem quies,
« Pietas nefandum. »

Apparence trompeuse! Quel art pour renfermer ses sentiments! Les penchants les plus infâmes sont revêtus des traits de la plus pure innocence. La pudeur cache un impudique, l'indifférence un amant effréné, la piété filiale un scélérat.

Dans *el Perseguido* de Lope de Vega, le duc de Bourgogne s'étonne qu'avec une figure si noble Carlos ait pu commettre un si grand crime : Qui pourroit, dit-il, le soupçonner d'un pareil forfait, avec des traits qui annoncent tant de noblesse et de vertu? « *Con tantas muestras de hidalgo.* » El Perseguido, jornada segunda.

Seigneur, a pu troubler votre auguste visage ?
N'osez-vous confier ce secret à ma foi ?

THÉSÉE.

Perfide ! oses-tu bien te montrer devant moi ?
Monstre, qu'a trop long-temps épargné le tonnerre,
Reste impur des brigands dont j'ai purgé la terre !
Après que le transport d'un amour plein d'horreur
Jusqu'au lit de ton père a porté ta fureur,
Tu m'oses présenter une tête ennemie !
Tu parois dans des lieux pleins de ton infamie !
Et ne vas pas chercher, sous un ciel inconnu,
Des pays où mon nom ne soit point parvenu !
Fuis, traître. Ne viens point braver ici ma haine,
Et tenter un courroux que je retiens à peine :
C'est bien assez pour moi de l'opprobre éternel
D'avoir pu mettre au jour un fils si criminel,
Sans que ta mort encor, honteuse à ma mémoire,
De mes nobles travaux vienne souiller la gloire.
Fuis : et, si tu ne veux qu'un châtiment soudain
T'ajoute aux scélérats qu'a punis cette main,
Prends garde que jamais l'astre qui nous éclaire
Ne te voie en ces lieux mettre un pied téméraire.
Fuis, dis-je ; et, sans retour précipitant tes pas,
De ton horrible aspect purge tous mes états.

 Et toi, Neptune, et toi, si jadis mon courage [1]

---

[1] Hippolyte de Sénèque, vers 942 :

  « Genitor æquoreus dedit,

ACTE IV, SCÈNE II.

D'infâmes assassins nettoya ton rivage,
Souviens-toi que, pour prix de mes efforts heureux,
Tu promis d'exaucer le premier de mes vœux.
Dans les longues rigueurs d'une prison cruelle
Je n'ai point imploré ta puissance immortelle;
Avare du secours que j'attends de tes soins,
Mes vœux t'ont réservé pour de plus grands besoins :
Je t'implore aujourd'hui. Venge un malheureux père;

« Ut vota prono trina concipiam deo,
« Et invocatâ munus hoc sanxit Styge.
« En perage donum triste, regnator freti.
« Non cernat ultrà lucidum Hippolytus diem.
« . . . .
« Fer abominandam nunc opem nato parens.
« Nunquàm supremum numinis munus tui
« Consumeremus, magna ni premerent mala.
« Inter profunda Tartara, et ditem horridum,
« Et imminentes regis inferni minas,
« Voto peperci. Redde nunc pactam fidem,
« Genitor. »

Neptune, mon père, m'a donné le pouvoir de former trois vœux; il a juré de les exaucer, et le Styx a été pris à témoin de ce serment. Dieu des mers, accorde-moi aujourd'hui cette triste faveur : que le jour qui nous éclaire soit le dernier qui luise pour Hippolyte.... Prête à ton fils cet horrible secours. Si les maux les plus cruels ne m'accabloient, je n'invoquerois pas ta divinité vengeresse. Plongé dans les abimes du Tartare, livré aux divinités infernales, abandonné aux fureurs de leur roi irrité, je ne t'ai point sommé de ton serment? O mon père, remplis maintenant la foi que tu m'as donnée.

PHÈDRE.

J'abandonne ce traître à toute ta colère;
Étouffe dans son sang ses désirs effrontés.
Thésée à tes fureurs connoîtra tes bontés.

HIPPOLYTE.

D'un amour criminel Phèdre accuse Hippolyte!
Un tel excès d'horreur rend mon ame interdite :
Tant de coups imprévus m'accablent à la fois,
Qu'ils m'ôtent la parole, et m'étouffent la voix.

THÉSÉE.

Traître, tu prétendois qu'en un lâche silence
Phèdre enseveliroit ta brutale insolence :
Il falloit, en fuyant, ne pas abandonner
Le fer qui dans ses mains aide à te condamner;
Ou plutôt il falloit, comblant ta perfidie,
Lui ravir tout d'un coup la parole et la vie.

HIPPOLYTE.

D'un mensonge si noir justement irrité,
Je devrois faire ici parler la vérité,
Seigneur : mais je supprime un secret qui vous touche.
Approuvez le respect qui me ferme la bouche;
Et, sans vouloir vous-même augmenter vos ennuis,
Examinez ma vie, et songez qui je suis.
Quelques crimes toujours précèdent les grands crimes;
Quiconque a pu franchir les bornes légitimes
Peut violer enfin les droits les plus sacrés :
Ainsi que la vertu le crime a ses degrés;
Et jamais on n'a vu la timide innocence
Passer subitement à l'extrême licence.

Un jour seul ne fait point d'un mortel vertueux
Un perfide assassin, un lâche incestueux.
Élevé dans le sein d'une chaste héroïne,
Je n'ai point de son sang démenti l'origine :
Pitthée, estimé sage entre tous les humains,
Daigna m'instruire encore au sortir de ses mains.
Je ne veux point me peindre avec trop d'avantage ;
Mais si quelque vertu m'est tombée en partage,
Seigneur, je crois sur-tout avoir fait éclater
La haine des forfaits qu'on ose m'imputer.
C'est par-là qu'Hippolyte est connu dans la Grèce.
J'ai poussé la vertu jusques à la rudesse :
On sait de mes chagrins l'inflexible rigueur :
Le jour n'est pas plus pur que le fond de mon cœur.
Et l'on veut qu'Hippolyte, épris d'un feu profane....

THÉSÉE.

Oui, c'est ce même orgueil, lâche ! qui te condamne.
Je vois de tes froideurs le principe odieux : [1]
Phèdre seule charmoit tes impudiques yeux ;

---

[1] Dans Lope de Vega, la duchesse se sert du même motif pour persuader au duc que Carlos a voulu abuser d'elle. Seigneur, lui dit-elle, Carlos ayant concentré tous ses désirs sur votre épouse, il a voulu que sa manière de vivre pût favoriser ses vaines espérances. Il a cru me flatter en n'aimant aucune des beautés qui ornent ma cour. Si cela n'étoit pas ainsi, il auroit quelque liaison que nous connoîtrions.

LOPE DE VEGA, *el Perseguido*, *jornada segunda*.

Et pour tout autre objet ton ame indifférente
Dédaignoit de brûler d'une flamme innocente.

HIPPOLYTE.

Non, mon père, ce cœur, c'est trop vous le celer,
N'a point d'un chaste amour dédaigné de brûler.
Je confesse à vos pieds ma véritable offense :
J'aime ; j'aime, il est vrai, malgré votre défense.
Aricie à ses lois tient mes vœux asservis ;
La fille de Pallante a vaincu votre fils :
Je l'adore ; et mon ame, à vos ordres rebelle,
Ne peut ni soupirer ni brûler que pour elle.

THÉSÉE.

Tu l'aimes ? ciel ! Mais non, l'artifice est grossier :
Tu te feins criminel pour te justifier.

HIPPOLYTE.

Seigneur, depuis six mois je l'évite, et je l'aime :
Je venois, en tremblant, vous le dire à vous-même.
Hé quoi ! de votre erreur rien ne vous peut tirer ?
Par quel affreux serment faut-il vous rassurer ?
Que la terre, le ciel, que toute la nature....

THÉSÉE.

Toujours les scélérats ont recours au parjure.[1]
Cesse, cesse, et m'épargne un importun discours,
Si ta fausse vertu n'a point d'autre secours.

---

[1] Dans Euripide, Hippolyte fait aussi des serments pour prouver son innocence. Thésée lui répond que celui qui est capable d'un inceste peut l'être aussi d'un parjure. Vers 1038.

HIPPOLYTE.

Elle vous paroît fausse et pleine d'artifice :
Phèdre au fond de son cœur me rend plus de justice.

THÉSÉE.

Ah! que ton impudence excite mon courroux!

HIPPOLYTE.

Quel temps à mon exil, quel lieu prescrivez-vous?

THÉSÉE.

Fusses-tu par-delà les colonnes d'Alcide, [1]
Je me croirois encor trop voisin d'un perfide.

HIPPOLYTE.

Chargé du crime affreux dont vous me soupçonnez,
Quels amis me plaindront quand vous m'abandonnez?

THÉSÉE.

Va chercher des amis dont l'estime funeste
Honore l'adultère, applaudisse à l'inceste ;
Des traîtres, des ingrats sans honneur et sans loi,
Dignes de protéger un méchant tel que toi.

HIPPOLYTE.

Vous me parlez toujours d'inceste et d'adultère :
Je me tais. Cependant Phèdre sort d'une mère,
Phèdre est d'un sang, seigneur, vous le savez trop bien,
De toutes ces horreurs plus rempli que le mien.

---

[1] Hippolyte d'Euripide, vers 1053 :

Puisses-tu être au-delà de l'Océan, et des pays occupés jadis par Atlas! Telle est l'horreur que tu m'as inspirée.

THÉSÉE.

Quoi! ta rage à mes yeux perd toute retenue ?
Pour la dernière fois, ôte-toi de ma vue.
Sors, traître : n'attends pas qu'un père furieux
Te fasse avec opprobre arracher de ces lieux.

SCÈNE III.

THÉSÉE.

MISÉRABLE, tu cours à ta perte infaillible.
Neptune, par le fleuve aux dieux mêmes terrible,
M'a donné sa parole, et va l'exécuter.
Un dieu vengeur te suit, tu ne peux l'éviter.
Je t'aimois ; et je sens que, malgré ton offense,
Mes entrailles pour toi se troublent par avance.
Mais à te condamner tu m'as trop engagé :
Jamais père en effet fut-il plus outragé !
Justes dieux, qui voyez la douleur qui m'accable,
Ai-je pu mettre au jour un enfant si coupable !

SCÈNE IV.

PHÈDRE, THÉSÉE.

PHÈDRE.

SEIGNEUR, je viens à vous, pleine d'un juste effroi ;
Votre voix redoutable a passé jusqu'à moi :
Je crains qu'un prompt effet n'ait suivi la menace.
S'il en est temps encore, épargnez votre race,

Respectez votre sang; j'ose vous en prier :
Sauvez-moi de l'horreur de l'entendre crier;
Ne me préparez point la douleur éternelle
De l'avoir fait répandre à la main paternelle.

THÉSÉE.

Non, madame, en mon sang ma main n'a point trempé;
Mais l'ingrat toutefois ne m'est point échappé :
Une immortelle main de sa perte est chargée,
Neptune me la doit; et vous serez vengée.

PHÈDRE.

Neptune vous la doit! Quoi! vos vœux irrités....

THÉSÉE.

Quoi! craignez-vous déjà qu'ils ne soient écoutés?
Joignez-vous bien plutôt à mes vœux légitimes :
Dans toute leur noirceur retracez-moi ses crimes;
Échauffez mes transports trop lents, trop retenus.
Tous ses crimes encor ne vous sont pas connus :
Sa fureur contre vous se répand en injures;
Votre bouche, dit-il, est pleine d'impostures;
Il soutient qu'Aricie a son cœur, a sa foi,
Qu'il l'aime.

PHÈDRE.

  Quoi, seigneur!

THÉSÉE.

     Il l'a dit devant moi :
Mais je sais rejeter un frivole artifice.
Espérons de Neptune une prompte justice :

Je vais moi-même encore au pied de ses autels
Le presser d'accomplir ses serments immortels.

SCÈNE V.

PHÈDRE.

Il sort. Quelle nouvelle a frappé mon oreille!
Quel feu mal étouffé dans mon cœur se réveille!
Quel coup de foudre, oh ciel! et quel funeste avis!
Je volois tout entière au secours de son fils;
Et, m'arrachant des bras d'OEnone épouvantée,
Je cédois aux remords dont j'étois tourmentée.
Qui sait même où m'alloit porter ce repentir?
Peut-être à m'accuser j'aurois pu consentir;
Peut-être, si la voix ne m'eût été coupée,
L'affreuse vérité me seroit échappée.
Hippolyte est sensible, et ne sent rien pour moi!
Aricie a son cœur! Aricie a sa foi!
Ah dieux! Lorsqu'à mes vœux l'ingrat inexorable
S'armoit d'un œil si fier, d'un front si redoutable,
Je pensois qu'à l'amour son cœur toujours fermé
Fût contre tout mon sexe également armé :
Une autre cependant a fléchi son audace;
Devant ses yeux cruels une autre a trouvé grace.
Peut-être a-t-il un cœur facile à s'attendrir :
Je suis le seul objet qu'il ne sauroit souffrir.
Et je me chargerois du soin de le défendre!

SCÈNE VI.

PHÈDRE, OENONE.

PHÈDRE.

Chère OEnone, sais-tu ce que je viens d'apprendre?

OENONE.

Non; mais je viens tremblante, à ne vous point mentir :
J'ai pâli du dessein qui vous a fait sortir;
J'ai craint une fureur à vous-même fatale.

PHÈDRE.

OEnone, qui l'eût cru, j'avois une rivale!

OENONE.

Comment?

PHÈDRE.

Hippolyte aime; et je n'en puis douter.
Ce farouche ennemi qu'on ne pouvoit domter,
Qu'offensoit le respect, qu'importunoit la plainte,
Ce tigre, que jamais je n'abordai sans crainte,
Soumis, apprivoisé, reconnoît un vainqueur :
Aricie a trouvé le chemin de son cœur.

OENONE.

Aricie?

PHÈDRE.

Ah, douleur non encore éprouvée!
A quel nouveau tourment je me suis réservée!
Tout ce que j'ai souffert, mes craintes, mes transports,
La fureur de mes feux, l'horreur de mes remords,

Et d'un refus cruel l'insupportable injure,
N'étoit qu'un foible essai du tourment que j'endure.
Ils s'aiment! Par quel charme ont-ils trompé mes yeux?
Comment se sont-ils vus? depuis quand? dans quels lieux?
Tu le savois : pourquoi me laissois-tu séduire?
De leur furtive ardeur ne pouvois-tu m'instruire?
Les a-t-on vus souvent se parler, se chercher?
Dans le fond des forêts alloient-ils se cacher?
Hélas! ils se voyoient avec pleine licence;
Le ciel de leurs soupirs approuvoit l'innocence;
Ils suivoient sans remords leur penchant amoureux;
Tous les jours se levoient clairs et sereins pour eux :
Et moi, triste rebut de la nature entière,
Je me cachois au jour, je fuyois la lumière;
La mort est le seul dieu que j'osois implorer.
J'attendois le moment où j'allois expirer :
Me nourrissant de fiel, de larmes abreuvée,
Encor, dans mon malheur de trop près observée,
Je n'osois dans mes pleurs me noyer à loisir,
Je goûtois en tremblant ce funeste plaisir;
Et, sous un front serein déguisant mes alarmes,
Il falloit bien souvent me priver de mes larmes.

OENONE.

Quel fruit recevront-ils de leurs vaines amours?
Ils ne se verront plus.

PHÈDRE.

Ils s'aimeront toujours!
Au moment que je parle, ah, mortelle pensée!

Ils bravent la fureur d'une amante insensée :
Malgré ce même exil qui va les écarter,
Ils font mille serments de ne se point quitter.
Non, je ne puis souffrir un bonheur qui m'outrage,
OEnone; prends pitié de ma jalouse rage.
Il faut perdre Aricie; il faut de mon époux
Contre un sang odieux réveiller le courroux;
Qu'il ne se borne pas à des peines légères;
Le crime de la sœur passe celui des frères.
Dans mes jaloux transports je le veux implorer.

Que fais-je ? où ma raison se va-t-elle égarer ?
Moi jalouse ! et Thésée est celui que j'implore !
Mon époux est vivant; et moi je brûle encore !
Pour qui ? quel est le cœur où prétendent mes vœux ?
Chaque mot sur mon front fait dresser mes cheveux.
Mes crimes désormais ont comblé la mesure :
Je respire à la fois l'inceste et l'imposture;
Mes homicides mains, promptes à me venger,
Dans le sang innocent brûlent de se plonger.
Misérable ! Et je vis ! et je soutiens la vue
De ce sacré soleil dont je suis descendue !
J'ai pour aïeul le père et le maître des dieux ;
Le ciel, tout l'univers est plein de mes aïeux :
Où me cacher ? Fuyons dans la nuit infernale.
Mais que dis-je ! mon père y tient l'urne fatale;
Le sort, dit-on, l'a mise en ses sévères mains :
Minos juge aux enfers tous les pâles humains.
Ah ! combien frémira son ombre épouvantée

Lorsqu'il verra sa fille, à ses yeux présentée,
Contrainte d'avouer tant de forfaits divers,
Et des crimes peut-être inconnus aux enfers!
Que diras-tu, mon père, à ce spectacle horrible?
Je crois voir de ta main tomber l'urne terrible;
Je crois te voir, cherchant un supplice nouveau,
Toi-même de ton sang devenir le bourreau.
Pardonne. Un dieu cruel a perdu ta famille :
Reconnois sa vengeance aux fureurs de ta fille.
Hélas! du crime affreux dont la honte me suit
Jamais mon triste cœur n'a recueilli le fruit :
Jusqu'au dernier soupir de malheurs poursuivie,
Je rends dans les tourments une pénible vie.

OENONE.

Hé! repoussez, madame, une injuste terreur;
Regardez d'un autre œil une excusable erreur.
Vous aimez. On ne peut vaincre sa destinée : [1]
Par un charme fatal vous fûtes entraînée.
Est-ce donc un prodige inoui parmi nous?
L'amour n'a-t-il encor triomphé que de vous?
La foiblesse aux humains n'est que trop naturelle;
Mortelle, subissez le sort d'une mortelle.
Vous vous plaignez d'un joug imposé dès long-temps :

---

[1] Hippolyte d'Euripide, vers 439 :

Vous aimez. Qu'y a-t-il d'étonnant à cela? Vous avez cela de commun avec presque tous les hommes.

ACTE IV, SCÈNE VI.

Les dieux mêmes, les dieux de l'olympe habitants,[1]
Qui d'un bruit si terrible épouvantent les crimes,
Ont brûlé quelquefois de feux illégitimes.

PHÈDRE.

Qu'entends-je ! Quels conseils ose-t-on me donner ![2]
Ainsi donc jusqu'au bout tu veux m'empoisonner,
Malheureuse ! Voilà comme tu m'as perdue.
Au jour que je fuyois c'est toi qui m'as rendue;
Tes prières m'ont fait oublier mon devoir :
J'évitois Hippolyte; et tu me l'as fait voir.
De quoi te chargeois-tu ? Pourquoi ta bouche impie
A-t-elle, en l'accusant, osé noircir sa vie ?
Il en mourra peut-être, et d'un père insensé
Le sacrilège vœu peut-être est exaucé.
Je ne t'écoute plus. Va-t'en, monstre exécrable;
Va, laisse-moi le soin de mon sort déplorable.
Puisse le juste ciel dignement te payer !
Et puisse ton supplice à jamais effrayer

---

[1] Hippolyte d'Euripide, vers 451 :

Ceux qui connoissent les écrits des anciens, et qui ont lu les poëtes, savent que Jupiter aima Sémélé, que l'Aurore, qui répand une si douce lumière, enleva Céphale au ciel : tous les deux cependant habitent l'olympe, et ne sont pas éloignés de la compagnie des autres dieux.... Et vous, mortelle, vous vous plaindrez de subir le même sort !

[2] Hippolyte d'Euripide, vers 498 :

Conseils infâmes ! ne fermeras-tu pas ta bouche sacrilège ? ne mettras-tu pas fin à tes épouvantables conseils ?

Tous ceux qui, comme toi, par de lâches adresses,
Des princes malheureux nourrissent les foiblesses,
Les poussent au penchant où leur cœur est enclin,
Et leur osent du crime aplanir le chemin !
Détestables flatteurs, présent le plus funeste
Que puisse faire aux rois la colère céleste !

ŒNONE, seule.

Ah dieux ! pour la servir j'ai tout fait, tout quitté ;
Et j'en reçois ce prix ! Je l'ai bien mérité.

FIN DU QUATRIÈME ACTE.

ACTE CINQUIÈME.

SCÈNE I.

HIPPOLYTE, ARICIE, ISMÈNE.

ARICIE.

Quoi! vous pouvez vous taire en ce péril extrême?
Vous laissez dans l'erreur un père qui vous aime?
Cruel! si, de mes pleurs méprisant le pouvoir,
Vous consentez sans peine à ne me plus revoir,
Partez; séparez-vous de la triste Aricie :
Mais du moins en partant assurez votre vie;
Défendez votre honneur d'un reproche honteux;
Et forcez votre père à révoquer ses vœux :
Il en est temps encor. Pourquoi, par quel caprice
Laissez-vous le champ libre à votre accusatrice?
Éclaircissez Thésée.

HIPPOLYTE.

Hé! que n'ai-je point dit!
Ai-je dû mettre au jour l'opprobre de son lit?
Devois-je, en lui faisant un récit trop sincère,
D'une indigne rougeur couvrir le front d'un père?
Vous seule avez percé ce mystère odieux.
Mon cœur pour s'épancher n'a que vous et les dieux :

Je n'ai pu vous cacher, jugez si je vous aime,
Tout ce que je voulois me cacher à moi-même.
Mais songez sous quel sceau je vous l'ai révélé :
Oubliez, s'il se peut, que je vous ai parlé,
Madame ; et que jamais une bouche si pure
Ne s'ouvre pour conter cette horrible aventure.
Sur l'équité des dieux osons nous confier :
Ils ont trop d'intérêt à me justifier ;
Et Phèdre, tôt ou tard de son crime punie,
N'en sauroit éviter la juste ignominie.
C'est l'unique respect que j'exige de vous.
Je permets tout le reste à mon libre courroux :
Sortez de l'esclavage où vous êtes réduite ;
Osez me suivre ; osez accompagner ma fuite ;
Arrachez-vous d'un lieu funeste et profané,
Où la vertu respire un air empoisonné ;
Profitez, pour cacher votre prompte retraite,
De la confusion que ma disgrace y jette.
Je vous puis de la fuite assurer les moyens :
Vous n'avez jusqu'ici de gardes que les miens ;
De puissants défenseurs prendront notre querelle ;
Argos nous tend les bras, et Sparte nous appelle :
A nos amis communs portons nos justes cris ;
Ne souffrons pas que Phèdre, assemblant nos débris,
Du trône paternel nous chasse l'un et l'autre,
Et promette à son fils ma dépouille et la vôtre.
L'occasion est belle, il la faut embrasser....
Quelle peur vous retient? vous semblez balancer!

ACTE V, SCÈNE I.

Votre seul intérêt m'inspire cette audace :
Quand je suis tout de feu, d'où vous vient cette glace ?[1]
Sur les pas d'un banni craignez-vous de marcher ?

ARICIE.

Hélas ! qu'un tel exil, seigneur, me seroit cher !
Dans quels ravissements, à votre sort liée,
Du reste des mortels je vivrois oubliée !
Mais, n'étant point unis par un lien si doux,
Me puis-je avec honneur dérober avec vous ?
Je sais que, sans blesser l'honneur le plus sévère,
Je me puis affranchir des mains de votre père :
Ce n'est point m'arracher du sein de mes parents ;
Et la fuite est permise à qui fuit ses tyrans.
Mais vous m'aimez, seigneur ; et ma gloire alarmée....

HIPPOLYTE.

Non, non ; j'ai trop de soin de votre renommée :
Un plus noble dessein m'amène devant vous.
Fuyez vos ennemis, et suivez votre époux.
Libres dans nos malheurs, puisque le ciel l'ordonne,
Le don de notre foi ne dépend de personne :
L'hymen n'est point toujours entouré de flambeaux.
Aux portes de Trézène, et parmi ces tombeaux,
Des princes de ma race antiques sépultures,

---

[1] Tristan, mort de Chrispe, acte II, scène j :

  Chrispe, dois-je manquer de foi
    Et devenir toute de flamme
  Pour celui qui paroît tout de glace pour **moi** ?

Est un temple sacré, formidable aux parjures :
C'est là que les mortels n'osent jurer en vain ;
Le perfide y reçoit un châtiment soudain ;
Et craignant d'y trouver la mort inévitable,
Le mensonge n'a point de frein plus redoutable.
Là, si vous m'en croyez, d'un amour éternel
Nous irons confirmer le serment solennel.
Nous prendrons à témoin le dieu qu'on y révère :
Nous le prierons tous deux de nous servir de père.
Des dieux les plus sacrés j'attesterai le nom ;
Et la chaste Diane, et l'auguste Junon ;
Et tous les dieux enfin, témoins de mes tendresses,
Garantiront la foi de mes saintes promesses.

ARICIE.

Le roi vient. Fuyez, prince, et partez promptement :
Pour cacher mon départ je demeure un moment.
Allez ; et laissez-moi quelque fidèle guide
Qui conduise vers vous ma démarche timide.

SCÈNE II.

THÉSÉE, ARICIE, ISMÈNE.

THÉSÉE.

Dieux, éclairez mon trouble, et daignez à mes yeux
Montrer la vérité, que je cherche en ces lieux !

ARICIE.

Songe à tout, chère Ismène, et sois prête à la fuite.

SCÈNE III.

THÉSÉE, ARICIE.

THÉSÉE.

Vous changez de couleur, et semblez interdite,
Madame. Que faisoit Hippolyte en ce lieu?

ARICIE.

Seigneur, il me disoit un éternel adieu.

THÉSÉE.

Vos yeux ont su domter ce rebelle courage;
Et ses premiers soupirs sont votre heureux ouvrage.

ARICIE.

Seigneur, je ne vous puis nier la vérité :
De votre injuste haine il n'a pas hérité;
Il ne me traitoit point comme une criminelle.

THÉSÉE.

J'entends : il vous juroit une amour éternelle.
Ne vous assurez point sur ce cœur inconstant;
Car à d'autres que vous il en juroit autant.

ARICIE.

Lui, seigneur?

THÉSÉE.

Vous deviez le rendre moins volage :
Comment souffriez-vous cet horrible partage?

ARICIE.

Et comment souffrez-vous que d'horribles discours
D'une si belle vie osent noircir le cours?

Avez-vous de son cœur si peu de connoissance?
Discernez-vous si mal le crime et l'innocence?
Faut-il qu'à vos yeux seuls un nuage odieux
Dérobe sa vertu, qui brille à tous les yeux!
Ah! c'est trop le livrer à des langues perfides.
Cessez : repentez-vous de vos vœux homicides;
Craignez, seigneur, craignez que le ciel rigoureux
Ne vous haïsse assez pour exaucer vos vœux.
Souvent dans sa colère il reçoit nos victimes :
Ses présents sont souvent la peine de nos crimes.

THÉSÉE.

Non, vous voulez en vain couvrir son attentat :
Votre amour vous aveugle en faveur de l'ingrat.
Mais j'en crois des témoins certains, irréprochables :
J'ai vu, j'ai vu couler des larmes véritables.

ARICIE.

Prenez garde, seigneur : vos invincibles mains
Ont de monstres sans nombre affranchi les humains;
Mais tout n'est pas détruit, et vous en laissez vivre
Un.... Votre fils, seigneur, me défend de poursuivre.
Instruite du respect qu'il veut vous conserver,
Je l'affligerois trop si j'osois achever.
J'imite sa pudeur, et fuis votre présence
Pour n'être pas forcée à rompre le silence.

SCÈNE IV.

THÉSÉE.

Quelle est donc sa pensée? et que cache un discours
Commencé tant de fois, interrompu toujours?
Veulent-ils m'éblouir par une feinte vaine?
Sont-ils d'accord tous deux pour me mettre à la gêne?
Mais moi-même, malgré ma sévère rigueur,
Quelle plaintive voix crie au fond de mon cœur?
Une pitié secrète et m'afflige et m'étonne.
Une seconde fois interrogeons OEnone :
Je veux de tout le crime être mieux éclairci.
Gardes, qu'OEnone sorte et vienne seule ici.

SCÈNE V.

THÉSÉE, PANOPE.

PANOPE.

J'ignore le projet que la reine médite,
Seigneur; mais je crains tout du transport qui l'agite.
Un mortel désespoir sur son visage est peint;
La pâleur de la mort est déjà sur son teint.
Déjà, de sa présence avec honte chassée,
Dans la profonde mer OEnone s'est lancée;
On ne sait point d'où part ce dessein furieux :
Et les flots pour jamais l'ont ravie à nos yeux.

THÉSÉE.

Qu'entends-je!

PANOPE.

Son trépas n'a point calmé la reine;
Le trouble semble croître en son ame incertaine.
Quelquefois, pour flatter ses secrètes douleurs,
Elle prend ses enfants et les baigne de pleurs;
Et soudain, renonçant à l'amour maternelle,
Sa main avec horreur les repousse loin d'elle :
Elle porte au hasard ses pas irrésolus;
Son œil tout égaré ne nous reconnoît plus :
Elle a trois fois écrit; et, changeant de pensée,
Trois fois elle a rompu sa lettre commencée.
Daignez la voir, seigneur; daignez la secourir.

THÉSÉE.

O ciel! OEnone est morte, et Phèdre veut mourir!
Qu'on rappelle mon fils, qu'il vienne se défendre;
Qu'il vienne me parler, je suis prêt de l'entendre.
(seul.)
Ne précipite point tes funestes bienfaits,
Neptune; j'aime mieux n'être exaucé jamais.
J'ai peut-être trop cru des témoins peu fidèles,
Et j'ai trop tôt vers toi levé mes mains cruelles.
Ah! de quel désespoir mes vœux seroient suivis!

SCÈNE VI.

THÉSÉE, THÉRAMÈNE.

THÉSÉE.

THÉRAMÈNE, est-ce toi? Qu'as-tu fait de mon fils?
Je te l'ai confié dès l'âge le plus tendre.

ACTE V, SCÈNE VI.

Mais d'où naissent les pleurs que je te vois répandre?
Que fait mon fils?

THÉRAMÈNE.
      O soins tardifs et superflus!
Inutile tendresse! Hippolyte n'est plus.

THÉSÉE.
Dieux!

THÉRAMÈNE.
    J'ai vu des mortels périr le plus aimable,
Et j'ose dire encor, seigneur, le moins coupable.

THÉSÉE.
Mon fils n'est plus! Hé quoi! quand je lui tends les bras,
Les dieux impatients ont hâté son trépas!
Quel coup me l'a ravi? quelle foudre soudaine?

THÉRAMÈNE.
A peine nous sortions des portes de Trézène,[1]

---

[1] Ce récit, le modèle le plus parfait du style épique que nous ayons en notre langue, est puisé dans plusieurs sources. S'il falloit présenter dans leur entier tous les morceaux que Racine a imités, ces longues citations offriroient trop de désordre. Il paroît plus convenable de ne choisir que les traits frappants, et de les réunir dans une seule note.

Sénèque commence son récit à peu près comme Racine. Hippolyte quitte tristement Trézène: chassé du sol paternel, il invoque encore son père: ses mains laissent flotter les rênes de ses chevaux. *Permissis habenis.*

Euripide peint beaucoup mieux que Sénèque l'apparition du monstre. Vers 1210: Le flot se gonflant, et répandant de tous côtés l'écume à grand bruit, s'approche du rivage où étoient

Il étoit sur son char ; ses gardes affligés
Imitoient son silence, autour de lui rangés :
Il suivoit tout pensif le chemin de Mycènes ;
Sa main sur les chevaux laissoit flotter les rênes :
Ses superbes coursiers, qu'on voyoit autrefois
Pleins d'une ardeur si noble obéir à sa voix,
L'œil morne maintenant et la tête baissée,
Sembloient se conformer à sa triste pensée.
Un effroyable cri, sorti du fond des flots,

---

les coursiers : avec un fracas pareil à celui d'une tempête il vomit à nos yeux un monstre semblable à un taureau. La terre retentit de ses mugissements.... Aussitôt l'épouvante s'empare des coursiers. Leur maître, exercé à les diriger, reprend les rênes ; comme un pilote habile, il cherche à faire reculer son char, et à calmer l'impétuosité de ses chevaux.

Ovide, en traitant le même sujet, a très bien peint la terreur subite des chevaux d'Hippolyte :

« Arrectisque auribus horrent
« Quadrupedes ; monitique metu turbantur, etc. »

Bientôt, dit Euripide, les coursiers ne connoissent plus la main de leur maître.... Ils s'emportent, et rompent le char.... Hippolyte, embarrassé dans les rênes, est entraîné, et sa tête se brise contre les rochers.... Enfin délivré des rênes qui se sont rompues, il tombe sur le rivage, où il exhale son dernier soupir.

Deux poëtes ont peint, comme Racine, l'état d'un héros dont *le corps* n'est plus qu'une plaie. Ovide, Métamorphoses, liv. XV :

« Unumque erat omnia vulnus. »

Le Tasse, Jérusalem, livre VIII :

« E fatto è il corpo suo solo una piaga. »

Des airs en ce moment a troublé le repos;
Et du sein de la terre une voix formidable
Répond en gémissant à ce cri redoutable.
Jusqu'au fond de nos cœurs notre sang s'est glacé :
Des coursiers attentifs le crin s'est hérissé.
Cependant, sur le dos de la plaine liquide,
S'élève à gros bouillons une montagne humide :
L'onde approche, se brise, et vomit à nos yeux,
Parmi des flots d'écume, un monstre furieux.
Son front large est armé de cornes menaçantes;
Tout son corps est couvert d'écailles jaunissantes;
Indomtable taureau, dragon impétueux,
Sa croupe se recourbe en replis tortueux;
Ses longs mugissements font trembler le rivage.
Le ciel avec horreur voit ce monstre sauvage;
La terre s'en émeut, l'air en est infecté,
Le flot qui l'apporta recule épouvanté.
Tout fuit; et, sans s'armer d'un courage inutile,
Dans le temple voisin chacun cherche un asile.
Hippolyte lui seul, digne fils d'un héros,
Arrête ses coursiers, saisit ses javelots,
Pousse au monstre, et d'un dard lancé d'une main sûre
Il lui fait dans le flanc une large blessure.
De rage et de douleur le monstre bondissant
Vient aux pieds des chevaux tomber en mugissant,
Se roule, et leur présente une gueule enflammée
Qui les couvre de feu, de sang, et de fumée.
La frayeur les emporte; et, sourds à cette fois,

Ils ne connoissent plus ni le frein ni la voix;
En efforts impuissants leur maître se consume;
Ils rougissent le mors d'une sanglante écume.
On dit qu'on a vu même, en ce désordre affreux,
Un dieu qui d'aiguillons pressoit leur flanc poudreux.
A travers les rochers la peur les précipite;
L'essieu crie et se rompt : l'intrépide Hippolyte
Voit voler en éclats tout son char fracassé;
Dans les rênes lui-même il tombe embarrassé.
Excusez ma douleur; cette image cruelle
Sera pour moi de pleurs une source éternelle :
J'ai vu, seigneur, j'ai vu votre malheureux fils
Traîné par les chevaux que sa main a nourris.
Il veut les rappeler, et sa voix les effraie;
Ils courent : tout son corps n'est bientôt qu'une plaie.
De nos cris douloureux la plaine retentit.
Leur fougue impétueuse enfin se ralentit :
Ils s'arrêtent non loin de ces tombeaux antiques
Où des rois ses aïeux sont les froides reliques.
J'y cours en soupirant, et sa garde me suit :
De son généreux sang la trace nous conduit;
Les rochers en sont teints; les ronces dégouttantes
Portent de ses cheveux les dépouilles sanglantes.
J'arrive, je l'appelle; et me tendant la main,
Il ouvre un œil mourant qu'il referme soudain :
« Le ciel, dit-il, m'arrache une innocente vie.
« Prends soin après ma mort de la triste Aricie.
« Cher ami, si mon père un jour désabusé

ACTE V, SCÈNE VI.

« Plaint le malheur d'un fils faussement accusé,
« Pour apaiser mon sang et mon ombre plaintive,
« Dis-lui qu'avec douceur il traite sa captive;
« Qu'il lui rende.... » A ce mot ce héros expiré
N'a laissé dans mes bras qu'un corps défiguré :
Triste objet où des dieux triomphe la colère,
Et que méconnoîtroit l'œil même de son père.

THÉSÉE.

O mon fils! cher espoir que je me suis ravi!
Inexorables dieux, qui m'avez trop servi!
A quels mortels regrets ma vie est réservée!

THÉRAMÈNE.

La timide Aricie est alors arrivée :
Elle venoit, seigneur, fuyant votre courroux,
A la face des dieux l'accepter pour époux.
Elle approche; elle voit l'herbe rouge et fumante;
Elle voit (quel objet pour les yeux d'une amante!)
Hippolyte étendu, sans forme et sans couleur.
Elle veut quelque temps douter de son malheur;
Et ne connoissant plus ce héros qu'elle adore,
Elle voit Hippolyte, et le demande encore.
Mais trop sûre à la fin qu'il est devant ses yeux,
Par un triste regard elle accuse les dieux;
Et froide, gémissante, et presque inanimée,
Aux pieds de son amant elle tombe pâmée.
Ismène est auprès d'elle; Ismène tout en pleurs
La rappelle à la vie, ou plutôt aux douleurs.
Et moi, je suis venu, détestant la lumière,

Vous dire d'un héros la volonté dernière,
Et m'acquitter, seigneur, du malheureux emploi
Dont son cœur expirant s'est reposé sur moi.
Mais j'aperçois venir sa mortelle ennemie.

SCÈNE VII.

THÉSÉE, PHÈDRE, THÉRAMÈNE, PANOPE,
GARDES.

THÉSÉE.

Hé bien! vous triomphez, et mon fils est sans vie.
Ah! que j'ai lieu de craindre! et qu'un cruel soupçon,
L'excusant dans mon cœur, m'alarme avec raison!
Mais, madame, il est mort; prenez votre victime;
Jouissez de sa perte, injuste ou légitime :
Je consens que mes yeux soient toujours abusés.
Je le crois criminel, puisque vous l'accusez.
Son trépas à mes pleurs offre assez de matières
Sans que j'aille chercher d'odieuses lumières,
Qui, ne pouvant le rendre à ma juste douleur,
Peut-être ne feroient qu'accroître mon malheur.
Laissez-moi, loin de vous, et loin de ce rivage,
De mon fils déchiré fuir la sanglante image.
Confus, persécuté d'un mortel souvenir,
De l'univers entier je voudrois me bannir.
Tout semble s'élever contre mon injustice;
L'éclat de mon nom même augmente mon supplice :
Moins connu des mortels, je me cacherois mieux.

ACTE V, SCÈNE VII.

Je hais jusques aux soins dont m'honorent les dieux;
Et je m'en vais pleurer leurs faveurs meurtrières,
Sans plus les fatiguer d'inutiles prières.
Quoi qu'ils fissent pour moi, leur funeste bonté
Ne me sauroit payer de ce qu'ils m'ont ôté.

PHÈDRE.

Non, Thésée, il faut rompre un injuste silence :
Il faut à votre fils rendre son innocence :
Il n'étoit point coupable.

THÉSÉE.

Ah! père infortuné!
Et c'est sur votre foi que je l'ai condamné!
Cruelle! pensez-vous être assez excusée?

PHÈDRE.

Les moments me sont chers; écoutez-moi, Thésée.
C'est moi qui, sur ce fils chaste et respectueux,
Osai jeter un œil profane, incestueux.
Le ciel mit dans mon sein une flamme funeste :
La détestable OEnone a conduit tout le reste.
Elle a craint qu'Hippolyte, instruit de ma fureur,
Ne découvrît un feu qui lui faisoit horreur :
La perfide, abusant de ma foiblesse extrême,
S'est hâtée à vos yeux de l'accuser lui-même.
Elle s'en est punie, et, fuyant mon courroux,
A cherché dans les flots un supplice trop doux.
Le fer auroit déjà tranché ma destinée;
Mais je laissois gémir la vertu soupçonnée :
J'ai voulu, devant vous exposant mes remords,

Par un chemin plus lent descendre chez les morts.
J'ai pris, j'ai fait couler dans mes brûlantes veines
Un poison que Médée apporta dans Athènes.
Déjà jusqu'à mon cœur le venin parvenu
Dans ce cœur expirant jette un froid inconnu;
Déjà je ne vois plus qu'à travers un nuage
Et le ciel et l'époux que ma présence outrage;
Et la mort, à mes yeux dérobant la clarté,
Rend au jour qu'ils souilloient toute sa pureté.

PANOPE.

Elle expire, seigneur!

THÉSÉE.

D'une action si noire
Que ne peut avec elle expirer la mémoire!
Allons, de mon erreur, hélas! trop éclaircis,
Mêler nos pleurs au sang de mon malheureux fils.
Allons de ce cher fils embrasser ce qui reste,
Expier la fureur d'un vœu que je déteste :
Rendons-lui les honneurs qu'il a trop mérités;
Et, pour mieux apaiser ses mânes irrités,
Que, malgré les complots d'une injuste famille,
Son amante aujourd'hui me tienne lieu de fille.

FIN DE PHÈDRE.

ESTHER,

TRAGÉDIE

TIREE DE L'ÉCRITURE SAINTE.

1689.

PRÉFACE.

La célèbre maison de Saint-Cyr ayant été principalement établie pour élever dans la piété un fort grand nombre de jeunes demoiselles rassemblées de tous les endroits du royaume, on n'y a rien oublié de tout ce qui pouvoit contribuer à les rendre capables de servir Dieu dans les différents états où il lui plaira de les appeler. Mais, en leur montrant les choses essentielles et nécessaires, on ne néglige pas de leur apprendre celles qui peuvent servir à leur polir l'esprit, et à leur former le jugement. On a imaginé pour cela plusieurs moyens, qui, sans les détourner de leur travail et de leurs exercices ordinaires, les instruisent en les divertissant : on leur met, pour ainsi dire, à profit leurs heures de récréation. On leur fait faire entre elles, sur leurs principaux devoirs, des conversations ingénieuses qu'on leur a composées exprès, ou qu'elles-mêmes composent sur-le-champ. On les fait parler sur les histoires qu'on leur a lues, ou sur les importantes vérités qu'on leur a enseignées. On leur fait réciter par cœur et déclamer les plus beaux endroits des meilleurs poëtes; et cela leur sert sur-tout à les défaire de quantité de mauvaises prononciations qu'elles pourroient avoir apportées de leurs provinces. On a soin aussi de faire apprendre à chanter à celles qui ont de la voix, et on ne leur laisse pas perdre un talent qui les peut amuser innocemment, et qu'elles peuvent employer un jour à chanter les louanges de Dieu.

Mais la plupart des plus excellents vers de notre langue ayant été composés sur des matières fort profanes, et nos plus beaux airs étant sur des paroles extrêmement molles et efféminées, capables de faire des impressions dangereuses sur de jeunes esprits, les personnes illustres qui ont bien voulu prendre la principale direction de cette maison ont souhaité qu'il y eût quelque ouvrage qui, sans avoir tous ces défauts, pût produire une partie de ces bons effets. Elles me firent l'honneur de me communiquer leur dessein, et même de me demander si je ne pourrois pas faire sur quelque sujet de piété et de morale une espèce de poëme où le chant fût mêlé avec le récit, le tout lié par une action qui rendît la chose plus vive et moins capable d'ennuyer.

Je leur proposai le sujet d'Esther, qui les frappa d'abord, cette histoire leur paroissant pleine de grandes leçons d'amour de Dieu, et de détachement du monde au milieu du monde même. Et je crus de mon côté que je trouve-

PRÉFACE.

rois assez de facilité à traiter ce sujet; d'autant plus qu'il me sembla que, sans altérer aucune des circonstances tant soit peu considérables de l'Écriture Sainte, ce qui seroit, à mon avis, une espèce de sacrilège, je pourrois remplir toute mon action avec les seules scènes que Dieu lui-même, pour ainsi dire, a préparées.

J'entrepris donc la chose : et je m'aperçus qu'en travaillant sur le plan qu'on m'avoit donné j'exécutois en quelque sorte un dessein qui m'avoit souvent passé dans l'esprit, qui étoit de lier, comme dans les anciennes tragédies grecques, le chœur et le chant avec l'action, et d'employer à chanter les louanges du vrai Dieu cette partie du chœur que les païens employoient à chanter les louanges de leurs fausses divinités.

A dire vrai, je ne pensois guère que la chose dût être aussi publique qu'elle l'a été. Mais les grandes vérités de l'Écriture, et la manière sublime dont elles y sont énoncées, pour peu qu'on les présente, même imparfaitement, aux yeux des hommes, sont si propres à les frapper, et d'ailleurs ces jeunes demoiselles ont déclamé et chanté cet ouvrage avec tant de grace, tant de modestie, et tant de piété, qu'il n'a pas été possible qu'il demeurât renfermé dans le secret de leur maison : de sorte qu'un divertissement d'enfants est devenu le sujet de l'empressement de toute la cour, le roi lui-même, qui en avoit été touché, n'ayant pu refuser à tout ce qu'il y a de plus grands seigneurs de les y mener, et ayant eu la satisfaction de voir, par le plaisir qu'ils y ont pris, qu'on se peut aussi-bien divertir aux choses de piété, qu'à tous les spectacles profanes.

Au reste, quoique j'aie évité soigneusement de mêler le profane avec le sacré, j'ai cru néanmoins que je pouvois emprunter deux ou trois traits d'Hérodote, pour mieux peindre Assuérus : car j'ai suivi le sentiment de plusieurs savants interprètes de l'Écriture, qui tiennent que ce roi est le même que le fameux Darius, fils d'Hystaspe, dont parle cet historien. En effet, ils en rapportent quantité de preuves, dont quelques-unes me paroissent des démonstrations. Mais je n'ai pas jugé à propos de croire ce même Hérodote sur sa parole, lorsqu'il dit que les Perses n'élevoient ni temples, ni autels, ni statues à leurs dieux, et qu'ils ne se servoient point de libations dans leurs sacrifices. Son témoignage est expressément détruit par l'Écriture, aussi-bien que par Xénophon, beaucoup mieux instruit que lui des mœurs et des affaires de la Perse, et enfin par Quinte-Curce.

On peut dire que l'unité de lieu est observée dans cette pièce, en ce que toute l'action se passe dans le palais d'Assuérus. Cependant, comme on vouloit rendre ce

PRÉFACE.

divertissement plus agréable à des enfants en jetant quelque variété dans les décorations, cela a été cause que je n'ai pas gardé cette unité avec la même rigueur que j'ai fait autrefois dans mes tragédies.

Je crois qu'il est bon d'avertir ici que bien qu'il y ait dans Esther des personnages d'hommes, ces personnages n'ont pas laissé d'être représentés par des filles avec toute la bienséance de leur sexe. La chose leur a été d'autant plus aisée qu'anciennement les habits des Persans et des Juifs étoient de longues robes qui tomboient jusqu'à terre.

Je ne puis me résoudre à finir cette préface sans rendre à celui qui a fait la musique la justice qui lui est due, et sans confesser franchement que ses chants ont fait un des plus grands agréments de la pièce. Tous les connoisseurs demeurent d'accord que depuis long-temps on n'a point entendu d'airs plus touchants ni plus convenables aux paroles. Quelques personnes ont trouvé la musique du dernier chœur un peu longue, quoique très belle : mais qu'auroit-on dit de ces jeunes Israélites qui avoient tant fait de vœux à Dieu pour être délivrées de l'horrible péril où elles étoient, si, ce péril étant passé, elles lui en avoient rendu de médiocres actions de graces? Elles auroient directement péché contre la louable coutume de leur nation, où l'on ne recevoit de Dieu aucun bienfait signalé, qu'on

PRÉFACE.

ne l'en remerciât sur-le-champ par de fort longs cantiques; témoin ceux de Marie sœur de Moïse, de Débora et de Judith, et tant d'autres dont l'Écriture est pleine. On dit même que les Juifs, encore aujourd'hui, célèbrent par de grandes actions de graces le jour où leurs ancêtres furent délivrés par Esther de la cruauté d'Aman.

Nota. Dans le dix-huitième siècle, on a cherché souvent à dénigrer l'Esther de Racine. On a poussé même l'injustice jusqu'à lui préférer l'Esther de Durier, du moins sous les rapports du plan. Ces critiques absurdes seront réfutées par un simple rapprochement.

Racine en composant Esther a voulu faire une tragédie d'une espèce particulière. Tout, dans ce chef-d'œuvre, est dû aux livres saints; on n'y trouve aucune des passions qui se développent ordinairement sur le théâtre : l'amour y est chaste et pur; et l'héroïne, qui peut être considérée comme le modèle des femmes, fait naître un intérêt dégagé de tout sentiment vicieux. On n'a peut-être pas assez réfléchi aux difficultés que Racine a surmontées pour remplir son dessein.

Durier, au contraire, n'a cherché qu'à faire une tragédie ordinaire : il n'a pas, comme Racine, ouvert une nouvelle route : une légère idée du plan de sa pièce suffira pour le prouver.

Esther n'est point encore reine quand la tragédie de Durier commence; mais on sait qu'Assuérus, épris de la beauté de cette jeune Israélite, lui destine le trône. Deux obstacles très grands s'opposent à son élévation : Aman qui est amoureux d'elle, et qui voit avec fureur qu'elle va lui être enlevée; Vasthi qui conserve le caractère d'orgueil indiqué par la Bible, et qui veut, à quelque prix que ce soit, recouvrer ses droits d'épouse et de

PRÉFACE.

reine. Esther, sans employer aucun art, surmonte ces obstacles; elle est couronnée; et c'est Aman lui-même qui est obligé de la conduire à son maître.

Pour se venger du Juif Mardochée dont il sait qu'Esther écoute les conseils, quoiqu'il ignore qu'elle lui soit attachée par les liens du sang et de la religion, Aman décide Assuérus à faire périr tous les Juifs. Mardochée, instruit de cet arrêt fatal, rappelle à Esther ses devoirs, et la somme de défendre son peuple. Esther y consent malgré ses craintes. Cependant Assuérus se rappelle le service que lui ont rendu deux Juifs, en découvrant une conspiration tramée contre lui. Il demande à Aman quelle doit être la récompense d'un pareil service. Le ministre répond qu'un triomphe seul peut le payer. Esther alors se hasarde à parler en faveur des Juifs : elle ne court point de danger, comme dans la tragédie de Racine. Le roi l'écoute; Aman est proscrit.

PROLOGUE.

LA PIÉTÉ.

PERSONNAGES.

ASSUÉRUS, roi de Perse.
ESTHER, reine de Perse.
MARDOCHÉE, oncle d'Esther.
AMAN, favori d'Assuérus.
ZARÈS, femme d'Aman.
HYDASPE, officier du palais intérieur d'Assuérus.
ASAPH, autre officier d'Assuérus.
ÉLISE, confidente d'Esther.
THAMAR, Israélite de la suite d'Esther.
GARDES du roi Assuérus.
CHŒUR de jeunes filles israélites.

La scène est à Suse, dans le palais d'Assuérus.

PROLOGUE.

LA PIÉTÉ.

Du séjour bienheureux de la Divinité
Je descends dans ce lieu [1] par la Grace habité :
L'Innocence s'y plaît, ma compagne éternelle,
Et n'a point sous les cieux d'asile plus fidèle.
Ici, loin du tumulte, aux devoirs les plus saints
Tout un peuple naissant est formé par mes mains :
Je nourris dans son cœur la semence féconde
Des vertus dont il doit sanctifier le monde.
Un roi qui me protège, un roi victorieux,
A commis à mes soins ce dépôt précieux.
C'est lui qui rassembla ces colombes timides,
Éparses en cent lieux, sans secours et sans guides :
Pour elles, à sa porte, élevant ce palais,
Il leur y fit trouver l'abondance et la paix.

 Grand Dieu, que cet ouvrage ait place en ta mémoire !
Que tous les soins qu'il prend pour soutenir ta gloire
Soient gravés de ta main au livre où sont écrits
Les noms prédestinés des rois que tu chéris !

---

[1] La maison de Saint-Cyr.

Tu m'écoutes : ma voix ne t'est point étrangère;
Je suis la Piété, cette fille si chère,
Qui t'offre de ce roi les plus tendres soupirs :
Du feu de ton amour j'allume ses désirs.
Du zèle qui pour toi l'enflamme et le dévore
La chaleur se répand du couchant à l'aurore :
Tu le vois tous les jours, devant toi prosterné,
Humilier ce front de splendeur couronné,
Et, confondant l'orgueil par d'augustes exemples,
Baiser avec respect le pavé de tes temples.
De ta gloire animé, lui seul de tant de rois
S'arme pour ta querelle, et combat pour tes droits.
Le perfide intérêt, l'aveugle jalousie,
S'unissent contre toi pour l'affreuse hérésie;
La discorde en fureur frémit de toutes parts;
Tout semble abandonner tes sacrés étendards;
Et l'enfer, couvrant tout de ses vapeurs funèbres,
Sur les yeux les plus saints a jeté ses ténèbres :
Lui seul invariable, et fondé sur la foi,
Ne cherche, ne regarde, et n'écoute que toi,
Et bravant du démon l'impuissant artifice,
De la religion soutient tout l'édifice.
Grand Dieu, juge ta cause, et déploie aujourd'hui
Ce bras, ce même bras qui combattoit pour lui

PROLOGUE.

Lorsque des nations à sa perte animées
Le Rhin vit tant de fois disperser les armées.
Des mêmes ennemis je reconnois l'orgueil;
Ils viennent se briser contre le même écueil :
Déjà rompant par-tout leurs plus fermes barrières,
Du débris de leurs forts il couvre ses frontières.

   Tu lui donnes un fils prompt à le seconder,
Qui sait combattre, plaire, obéir, commander;
Un fils qui, comme lui suivi de la victoire,
Semble à gagner son cœur borner toute sa gloire;
Un fils à tous ses vœux avec amour soumis,
L'éternel désespoir de tous ses ennemis :
Pareil à ces esprits que ta justice envoie,
Quand son roi lui dit, Pars, il s'élance avec joie,
Du tonnerre vengeur s'en va tout embraser,
Et tranquille à ses pieds revient le déposer.

   Mais, tandis qu'un grand roi venge ainsi mes injures,
Vous qui goûtez ici des délices si pures,
S'il permet à son cœur un moment de repos,
A vos jeux innocents appelez ce héros;
Retracez-lui d'Esther l'histoire glorieuse,
Et sur l'impiété la foi victorieuse.

   Et vous qui vous plaisez aux folles passions
Qu'allument dans vos cœurs les vaines fictions,

Profanes amateurs de spectacles frivoles,
Dont l'oreille s'ennuie au son de mes paroles,
Fuyez de mes plaisirs la sainte austérité :
Tout respire ici Dieu, la paix, la vérité.

ESTHER.

ACTE PREMIER.

Le théâtre représente l'appartement d'Esther.

SCÈNE I.

ESTHER, ÉLISE.

ESTHER.

Est-ce toi, chère Elise? O jour trois fois heureux!
Que béni soit le ciel qui te rend à mes vœux!
Toi, qui, de Benjamin comme moi descendue,
Fus de mes premiers ans la compagne assidue,
Et qui, d'un même joug souffrant l'oppression,
M'aidois à soupirer les malheurs de Sion!
Combien ce temps encore est cher à ma mémoire!
Mais toi, de ton Esther ignorois-tu la gloire?
Depuis plus de six mois que je te fais chercher,
Quel climat, quel désert a donc pu te cacher?

ÉLISE.

Au bruit de votre mort justement éplorée,
Du reste des humains je vivois séparée,
Et de mes tristes jours n'attendois que la fin,
Quand tout à coup, madame, un prophète divin :

« C'est pleurer trop long-temps une mort qui t'abuse,
« Lève-toi, m'a-t-il dit, prends ton chemin vers Suse :
« Là tu verras d'Esther la pompe et les honneurs,
« Et sur le trône assis le sujet de tes pleurs.
« Rassure, ajouta-t-il, tes tribus alarmées,
« Sion ; le jour approche, où le dieu des armées
« Va de son bras puissant faire éclater l'appui ;
« Et le cri de son peuple est monté jusqu'à lui. » [1]
Il dit : et moi, de joie et d'horreur pénétrée,
Je cours. De ce palais j'ai su trouver l'entrée.
O spectacle ! ô triomphe admirable à mes yeux,
Digne en effet du bras qui sauva nos aïeux !
Le fier Assuérus couronne sa captive,
Et le Persan superbe est aux pieds d'une Juive !
Par quels secrets ressorts, par quel enchaînement
Le ciel a-t-il conduit ce grand évènement ?

ESTHER.

Peut-être on t'a conté la fameuse disgrace
De l'altière Vasthi, dont j'occupe la place, [2]

---

[1] Exode, chap. II, vers. 23 :

« Ascenditque clamor eorum ad Deum. »

[2] Vasthi fut disgraciée à la suite d'un festin magnifique qu'Assuérus donna aux grands de sa cour. Ce prince ordonna à la reine de se présenter aux convives, le diadème en tête, et dans tout l'éclat de sa beauté. Vasthi s'y refusa ; et le roi, irrité de cette désobéissance, résolut de prendre une autre épouse.

Esther, chap. I, vers. 11 et suiv.

ACTE I, SCÈNE I.

Lorsque le roi, contre elle enflammé de dépit,
La chassa de son trône ainsi que de son lit.
Mais il ne put sitôt en bannir la pensée :
Vasthi régna long-temps dans son ame offensée. ¹
Dans ses nombreux états il fallut donc chercher
Quelque nouvel objet qui l'en pût détacher.
De l'Inde à l'Hellespont ses esclaves coururent :
Les filles de l'Egypte à Suse comparurent;
Celles même du Parthe et du Scythe indomté
Y briguèrent le sceptre offert à la beauté.

---

¹ Ces détails sont puisés dans la Bible. Assuérus regretta long-temps Vasthi.

Esther, chap. II, vers. 1 et suiv. :

« His ita gestis, postquàm regis Assueri indignatio defer-
« buerat, recordatus est Vasthi, et quæ fecisset, vel quæ passa
« esset : dixeruntque pueri regis, ac ministri ejus : Quærantur
« regi puellæ virgines ac speciosæ, et mittantur qui considerent
« per universas provincias puellas speciosas et virgines : et ad-
« ducant eas ad civitatem Susan, et tradant eas in domum fe-
« minarum, etc. »

Après ce grand évènement, lorsque la colère du roi fut apaisée, l'image de Vasthi se représenta à sa mémoire; il se rappela le bonheur dont il avoit joui avec elle, et ce qu'elle avoit souffert depuis sa disgrace. Alors ses ministres et ses courtisans parlèrent ainsi : Que l'on cherche pour le roi les jeunes vierges les plus belles; que, dans toutes les provinces, il soit envoyé des eunuques pour faire un choix parmi toutes ces beautés; qu'elles soient emmenées par eux dans la ville de Suse, et déposées dans l'appartement des femmes.

On m'élevoit alors, solitaire et cachée, [1]
Sous les yeux vigilants du sage Mardochée :
Tu sais combien je dois à ses heureux secours.
La mort m'avoit ravi les auteurs de mes jours :
Mais lui, voyant en moi la fille de son frère,
Me tint lieu, chère Élise, et de père et de mère.
Du triste état des Juifs jour et nuit agité,
Il me tira du sein de mon obscurité ;
Et, sur mes foibles mains fondant leur délivrance,
Il me fit d'un empire accepter l'espérance.
A ses desseins secrets, tremblante, j'obéis ;
Je vins : mais je cachai ma race et mon pays.
Qui pourroit cependant t'exprimer les cabales
Que formoit en ces lieux ce peuple de rivales,
Qui toutes, disputant un si grand intérêt,
Des yeux d'Assuérus attendoient leur arrêt ?
Chacune avoit sa brigue et de puissants suffrages :

---

[1] Tous ces détails sont puisés dans la Bible.

Esther, chap. II, vers. 5 et suiv. :

« Erat vir Judæus in Susan civitate, vocabulo Mardochæus,....
« qui fuit nutritius filiæ fratris sui Edissæ, quæ altero nomine
« vocabatur Esther ; et utrumque parentem amiserat : pulchra
« nimis, et decorâ facie. Mortuisque patre ejus ac matre, Mardo-
« chæus sibi eam adoptavit in filiam. »

Il y avoit à Suse un Juif appelé Mardochée : il fut le tuteur d'Édisse sa nièce, appelée autrement Esther. Cette jeune vierge, de la plus grande beauté, avoit perdu son père et sa mère. Après leur mort, Mardochée l'avoit adoptée pour sa fille.

ACTE I, SCÈNE I.

L'une d'un sang fameux vantoit les avantages;
L'autre, pour se parer de superbes atours,
Des plus adroites mains empruntoit le secours :
Et moi, pour toute brigue et pour tout artifice,
De mes larmes au ciel j'offrois le sacrifice.
   Enfin on m'annonça l'ordre d'Assuérus.[1]
Devant ce fier monarque, Élise, je parus.
Dieu tient le cœur des rois entre ses mains puissantes;[2]
Il fait que tout prospère aux ames innocentes,
Tandis qu'en ses projets l'orgueilleux est trompé.

---

[1] La Bible donne des détails précieux sur la présentation d'Esther. Racine les a mis en œuvre avec beaucoup d'art.

   Esther, chap. II, vers. 15 :

« Evoluto autem tempore per ordinem, instabat dies quo
« Esther, filia Abihaïl fratris Mardochæi, quam sibi adoptaverat
« in filiam, deberet intrare ad regem. Quæ non quæsivit mulie-
« brem cultum, sed quæcunque voluit Egeus eunuchus custos
« virginum, hæc ei ad ornatum dedit. Erat enim formosa valdè;
« et incredibili pulchritudine omnium oculis gratiosa et amabilis
« videbatur. »

   Les autres présentations étant finies, le jour arriva où Esther, fille d'Abihaïl, frère de Mardochée, que ce dernier avoit adoptée pour sa fille, devoit paroître aux yeux du roi. Elle ne rechercha point les parures de son sexe; elle ne prit que les ornements que voulut lui donner l'eunuque Égée, gardien des jeunes vierges. Esther possédoit tous les charmes; et son incroyable beauté la rendoit les délices de tous ceux qui fixoient leurs regards sur elle.

[2] « Cor regis in manu Domini. » Proverb., cap. XXI, vers. 1.

De mes foibles attraits le roi parut frappé : [1]
Il m'observa long-temps dans un sombre silence;
Et le ciel, qui pour moi fit pencher la balance,
Dans ce temps-là, sans doute, agissoit sur son cœur.
Enfin, avec des yeux où régnoit la douceur :
Soyez reine, dit-il; et, dès ce moment même, [2]
De sa main sur mon front posa son diadème.
Pour mieux faire éclater sa joie et son amour,
Il combla de présents tous les grands de sa cour; [3]
Et même ses bienfaits, dans toutes ses provinces,

---

[1] Esther, chap. II, vers. 17 :

« Adamavit eam rex plus quàm omnes mulieres. »

Le roi la préféra à toutes les autres femmes.

[2] Esther, chap. II, vers. 17 :

« Et posuit diadema regni in capite ejus, fecitque eam regnare
« in loco Vasthi.

Il plaça le diadème sur le front d'Esther, et la fit régner en place de Vasthi.

[3] La Bible fait mention des fêtes superbes qui eurent lieu à l'occasion du mariage d'Esther.

Esther, chap. II, vers. 18 :

« Jussit convivium præparari permagnificum cunctis princi-
« pibus et servis suis pro conjunctione et nuptiis Esther : et
« dedit requiem universis provinciis, ac dona largitus est juxta
« magnificentiam principalem. »

Le roi donna un superbe festin aux grands de sa cour et à ses serviteurs pour célébrer les noces d'Esther : il soulagea ses provinces, et répandit des largesses dignes de la magnificence d'un si grand monarque.

Invitèrent le peuple aux noces de leurs princes.
Hélas! durant ces jours de joie et de festins,
Quelle étoit en secret ma honte et mes chagrins!
Esther, disois-je, Esther dans la pourpre est assise;
La moitié de la terre à son sceptre est soumise :
Et de Jérusalem l'herbe cache les murs!
Sion, repaire affreux de reptiles impurs,
Voit de son temple saint les pierres dispersées!
Et du Dieu d'Israël les fêtes sont cessées!

ÉLISE.

N'avez-vous point au roi confié vos ennuis?

ESTHER.

Le roi, jusqu'à ce jour, ignore qui je suis.
Celui par qui le ciel règle ma destinée [1]
Sur ce secret encor tient ma langue enchaînée.

ÉLISE.

Mardochée? Hé! peut-il approcher de ces lieux?

---

[1] Esther, chap. II, vers. 20 :

« Necdùm prodiderat Esther patriam et populum suum, juxta
« mandatum ejus. Quidquid enim ille præcipiebat, observabat
« Esther; et ita cuncta faciebat, ut eo tempore solita erat quo
« eam parvulam nutriebat. »

Esther, suivant les ordres de Mardochée, n'avoit point encore
déclaré sa patrie et sa religion. Elle observoit scrupuleusement
tout ce qu'il lui prescrivoit; et elle se comportoit en toutes choses
comme elle avoit coutume de faire quand cet homme vertueux
prenoit soin de son enfance.

ESTHER.

Son amitié pour moi le rend ingénieux.
Absent, je le consulte; et ses réponses sages
Pour venir jusqu'à moi trouvent mille passages :
Un père a moins de soin du salut de son fils.
Déjà même, déjà, par ses secrets avis, [1]
J'ai découvert au roi les sanglantes pratiques
Que formoient contre lui deux ingrats domestiques.
 Cependant mon amour pour notre nation
A rempli ce palais de filles de Sion :
Jeunes et tendres fleurs, par le sort agitées,
Sous un ciel étranger comme moi transplantées.
Dans un lieu séparé de profanes témoins,
Je mets à les former mon étude et mes soins ;
Et c'est là que, fuyant l'orgueil du diadème,
Lasse de vains honneurs, et me cherchant moi-même,

---

[1] Esther, chap. II, vers. 21 :

« Eo igitur tempore quo Mardochæus ad regis januam mora-
« batur, irati sunt Bagathan et Thares, duo eunuchi regis, qui
« janitores erant, et in primo palatii limine præsidebant : volue-
« runtque insurgere in regem, et occidere eum; quod Mardo-
« chæum non latuit, statimque nunciavit reginæ Esther, et illa
« regi, etc. »

Dans le temps où Mardochée étoit assis près de la porte du palais, deux eunuques du roi, Bagathan et Tharès, chargés de veiller sur la première enceinte de son appartement, irrités contre ce prince, formèrent une conspiration contre lui, et résolurent de le tuer : ce projet funeste n'échappa point à Mardochée; il le dévoila à la reine, et celle-ci à son époux.

ACTE I, SCÈNE I.

Aux pieds de l'Éternel je viens m'humilier,
Et goûter le plaisir de me faire oublier.
Mais à tous les Persans je cache leurs familles.
Il faut les appeler. Venez, venez, mes filles,
Compagnes autrefois de ma captivité,
De l'antique Jacob jeune postérité.

SCÈNE II.

ESTHER, ÉLISE, LE CHOEUR.

UNE ISRAÉLITE, chantant derrière le théâtre.
MA sœur, quelle voix nous appelle ?

UNE AUTRE.

J'en reconnois les agréables sons :
C'est la reine.

TOUTES DEUX.

Courons, mes sœurs, obéissons.
La reine nous appelle :
Allons, rangeons-nous auprès d'elle.

TOUT LE CHOEUR,
entrant sur la scène par plusieurs endroits différents.
La reine nous appelle :
Allons, rangeons-nous auprès d'elle.

ÉLISE.

Ciel ! quel nombreux essaim d'innocentes beautés
S'offre à mes yeux en foule, et sort de tous côtés !
Quelle aimable pudeur sur leur visage est peinte !
Prospérez, cher espoir d'une nation sainte.

Puissent jusques au ciel vos soupirs innocents
Monter comme l'odeur d'un agréable encens !
Que Dieu jette sur vous des regards pacifiques !

ESTHER.

Mes filles, chantez-nous quelqu'un de ces cantiques
Où vos voix si souvent se mêlant à mes pleurs
De la triste Sion célèbrent les malheurs.

UNE ISRAÉLITE chante seule.

Déplorable Sion, qu'as-tu fait de ta gloire ?
  Tout l'univers admiroit ta splendeur :
Tu n'es plus que poussière ; et de cette grandeur
Il ne nous reste plus que la triste mémoire.
Sion, jusques au ciel élevée autrefois, [1]
  Jusqu'aux enfers maintenant abaissée,
    Puissé-je demeurer sans voix, [2]

---

[1] Esther de Durier, acte IV, scène j :

Noble et chère patrie autrefois florissante,
Maintenant, dans les fers, esclave et gémissante, etc.

[2] Imitation de deux versets du fameux psaume *Super flumina Babylonis*, etc.

Vers. 5 et 6 :

« Si oblitus fuero tui, Jerusalem, oblivioni detur dextera mea.
« Adhæreat lingua mea faucibus meis, si non meminero tui ; si
« non proposuero Jerusalem in principio lætitiæ meæ. »

O Jérusalem ! si je t'oublie jamais, que ma main oublie aussi
le mouvement ! que ma langue s'attache à mon palais, si je cesse
de me ressouvenir de toi, et si Jérusalem n'est pas toujours le
premier objet de mes vœux et de ma joie !

Si dans mes chants ta douleur retracée
Jusqu'au dernier soupir n'occupe ma pensée!

TOUT LE CHOEUR.

O rives du Jourdain! ô champs aimés des cieux!
 Sacrés monts, fertiles vallées
 Par cent miracles signalées!
 Du doux pays de nos aïeux
 Serons-nous toujours exilées?

UNE ISRAÉLITE, seule.

Quand verrai-je, ô Sion! relever tes remparts,
 Et de tes tours les magnifiques faîtes?
 Quand verrai-je de toutes parts
Tes peuples en chantant accourir à tes fêtes?

TOUT LE CHOEUR.

O rives du Jourdain! ô champs aimés des cieux!
 Sacrés monts, fertiles vallées
 Par cent miracles signalées!
 Du doux pays de nos aïeux
 Serons-nous toujours exilées?

SCÈNE III.

ESTHER, MARDOCHÉE, ÉLISE, LE CHOEUR.

ESTHER.

Quel profane en ce lieu s'ose avancer vers nous?[1]
Que vois-je! Mardochée! O mon père, est-ce vous?

---

[1] On se permettra ici une observation nécessaire, parcequ'elle

Un ange du seigneur sous son aile sacrée
A donc conduit vos pas, et caché votre entrée?

---

a pour objet de réfuter une fausse critique que l'on a faite d'Esther. On a dit qu'il étoit invraisemblable qu'Assuérus ne connût ni la famille, ni le pays d'une épouse chérie. Les critiques ont jugé des mœurs des Perses par les nôtres. Chez les Orientaux, la beauté étoit la seule qualité que l'on recherchât dans le choix d'une femme. Les rois possédoient un grand nombre de concubines; et jamais ils n'avoient avec elles, ni avec leurs épouses, ces rapports d'estime et de confiance qui, dans les pays policés, honorent la liaison conjugale. Les femmes étoient enfermées et surveillées sévèrement par des eunuques. Quel besoin donc pouvoient avoir ces maîtres superbes de connoître les parents de leurs femmes, puisqu'ils leur interdisoient tout commerce avec eux?

Racine s'est parfaitement conformé à cet usage : on peut en juger par ce qu'Esther répond à Élise dans la première scène :

ÉLISE.

Mardochée? Hé! peut-il approcher de ces lieux?

ESTHER.

Son amitié pour moi le rend ingénieux.
Absent je le consulte, et ses réponses sages
Pour venir jusqu'à moi trouvent mille passages.

Cependant Racine avoit senti la nécessité de placer dans sa pièce une scène entre Esther et Mardochée : la difficulté étoit très grande : aussi fait-il dire à Esther quand elle voit un homme pénétrer dans son appartement :

Quel profane en ce lieu s'ose avancer vers nous?
Que vois-je! Mardochée! O mon père, est-ce vous?

ACTE I, SCÈNE III.

Mais d'où vient cet air sombre, et ce cilice affreux,[1]
Et cette cendre enfin qui couvre vos cheveux?
Que nous annoncez-vous?

MARDOCHÉE.

O reine infortunée!
O d'un peuple innocent barbare destinée!
Lisez, lisez l'arrêt détestable, cruel....
Nous sommes tous perdus! et c'est fait d'Israël!

ESTHER.

Juste ciel! tout mon sang dans mes veines se glace!

MARDOCHÉE.

On doit de tous les Juifs exterminer la race.
Au sanguinaire Aman nous sommes tous livrés;
Les glaives, les couteaux sont déjà préparés :
Toute la nation à la fois est proscrite.
Aman, l'impie Aman, race d'Amalécite,[2]

Un ange du Seigneur sous son aile sacrée
A donc conduit vos pas, et caché votre entrée?

Cet étonnement d'Esther, cette espèce de miracle dans un sujet religieux, suffisent à la vraisemblance dramatique.

[1] Esther, chap. IV, vers. j :

« Quæ cùm audisset Mardochæus, scidit vestimenta sua, et « indutus est sacco, spargens cinerem capiti. »

Quand Mardochée apprit cette affreuse nouvelle, il déchira ses vêtements, se couvrit d'un sac, et répandit de la cendre sur sa tête.

[2] Aman étoit fils d'Amadathad, de la race d'Agag.

ESTHER.

A pour ce coup funeste armé tout son crédit;
Et le roi trop crédule a signé cet édit.
Prévenu contre nous par cette bouche impure,
Il nous croit en horreur à toute la nature :
Ses ordres sont donnés, et dans tous ses états
Le jour fatal est pris pour tant d'assassinats.
Cieux, éclairerez-vous cet horrible carnage!
Le fer ne connoîtra ni le sexe ni l'âge;[1]
Tout doit servir de proie aux tigres, aux vautours :
Et ce jour effroyable arrive dans dix jours.

ESTHER.

O Dieu, qui vois former des desseins si funestes,
As-tu donc de Jacob abandonné les restes?

---

[1] Esther, chap. III, vers. 12 et 13 :

« Litteræ signatæ ipsius annulo, missæ sunt per cursores regis
« ad universas provincias, ut occiderent atque delerent omnes
« Judæos, à puero usque ad senem, parvulos et mulieres, uno
« die, etc. »

Des lettres scellées de l'anneau royal furent envoyées par des courriers dans toutes les provinces; elles portoient que l'on massacrât et que l'on détruisît en un seul jour tous les Juifs, depuis le jeune homme jusqu'au vieillard, et que l'on n'épargnât ni les femmes, ni les enfants.

Durier a imité ce passage. Esther, acte IV, scène j :

On doit ensevelir dans le même naufrage
Les vieillards, les enfants, et tout sexe et tout âge;
Et, sans considérer le mérite et le rang,
En étouffer la race et l'éteindre en leur sang.

ACTE I, SCÈNE III.

UNE DES PLUS JEUNES ISRAÉLITES.

Ciel, qui nous défendra, si tu ne nous défends?

MARDOCHÉE.

Laissez les pleurs, Esther, à ces jeunes enfants.[1]
En vous est tout l'espoir de vos malheureux frères;
Il faut les secourir : mais les heures sont chères;
Le temps vole, et bientôt amènera le jour
Où le nom des Hébreux doit périr sans retour.
Toute pleine du feu de tant de saints prophètes,
Allez, osez au roi déclarer qui vous êtes.

ESTHER.

Hélas! ignorez-vous quelles sévères lois [2]
Aux timides mortels cachent ici les rois?

---

[1] Esther de Durier, acte IV, scène j :

  L'infortune des Juifs, leurs douleurs et leurs craintes,
  Ont besoin de secours, et non pas de vos plaintes :
  Ce n'est pas les aider que de craindre pour eux,
  Et c'est agir pour vous qu'aider ces malheureux.

[2] Esther, dans la Bible, répond ainsi à Mardochée.
Esther, chap. IV, vers. 11.

« Omnes servi regis, et cunctæ quæ sub ditione ejus sunt,
« nôrunt provinciæ, quòd sive vir, sive mulier, non vocatus,
« interius atrium regis intraverit, absque ullâ cunctatione sta-
« tim interficiatur; nisi forte rex auream virgam ad eum teten-
« derit pro signo clementiæ, atque ita possit vivere. Ego igitur
« quo modo ad regem intrare potero, quæ triginta jam diebus
« non sum vocata ad eum? »

Tous les serviteurs du roi, et tous les peuples soumis à sa domination savent que quiconque, soit homme, soit femme,

Au fond de leur palais leur majesté terrible
Affecte à leurs sujets de se rendre invisible;
Et la mort est le prix de tout audacieux
Qui sans être appelé se présente à leurs yeux,
Si le roi dans l'instant, pour sauver le coupable,
Ne lui donne à baiser son sceptre redoutable.
Rien ne met à l'abri de cet ordre fatal,
Ni le rang, ni le sexe; et le crime est égal.
Moi-même, sur son trône à ses côtés assise,
Je suis à cette loi, comme un autre, soumise;
Et sans le prévenir, il faut pour lui parler
Qu'il me cherche, ou du moins qu'il me fasse appeler.

MARDOCHÉE.

Quoi! lorsque vous voyez périr votre patrie, [1]

---

ose entrer dans l'intérieur de son appartement, sans être appelé, est mis à mort sur-le-champ, si le roi ne lui tend son sceptre d'or en signe de clémence, et ne lui permet de vivre. Comment pourrai-je entrer près de lui, moi qu'il n'a pas fait appeler depuis trente jours?

[1] Dans la Bible, Mardochée donne à Esther les mêmes raisons; mais il lui fait sentir sur-tout qu'elle se perdra si elle ne défend pas les Juifs.

Esther, chap. IV, vers. 13:

« Non putes quòd animam tuam tantùm liberes, quia in domo
« regis es præ cunctis Judæis : si enim nunc silueris, per aliam
« occasionem liberabuntur Judæi; et tu et domus patris tui pe-
« ribitis. Et quis novit, utrùm idcircò ad regnum veneris, ut
« in tali tempore parareris? »

Ne croyez point que vous serez sauvée, parceque vous vous

Pour quelque chose, Esther, vous comptez votre vie !
Dieu parle ; et d'un mortel vous craignez le courroux !
Que dis-je ? votre vie, Esther, est-elle à vous ?
N'est-elle pas au sang dont vous êtes issue ?
N'est-elle pas à Dieu dont vous l'avez reçue ?
Et qui sait, lorsqu'au trône il conduisit vos pas,
Si pour sauver son peuple il ne vous gardoit pas ?
Songez-y bien ; ce Dieu ne vous a pas choisie
Pour être un vain spectacle aux peuples de l'Asie,
Ni pour charmer les yeux des profanes humains :
Pour un plus noble usage il réserve ses saints.
S'immoler pour son nom et pour son héritage,
D'un enfant d'Israël voilà le vrai partage :
Trop heureuse pour lui de hasarder vos jours !

---

trouvez dans le palais des rois et loin des Juifs : si vous gardez un lâche silence, les Juifs seront délivrés par d'autres secours : vous et votre famille, vous périrez. Et qui sait si vous n'êtes point parvenue au trône par un dessein secret de Dieu, afin de pouvoir agir dans une pareille circonstance ?

Esther de Durier, acte IV, scène j :

Si pour sauver les Juifs votre bras ne s'emploie,
Le ciel pour les sauver peut faire une autre voie.
. . . .
Croyez-vous que le ciel vous rende souveraine,
Et vous donne l'éclat et le titre de reine,
Pour briller seulement de l'illustre splendeur
Que répandent sur vous la pourpre et la grandeur ?
Croyez-vous aujourd'hui posséder la couronne
Pour jouir seulement des plaisirs qu'elle donne ?

Et quel besoin son bras a-t-il de nos secours?
Que peuvent contre lui tous les rois de la terre?
En vain ils s'uniroient pour lui faire la guerre :
Pour dissiper leur ligue il n'a qu'à se montrer;
Il parle, et dans la poudre il les fait tous rentrer.
Au seul son de sa voix la mer fuit, le ciel tremble :
Il voit comme un néant tout l'univers ensemble;
Et les foibles mortels, vains jouets du trépas, [2]
Sont tous devant ses yeux comme s'ils n'étoient pas.

S'il a permis d'Aman l'audace criminelle,
Sans doute qu'il vouloit éprouver votre zèle.
C'est lui qui, m'excitant à vous oser chercher,
Devant moi, chère Esther, a bien voulu marcher :
Et s'il faut que sa voix frappe en vain vos oreilles,
Nous n'en verrons pas moins éclater ses merveilles.
Il peut confondre Aman, il peut briser nos fers

---

[1] Imitation de deux versets du psaume 47, *Magnus Dominus et laudabilis*. Vers. 5 et 6 :

« Quoniam ecce reges terræ congregati sunt : convenerunt in
« unum, ipsi videntes sic admirati sunt, conturbati sunt, com-
« moti sunt, tremor apprehendit eos. »

Les rois se sont assemblés, ils forment des ligues contre nous;
en voyant Jérusalem, ils sont frappés d'étonnement; le trouble
et la frayeur les ont saisis.

[2] Isaïe, chap. XL, vers. 17 :

« Omnes gentes quasi non sint, sic sunt coram eo, et quasi
« nihilum et inane reputatæ sunt ei. »

Tous les peuples du monde sont devant lui comme s'ils n'é-
toient pas; il les regarde comme un vide et un néant.

ACTE I, SCÈNE III.

Par la plus foible main qui soit dans l'univers :
Et vous, qui n'aurez point accepté cette grace,
Vous périrez peut-être et toute votre race.

ESTHER.

Allez : que tous les Juifs dans Suse répandus, [1]
A prier avec vous jour et nuit assidus,
Me prêtent de leurs vœux le secours salutaire,
Et pendant ces trois jours gardent un jeûne austère.
Déjà la sombre nuit a commencé son tour :
Demain, quand le soleil rallumera le jour,
Contente de périr, s'il faut que je périsse,
J'irai pour mon pays m'offrir en sacrifice.
Qu'on s'éloigne un moment.

(Le chœur se retire vers le fond du théâtre.)

---

[1] Esther, chap. IV, vers. 16 :

« Vade et congrega omnes Judæos quos in Susan repereris,
« et orate pro me. Non comedatis, et non bibatis tribus diebus
« et tribus noctibus; et ego cum ancillis meis similiter jejunabo :
« et tunc ingrediar ad regem, contra legem faciens, non vo-
« cata, tradensque me morti et periculo. »

Allez, et rassemblez tous les Juifs que vous trouverez dans Suse : priez pour moi avec eux. Gardez un jeûne sévère pendant trois jours et trois nuits : moi et mes compagnes * nous nous imposerons la même pénitence. Alors je paroîtrai chez le roi, je violerai la loi qui me défend de m'y présenter sans être appelée, et je m'exposerai à la mort.

* On a prétendu que Racine, en plaçant dans sa pièce les jeunes Israélites, avoit eu en vue l'institution de Saint-Cyr. On voit que l'Écriture dit expressément qu'Esther avoit des compagnes de la même religion qu'elle.

SCÈNE IV.

ESTHER, ÉLISE, LE CHOEUR.

ESTHER.

O mon souverain roi,[1]
Me voici donc tremblante et seule devant toi!

---

[1] Esther, chap. XIV, vers. 3 et suiv.
« Domine mi, qui rex noster es solus, adjuva me solitariam,
« et cujus præter te nullus est auxiliator alius.... Audivi à patre
« meo, quòd tu, Domine, tulisses Israël de cunctis gentibus, et
« patres nostros ex omnibus retrò majoribus suis, ut possideres
« hæreditatem sempiternam, fecistique eis sicut locutus es. Pec-
« cavimus in conspectu tuo, et idcircò tradidisti nos in manus
« inimicorum nostrorum : coluimus enim deos eorum. Justus
« es, Domine. Et nunc non eis sufficit, quòd durissimâ nos op-
« primunt servitute, sed robur manuum suarum, idolorum po-
« tentiæ deputantes, volunt tua mutare promissa, et delere hæ-
« reditatem tuam, et claudere ora laudantium te, atque exstin-
« guere gloriam templi et altaris tui.... Ne tradas, Domine,
« sceptrum tuum his qui non sunt, ne rideant ad ruinam nos-
« tram : sed converte consilium eorum super eos; et eum, qui
« in nos coepit sævire, disperde.... Tribue sermonem composi-
« tum in ore meo in conspectu leonis, et transfer cor illius in
« odium hostis nostri.... Tu scis necessitatem meam, quòd abo-
« miner signum superbiæ et gloriæ meæ quod est super caput
« meum in diebus ostentationis meæ.... Et quòd non comede-
« rim in mensâ Aman, nec mihi placuerit convivium regis, et
« non biberim vinum libaminum, etc. »
Seigneur, vous qui êtes notre seul roi, secourez-moi dans
l'abandon où je suis; je n'ai d'autre soutien que vous... Mon père

ACTE I, SCÈNE IV.

Mon père mille fois m'a dit dans mon enfance
Qu'avec nous tu juras une sainte alliance,
Quand, pour te faire un peuple agréable à tes yeux,
Il plut à ton amour de choisir nos aïeux :
Même tu leur promis de ta bouche sacrée
Une postérité d'éternelle durée.
Hélas ! ce peuple ingrat a méprisé ta loi.
La nation chérie a violé sa foi ; [1]

---

m'a dit que vous aviez séparé Israël des autres nations, et que vous aviez choisi nos pères, en les détachant de leurs ancêtres, pour vous établir parmi eux un héritage éternel. Vous leur avez donné tous les biens que vous leur aviez promis. Cependant nous avons péché en votre présence ; et aussitôt vous nous avez livrés aux mains de nos ennemis : nous avons adoré leurs dieux ; vous avez été juste envers nous. Il ne leur suffit pas à présent de nous accabler par le plus dur esclavage ; attribuant la force de leurs bras à la puissance de leurs idoles, ils prétendent changer vos promesses, détruire votre héritage, fermer la bouche de ceux qui vous louent, éteindre la gloire de votre temple et de votre autel.... Ne livrez point, Seigneur, votre sceptre à ces impies ; ne souffrez pas qu'ils se rient de nos pertes : tournez contre eux leurs sinistres desseins ; et perdez le cruel qui veut nous détruire... Mettez, Seigneur, dans ma bouche des discours propres à fléchir mon époux, calmez ce fier lion devant qui je vais paroître ; inspirez-lui de la haine pour notre ennemi... Vous savez quels sont mes devoirs de reine ; mais vous savez que je déteste ce signe d'orgueil et de puissance que je porte sur ma tête les jours de cérémonie... Je n'ai jamais mangé à la table d'Aman, je n'ai jamais bu du vin des libations ; les festins du roi m'ont toujours trouvée insensible à leurs délices.

[1] Cette dernière alliance de mots, aussi hardie que belle et

Elle a répudié son époux et son père,
Pour rendre à d'autres dieux un honneur adultère :
Maintenant elle sert sous un maître étranger.
Mais c'est peu d'être esclave, on la veut égorger :
Nos superbes vainqueurs, insultant à nos larmes,
Imputent à leurs dieux le bonheur de leurs armes,
Et veulent aujourd'hui qu'un même coup mortel
Abolisse ton nom, ton peuple, et ton autel.
Ainsi donc un perfide, après tant de miracles,
Pourroit anéantir la foi de tes oracles,
Raviroit aux mortels le plus cher de tes dons,
Le saint que tu promets, et que nous attendons?
Non, non, ne souffre pas que ces peuples farouches,
Ivres de notre sang, ferment les seules bouches
Qui dans tout l'univers célèbrent tes bienfaits;
Et confonds tous ces dieux qui ne furent jamais.
Pour moi, que tu retiens parmi ces infidèles,
Tu sais combien je hais leurs fêtes criminelles,
Et que je mets au rang des profanations
Leur table, leurs festins, et leurs libations;
Que même cette pompe où je suis condamnée,

---

poétique, a été fournie à Racine par Jérémie. Le prophète compare le peuple juif à une jeune épouse qui a quitté l'écharpe nuptiale. (Chap. II, vers. 32.) Ce sens est encore plus développé dans le chapitre suivant. Jérémie, après s'être étendu sur l'énormité de ce crime, met Israël idolâtre au rang des plus viles prostituées. « In viis sedebas, exspectans eos, quasi latro « in solitudine. » Cap. III, vers. 2.

Ce bandeau dont il faut que je paroisse ornée
Dans ces jours solennels à l'orgueil dédiés,
Seule et dans le secret je le foule à mes pieds;
Qu'à ces vains ornements je préfère la cendre,
Et n'ai de goût qu'aux pleurs que tu me vois répandre.
J'attendois le moment marqué dans ton arrêt,
Pour oser de ton peuple embrasser l'intérêt :
Ce moment est venu; ma prompte obéissance
Va d'un roi redoutable affronter la présence.
C'est pour toi que je marche : accompagne mes pas
Devant ce fier lion qui ne te connoît pas;
Commande en me voyant que son courroux s'apaise,
Et prête à mes discours un charme qui lui plaise.
Les orages, les vents, les cieux te sont soumis :
Tourne enfin sa fureur contre nos ennemis.

SCÈNE V.

Toute cette scène est chantée.

LE CHOEUR.

UNE ISRAÉLITE, seule.

Pleurons et gémissons, mes fidèles compagnes;
 A nos sanglots donnons un libre cours :
 Levons les yeux vers les saintes montagnes
 D'où l'innocence attend tout son secours.

  O mortelles alarmes!
Tout Israël périt. Pleurez, mes tristes yeux :
  Il ne fut jamais sous les cieux
  Un si juste sujet de larmes.

TOUT LE CHOEUR.

O mortelles alarmes!

UNE AUTRE ISRAÉLITE.

N'étoit-ce pas assez qu'un vainqueur odieux
De l'auguste Sion eût détruit tous les charmes,
Et traîné ses enfants captifs en mille lieux?

TOUT LE CHOEUR.

O mortelles alarmes!

LA MÊME ISRAÉLITE.

Foibles agneaux livrés à des loups furieux,
Nos soupirs sont nos seules armes.

TOUT LE CHOEUR.

O mortelles alarmes!

UNE ISRAÉLITE.

Arrachons, déchirons tous ces vains ornements
Qui parent notre tête.

UNE AUTRE.

Revêtons-nous d'habillements
Conformes à l'horrible fête
Que l'impie Aman nous apprête.

TOUT LE CHOEUR.

Arrachons, déchirons tous ces vains ornements
Qui parent notre tête.

UNE ISRAÉLITE.

Quel carnage de toutes parts!
On égorge à la fois les enfants, les vieillards,
Et la sœur et le frère,
Et la fille et la mère,

Le fils dans les bras de son père!
Que de corps entassés, que de membres épars,
　　Privés de sépulture!
　　Grand Dieu, tes saints sont la pâture
　　Des tigres et des léopards!

UNE DES PLUS JEUNES ISRAÉLITES.

　　Hélas! si jeune encore,
Par quel crime ai-je pu mériter mon malheur?
　Ma vie à peine a commencé d'éclore :
　　Je tomberai comme une fleur
　　Qui n'a vu qu'une aurore.
　　Hélas! si jeune encore,
Par quel crime ai-je pu mériter mon malheur?

UNE AUTRE.

Des offenses d'autrui malheureuses victimes,
Que nous servent, hélas! ces regrets superflus?
Nos pères ont péché, nos pères ne sont plus,
　Et nous portons la peine de leurs crimes.

TOUT LE CHOEUR.

Le Dieu que nous servons est le Dieu des combats :[1]
　　Non, non, il ne souffrira pas
　　Qu'on égorge ainsi l'innocence.

---

[1] Psaume XCXIII, vers. 1 :

« Deus ultionum Dominus; Deus ultionum liberè egit. »

Le Seigneur est le Dieu des vengeances; et ses vengeances sont indépendantes et souveraines.

UNE ISRAÉLITE, seule.

Hé quoi! diroit l'impiété,
Où donc est-il ce Dieu si redouté
Dont Israël nous vantoit la puissance?

UNE AUTRE.

Ce Dieu jaloux, ce Dieu victorieux,
Frémissez, peuples de la terre,
Ce Dieu jaloux, ce Dieu victorieux,
Est le seul qui commande aux cieux :
Ni les éclairs ni le tonnerre
N'obéissent point à vos dieux.

UNE AUTRE.

Il renverse l'audacieux.

UNE AUTRE.

Il prend l'humble sous sa défense.

TOUT LE CHOEUR.

Le Dieu que nous servons est le Dieu des combats :
Non, non, il ne souffrira pas
Qu'on égorge ainsi l'innocence.

DEUX ISRAÉLITES.

O Dieu, que la gloire couronne,
Dieu, que la lumière environne,[1]

---

[1] Psaume CIII, vers. 2 et 3 :

« Amictus lumine sicut vestimento : extendens cœlum sicut
« pellem ; qui tegis aquis superiora ejus ; qui ponis nubem ascen-
« sum tuum ; qui ambulas super pennas ventorum. »

Vous êtes environné de la lumière, comme d'un manteau,
Seigneur : vous étendez les cieux comme un pavillon ; les eaux

ACTE I, SCÈNE V.

Qui voles sur l'aile des vents,
Et dont le trône est porté par les anges;

DEUX AUTRES DES PLUS JEUNES.

Dieu, qui veux bien que de simples enfants
Avec eux chantent tes louanges;

TOUT LE CHOEUR.

Tu vois nos pressants dangers;
Donne à ton nom la victoire;
Ne souffre point que ta gloire
Passe à des dieux étrangers.

UNE ISRA. LITE, seule.

Arme-toi, viens nous défendre :
Descends, tel qu'autrefois la mer te vit descendre.
Que les méchants apprennent aujourd'hui
A craindre ta colère.
Qu'ils soient comme la poudre et la paille légère [1]
Que le vent chasse devant lui.

TOUT LE CHOEUR.

Tu vois nos pressants dangers;
Donne à ton nom la victoire;
Ne souffre point que ta gloire
Passe à des dieux étrangers.

---

du ciel ont recouvert sa surface; les nuées vous servent de char, et vous êtes porté sur les ailes des vents.

[1] Expression de l'Écriture : « Tanquam pulvis quem projicit ventus. »

FIN DU PREMIER ACTE.

ACTE SECOND.

Le théâtre représente la chambre où est le trône d'Assuérus.

SCÈNE I.

AMAN, HYDASPE.

AMAN.

Hé quoi! lorsque le jour ne commence qu'à luire,
Dans ce lieu redoutable oses-tu m'introduire?

HYDASPE.

Vous savez qu'on s'en peut reposer sur ma foi;
Que ces portes, seigneur, n'obéissent qu'à moi.
Venez. Par-tout ailleurs on pourroit nous entendre.

AMAN.

Quel est donc le secret que tu me veux apprendre?

HYDASPE.

Seigneur, de vos bienfaits mille fois honoré,
Je me souviens toujours que je vous ai juré
D'exposer à vos yeux, par des avis sincères,
Tout ce que ce palais renferme de mystères.
Le roi d'un noir chagrin paroît enveloppé;
Quelque songe effrayant cette nuit l'a frappé.
Pendant que tout gardoit un silence paisible,
Sa voix s'est fait entendre avec un cri terrible.

J'ai couru. Le désordre étoit dans ses discours :
Il s'est plaint d'un péril qui menaçoit ses jours;
Il parloit d'ennemi, de ravisseur farouche;
Même le nom d'Esther est sorti de sa bouche.
Il a dans ces horreurs passé toute la nuit.
Enfin, las d'appeler un sommeil qui le fuit,
Pour écarter de lui ces images funèbres,
Il s'est fait apporter ces annales célèbres
Où les faits de son règne, avec soin amassés,
Par de fidèles mains chaque jour sont tracés;
On y conserve écrits le service et l'offense :
Monuments éternels d'amour et de vengeance.
Le roi, que j'ai laissé plus calme dans son lit,
D'une oreille attentive écoute ce récit.

AMAN.

De quel temps de sa vie a-t-il choisi l'histoire?

HYDASPE.

Il revoit tous ces temps si remplis de sa gloire,
Depuis le fameux jour qu'au trône de Cyrus
Le choix du sort plaça l'heureux Assuérus.

AMAN.

Ce songe, Hydaspe, est donc sorti de son idée?

HYDASPE.

Entre tous les devins fameux dans la Chaldée,
Il a fait assembler ceux qui savent le mieux
Lire en un songe obscur les volontés des cieux....
Mais quel trouble vous-même aujourd'hui vous agite?

ESTHER.

Votre ame en m'écoutant paroît tout interdite.
L'heureux Aman a-t-il quelques secrets ennuis?

AMAN.

Peux-tu le demander dans la place où je suis?
Haï, craint, envié, souvent plus misérable
Que tous les malheureux que mon pouvoir accable!

HYDASPE.

Hé! qui jamais du ciel eut des regards plus doux?
Vous voyez l'univers prosterné devant vous.

AMAN.

L'univers! Tous les jours un homme.... un vil esclave,
D'un front audacieux me dédaigne et me brave.

HYDASPE.

Quel est cet ennemi de l'état et du roi?

AMAN.

Le nom de Mardochée est-il connu de toi?

HYDASPE.

Qui? ce chef d'une race abominable, impie?

AMAN.

Oui, lui-même.

HYDASPE.

    Hé, seigneur! d'une si belle vie
Un si foible ennemi peut-il troubler la paix?

AMAN.

L'insolent devant moi ne se courba jamais.[1]

---

[1] Esther, chap. III, vers. 2 :

« Cuncti servi regis qui in foribus palatii versabantur flec-

ACTE II, SCÈNE I.

En vain de la faveur du plus grand des monarques
Tout révère à genoux les glorieuses marques;
Lorsque d'un saint respect tous les Persans touchés
N'osent lever leurs fronts à la terre attachés,
Lui, fièrement assis, et la tête immobile,
Traite tous ces honneurs d'impiété servile,
Présente à mes regards un front séditieux,
Et ne daigneroit pas au moins baisser les yeux!
Du palais cependant il assiège la porte :
A quelque heure que j'entre, Hydaspe, ou que je sorte,
Son visage odieux m'afflige et me poursuit;
Et mon esprit troublé le voit encor la nuit.
Ce matin j'ai voulu devancer la lumière :
Je l'ai trouvé couvert d'une affreuse poussière,
Revêtu de lambeaux, tout pâle; mais son œil
Conservoit sous la cendre encor le même orgueil.
D'où lui vient, cher ami, cette impudente audace?
Toi qui dans ce palais vois tout ce qui se passe
Crois-tu que quelque voix ose parler pour lui?
Sur quel roseau fragile a-t-il mis son appui?

« tebant genua, et adorabant Aman : sic enim præceperat eis
« imperator. Solus Mardochæus non flectebat genu, neque ado-
« rabat eum. »

Tous les serviteurs du roi qui étoient à la porte du palais
fléchissoient les genoux devant Aman, et l'adoroient, parceque
le roi le leur avoit commandé. Le seul Mardochée ne fléchissoit
pas les genoux devant lui, et ne l'adoroit point.

HYDASPE.

Seigneur, vous le savez, son avis salutaire
Découvrit de Tharès le complot sanguinaire.
Le roi promit alors de le récompenser :
Le roi, depuis ce temps, paroît n'y plus penser.

AMAN.

Non, il faut à tes yeux dépouiller l'artifice :
J'ai su de mon destin corriger l'injustice :
Dans les mains des Persans jeune enfant apporté,
Je gouverne l'empire où je fus acheté;
Mes richesses des rois égalent l'opulence;
Environné d'enfants, soutiens de ma puissance,
Il ne manque à mon front que le bandeau royal :
Cependant (des mortels aveuglement fatal!)
De cet amas d'honneurs la douceur passagère
Fait sur mon cœur à peine une atteinte légère;
Mais Mardochée, assis aux portes du palais,
Dans ce cœur malheureux enfonce mille traits;
Et toute ma grandeur me devient insipide
Tandis que le soleil éclaire ce perfide.

HYDASPE.

Vous serez de sa vue affranchi dans dix jours :
La nation entière est promise aux vautours.

AMAN.

Ah! que ce temps est long à mon impatience!
C'est lui, je te veux bien confier ma vengeance,
C'est lui qui, devant moi refusant de ployer,
Les a livrés au bras qui les va foudroyer.

ACTE II, SCÈNE I.

C'étoit trop peu pour moi d'une telle victime : [1]
La vengeance trop foible attire un second crime.
Un homme tel qu'Aman, lorsqu'on l'ose irriter,
Dans sa juste fureur ne peut trop éclater.
Il faut des châtiments dont l'univers frémisse;
Qu'on tremble en comparant l'offense et le supplice;
Que les peuples entiers dans le sang soient noyés.
Je veux qu'on dise un jour aux siècles effrayés :
Il fut des Juifs; il fut une insolente race;
Répandus sur la terre ils en couvroient la face :
Un seul osa d'Aman attirer le courroux;
Aussitôt de la terre ils disparurent tous.

HYDASPE.

Ce n'est donc pas, seigneur, le sang amalécite
Dont la voix à les perdre en secret vous excite?

AMAN.

Je sais que, descendu de ce sang malheureux,
Une éternelle haine a dû m'armer contre eux;
Qu'ils firent d'Amalec un indigne carnage;
Que, jusqu'aux vils troupeaux, tout éprouva leur rage;

---

[1] Esther, chap. III, vers. 6 :

« Pro nihilo duxit in unum Mardochæum mittere manus suas :
« audierat enim quòd esset gentis Judææ. Magisque voluit om-
« nem Judæorum qui erant in regno Assueri perdere nationem. »

Aman compta pour rien d'exercer sa vengeance sur le seul
Mardochée. Ayant appris qu'il étoit Juif, il voulut encore exterminer tous les Juifs qui étoient dans les états d'Assuérus.

Qu'un déplorable reste à peine fut sauvé :
Mais, crois-moi, dans le rang où je suis élevé,
Mon ame, à ma grandeur tout entière attachée,
Des intérêts du sang est foiblement touchée.
Mardochée est coupable; et que faut-il de plus?
Je prévins donc contre eux l'esprit d'Assuérus;
J'inventai des couleurs; j'armai la calomnie;
J'intéressai sa gloire; il trembla pour sa vie : [1]
Je les peignis puissants, riches, séditieux;
Leur dieu même ennemi de tous les autres dieux.
Jusqu'à quand souffre-t-on que ce peuple respire,
Et d'un culte profane infecte votre empire?
Étrangers dans la Perse, à nos lois opposés,
Du reste des humains ils semblent divisés,

---

[1] Dans l'Écriture, Aman parle ainsi à Assuérus.

Esther, chap. III, vers. 8 :

« Est populus per omnes provincias regni tui dispersus, et à
« se mutuo separatus, novis utens legibus et cæremoniis, insu-
« per et regis scita contemnens. Et optime nosti quòd non ex-
« pediat regno tuo ut insolescat per licentiam. Si tibi placet,
« decerne ut pereat, et decem millia talentorum appendam arca-
« riis gazæ tuæ. »

Il existe un peuple dispersé dans vos provinces, séparé volontairement de toutes les autres nations, ayant des lois et des cérémonies nouvelles, et portant l'audace jusqu'à mépriser vos décrets. Vous devez penser qu'il n'est pas de l'intérêt de votre empire que ce peuple devienne insolent à force de licence. Si telle est votre volonté, ordonnez qu'il périsse; et je déposerai dans votre trésor dix mille talents, fruit de ses dépouilles.

N'aspirent qu'à troubler le repos où nous sommes,
Et détestés par-tout détestent tous les hommes.
Prévenez, punissez leurs insolents efforts;
De leur dépouille enfin grossissez vos trésors.
Je dis; et l'on me crut. Le roi, dès l'heure même, [1]
Mit dans ma main le sceau de son pouvoir suprême :
Assure, me dit-il, le repos de ton roi;
Va, perds ces malheureux : leur dépouille est à toi.
Toute la nation fut ainsi condamnée.
Du carnage avec lui je réglai la journée.
Mais de ce traître enfin le trépas différé
Fait trop souffrir mon cœur de son sang altéré.
Un je ne sais quel trouble empoisonne ma joie.
Pourquoi dix jours encor faut-il que je le voie?

HYDASPE.

Et ne pouvez-vous pas d'un mot l'exterminer?
Dites au roi, seigneur, de vous l'abandonner.

AMAN.

Je viens pour épier le moment favorable.
Tu connois comme moi ce prince inexorable :

---

[1] Esther, chap. III, vers. 10 :

« Tulit ergo rex annulum quo utebatur de manu suâ, et dedit
« eum Aman hosti Judæorum. Dixitque ad eum : Argentum quod
« tu polliceris tuum sit, de populo age quod tibi placet. »

Le roi ôta de son doigt l'anneau dont il se servoit; il le donna
à Aman ennemi des Juifs, et lui dit : Cet argent que tu me promets, je veux qu'il t'appartienne; dispose à ton gré du sort de ce
peuple.

Tu sais combien terrible en ses soudains transports
De nos desseins souvent il rompt tous les ressorts.
Mais à me tourmenter ma crainte est trop subtile :
Mardochée à ses yeux est une ame trop vile.

HYDASPE.

Que tardez-vous? Allez, et faites promptement
Élever de sa mort le honteux instrument.

AMAN.

J'entends du bruit; je sors. Toi, si le roi m'appelle....

HYDASPE.

Il suffit.

SCÈNE II.

ASSUÉRUS, HYDASPE, ASAPH, suite d'Assuérus.

ASSUÉRUS.

Ainsi donc, sans cet avis fidèle,[1]
Deux traîtres dans son lit assassinoient leur roi?
Qu'on me laisse; et qu'Asaph seul demeure avec moi.

---

[1] Les détails de cette scène et de la suivante se trouvent dans Flavien Josephe, liv. II, chap. 6 :

Le roi se fit apporter les registres dans lesquels ses prédécesseurs et lui faisoient écrire les choses les plus importantes, afin d'en conserver la mémoire. Il commanda à son secrétaire de le lire; et il s'y trouva que l'on avoit donné de grandes terres à un homme pour le récompenser d'une action signalée; qu'un autre avoit reçu de grands présents pour s'être montré fidèle; et que Mardochée avoit découvert la conspiration faite par les eunuques

SCÈNE III.

ASSUÉRUS, ASAPH.

ASSUÉRUS, *assis sur son trône.*

Je veux bien l'avouer; de ce couple perfide
J'avois presque oublié l'attentat parricide;
Et j'ai pâli deux fois au terrible récit
Qui vient d'en retracer l'image à mon esprit.
Je vois de quel succès leur fureur fut suivie,
Et que dans les tourments ils laissèrent la vie.
Mais ce sujet zélé qui, d'un œil si subtil,
Sut de leur noir complot développer le fil,
Qui me montra sur moi leur main déjà levée,
Enfin par qui la Perse avec moi fut sauvée,
Quel honneur pour sa foi, quel prix a-t-il reçu?

ASAPH.

On lui promit beaucoup : c'est tout ce que j'ai su.

ASSUÉRUS.

O d'un si grand service oubli trop condamnable!

Tharès et Bagathan. Le secrétaire voulant continuer de lire, le roi l'arrêta pour savoir si on ne parloit pas de la récompense que Mardochée avoit reçue pour un si grand service : et sur ce qu'on lui répondit qu'il ne se trouvoit rien d'écrit à ce sujet, le roi suspendit la lecture. Il demanda ensuite à l'un de ses officiers quelle heure il étoit; et quand il apprit que le jour commençoit à paroître, il ordonna qu'on vît à la porte s'il ne se trouvoit pas quelqu'un des grands qu'il aimoit le plus. Aman y étoit, etc.

Des embarras du trône effet inévitable!
De soins tumultueux un prince environné
Vers de nouveaux objets est sans cesse entraîné;
L'avenir l'inquiète, et le présent le frappe :
Mais plus prompt que l'éclair le passé nous échappe;
Et de tant de mortels à toute heure empressés
A nous faire valoir leurs soins intéressés
Il ne s'en trouve point qui, touchés d'un vrai zèle,
Prennent à notre gloire un intérêt fidèle,
Du mérite oublié nous fassent souvenir,
Trop prompts à nous parler de ce qu'il faut punir.
Ah! que plutôt l'injure échappe à ma vengeance,
Qu'un si rare bienfait à ma reconnoissance!
Et qui voudroit jamais s'exposer pour son roi?
　　Ce mortel qui montra tant de zèle pour moi,
Vit-il encore?

ASAPH.

　　　Il voit l'astre qui vous éclaire.

ASSUÉRUS.

Et que n'a-t-il plus tôt demandé son salaire?
Quel pays reculé le cache à mes bienfaits?

ASAPH.

Assis le plus souvent aux portes du palais,
Sans se plaindre de vous ni de sa destinée,
Il y traîne, seigneur, sa vie infortunée.

ASSUÉRUS.

Et je dois d'autant moins oublier la vertu,
Qu'elle même s'oublie. Il se nomme, dis-tu?

ASAPH.

Mardochée est le nom que je viens de vous lire.

ASSUÉRUS.

Et son pays?

ASAPH.

Seigneur, puisqu'il faut vous le dire,
C'est un de ces captifs à périr destinés,
Des rives du Jourdain sur l'Euphrate amenés.

ASSUÉRUS.

Il est donc Juif? Oh ciel! sur le point que la vie
Par mes propres sujets m'alloit être ravie,
Un Juif rend par ses soins leurs efforts impuissants!
Un Juif m'a préservé du glaive des Persans!
Mais, puisqu'il m'a sauvé, quel qu'il soit, il n'importe.
Holà, quelqu'un.

SCÈNE IV.

ASSUÉRUS, HYDASPE, ASAPH.

HYDASPE.

Seigneur?

ASSUÉRUS.

Regarde à cette porte :
Vois s'il s'offre à tes yeux quelque grand de ma cour.

HYDASPE.

Aman à votre porte a devancé le jour.

ASSUÉRUS.

Qu'il entre. Ses avis m'éclaireront peut-être.

SCÈNE V.

ASSUÉRUS, AMAN, HYDASPE, ASAPH.

ASSUÉRUS.

Approche, heureux appui du trône de ton maître,
Ame de mes conseils, et qui seul tant de fois
Du sceptre dans ma main as soulagé le poids.
Un reproche secret embarrasse mon ame.
Je sais combien est pur le zèle qui t'enflamme;
Le mensonge jamais n'entra dans tes discours;
Et mon intérêt seul est le but où tu cours.
Dis-moi donc : que doit faire un prince magnanime [1]
Qui veut combler d'honneurs un sujet qu'il estime?
Par quel gage éclatant, et digne d'un grand roi,
Puis-je récompenser le mérite et la foi?
Ne donne point de borne à ma reconnoissance;
Mesure tes conseils sur ma vaste puissance.

---

[1] Esther, chap. VI, vers. 6 :

« Quid debet fieri viro quem rex honorare desiderat? »

Que doit-on faire pour un sujet que son prince veut honorer?

Esther de Durier, acte V, scène ij :

> Dis-moi, de quels honneurs ma puissance royale
> Doit envers sa vertu se montrer libérale;
> Dis-moi, que dois-je faire afin de l'honorer,
> Autant que ma grandeur le peut faire espérer?

ACTE II, SCÈNE V.

AMAN, à part.

C'est pour toi-même, Aman, que tu vas prononcer : [1]
Et quel autre que toi peut-on récompenser?

ASSUÉRUS.

Que penses-tu?

AMAN.

Seigneur, je cherche, j'envisage
Des monarques persans la conduite et l'usage :
Mais à mes yeux en vain je les rappelle tous;
Pour vous régler sur eux, que sont-ils près de vous?
Votre règne aux neveux doit servir de modèle.
Vous voulez d'un sujet reconnoître le zèle :
L'honneur seul peut flatter un esprit généreux :
Je voudrois donc, seigneur, que ce mortel heureux, [2]

---

[1] Esther, chap. VI, vers. 6 :

« Cogitans autem in corde suo Aman, et reputans quòd nul-
« lum alium rex, nisi se, vellet honorare, respondit : »

Aman, croyant au fond de son cœur, et s'imaginant qu'aucun autre que lui n'étoit destiné à cet honneur, répondit :

[2] Esther, chap. VI, vers. 7, 8, 9 :

« Homo quem rex honorare cupit debet indui vestibus regiis,
« et imponi super equum, qui de sellâ regis est, et accipere re-
« gium diadema super caput suum, et primus de regiis princi-
« pibus ac tyrannis teneat equum ejus, et per plateam civitatis
« incedens, clamet, et dicat : Sic honorabitur quemcunque vo-
« luerit rex honorare. »

Un homme que le roi veut honorer doit être revêtu des habits royaux, être placé sur un des chevaux du monarque, et son front doit être orné du diadème. Que le premier des grands de l'empire,

De la pourpre aujourd'hui paré comme vous-même,
Et portant sur le front le sacré diadème,
Sur un de vos coursiers pompeusement orné,
Aux yeux de vos sujets dans Suse fût mené :
Que, pour comble de gloire et de magnificence,
Un seigneur éminent en richesse, en puissance,
Enfin de votre empire après vous le premier,
Par la bride guidât son superbe coursier ;
Et lui-même marchant en habits magnifiques
Criât à haute voix dans les places publiques :
« Mortels, prosternez-vous ; c'est ainsi que le roi
« Honore le mérite, et couronne la foi. »

ASSUÉRUS.

Je vois que la sagesse elle-même t'inspire :
Avec mes volontés ton sentiment conspire.
Va, ne perds point de temps ; ce que tu m'as dicté,
Je veux de point en point qu'il soit exécuté :
La vertu dans l'oubli ne sera plus cachée.
Aux portes du palais prends le Juif Mardochée, [1]

---

ou des princes, tienne la bride de son cheval, qu'il parcoure la principale place de la ville, et qu'il s'écrie : Ainsi soit traité celui que le roi a voulu honorer.

[1] Esther, chap. VI, vers. 10 :

« Festina, et sumptâ stolâ et equo fac ut locutus es Mardochæo
« Judæo qui sedet ante fores palatii. »

Hâte-toi : prends la robe royale, conduis le coursier et rends les honneurs que tu as imaginés au Juif Mardochée qui est assis à la porte du palais.

C'est lui que je prétends honorer aujourd'hui :
Ordonne son triomphe, et marche devant lui ;
Que Suse par ta voix de son nom retentisse,
Et fais à son aspect que tout genou fléchisse.
Sortez tous.

AMAN, à part.

Dieux !

SCÈNE VI.

ASSUÉRUS.

Le prix est sans doute inouï ;
Jamais d'un tel honneur un sujet n'a joui :
Mais plus la récompense est grande et glorieuse,
Plus même de ce Juif la race est odieuse,
Plus j'assure ma vie, et montre avec éclat
Combien Assuérus redoute d'être ingrat.
On verra l'innocent discerné du coupable :
Je n'en perdrai pas moins ce peuple abominable ;
Leur crime....

SCÈNE VII.

ASSUÉRUS, ESTHER, ÉLISE, THAMAR, UNE PARTIE DU CHŒUR.

(Esther entre s'appuyant sur Élise : quatre Israélites soutiennent sa robe.)

ASSUÉRUS.

Sans mon ordre on porte ici ses pas !

Quel mortel insolent vient chercher le trépas ?
Gardes.... C'est vous, Esther ? quoi ! sans être attendue ?

ESTHER.

Mes filles, soutenez votre reine éperdue.
Je me meurs.

(Elle tombe évanouie.)

ASSUÉRUS.

Dieux puissants ! quelle étrange pâleur
De son teint tout à coup efface la couleur !
Esther, que craignez-vous ? suis-je pas votre frère ? [1]
Est-ce pour vous qu'est fait un ordre si sévère ?
Vivez : le sceptre d'or que vous tend cette main
Pour vous de ma clémence est un gage certain.

ESTHER.

Quelle voix salutaire ordonne que je vive,
Et rappelle en mon sein mon ame fugitive ?

ASSUÉRUS.

Ne connoissez-vous pas la voix de votre époux ?
Encore un coup, vivez, et revenez à vous.

---

[1] Esther, chap. XV, vers. 12 :

« Quid habes, Esther ? ego sum frater tuus, noli metuere
« Non morieris : non enim pro te, sed pro omnibus hæc lex cons-
« tituta est. Accede igitur, et tange sceptrum. »

Esther, qu'avez-vous ? ne suis-je pas votre frère ? ne craignez
rien. Vous ne mourrez pas. Ce n'est pas pour vous, mais pour mes
autres sujets que cette loi sévère a été faite. Approchez donc, et
touchez mon sceptre.

ACTE II, SCÈNE VII.

ESTHER.

Seigneur, je n'ai jamais contemplé qu'avec crainte [1]
L'auguste majesté sur votre front empreinte;
Jugez combien ce front irrité contre moi
Dans mon ame troublée a dû jeter d'effroi :
Sur ce trône sacré qu'environne la foudre
J'ai cru vous voir tout prêt à me réduire en poudre.
Hélas! sans frissonner quel cœur audacieux
Soutiendroit les éclairs qui partoient de vos yeux?
Ainsi du Dieu vivant la colère étincelle....

ASSUÉRUS.

O soleil! ô flambeau de lumière immortelle!
Je me trouble moi-même; et sans frémissement
Je ne puis voir sa peine et son saisissement.
Calmez, reine, calmez la frayeur qui vous presse.
Du cœur d'Assuérus souveraine maîtresse,
Éprouvez seulement son ardente amitié.
Faut-il de mes états vous donner la moitié?

ESTHER.

Hé! se peut-il qu'un roi craint de la terre entière,
Devant qui tout fléchit et baise la poussière,

---

[1] Esther, chap. XV, vers. 16 :

« Vidi te, domine, quasi angelum Dei, et conturbatum est cor
« meum præ timore gloriæ tuæ. »

Seigneur, vous paroissez à mes yeux comme un ange de Dieu;
l'aspect de votre gloire a rempli mon cœur de crainte.

Jette sur son esclave un regard si serein,
Et m'offre sur son cœur un pouvoir souverain?

ASSUÉRUS.

Croyez-moi, chère Esther, ce sceptre, cet empire,
Et ces profonds respects que la terreur inspire,
A leur pompeux éclat mêlent peu de douceur,
Et fatiguent souvent leur triste possesseur.
Je ne trouve qu'en vous je ne sais quelle grace
Qui me charme toujours et jamais ne me lasse.
De l'aimable vertu doux et puissants attraits!
Tout respire en Esther l'innocence et la paix.
Du chagrin le plus noir elle écarte les ombres,
Et fait des jours sereins de mes jours les plus sombres;
Que dis-je? sur ce trône assis auprès de vous,
Des astres ennemis j'en crains moins le courroux,
Et crois que votre front prête à mon diadème
Un éclat qui le rend respectable aux dieux même.
Osez donc me répondre, et ne me cachez pas
Quel sujet important conduit ici vos pas.
Quel intérêt, quels soins vous agitent, vous pressent?
Je vois qu'en m'écoutant vos yeux au ciel s'adressent.
Parlez : de vos désirs le succès est certain,
Si ce succès dépend d'une mortelle main.

ESTHER.

O bonté qui m'assure autant qu'elle m'honore!
Un intérêt pressant veut que je vous implore :
J'attends ou mon malheur ou ma félicité;
Et tout dépend, seigneur, de votre volonté.

ACTE II, SCÈNE VII.

Un mot de votre bouche, en terminant mes peines,
Peut rendre Esther heureuse entre toutes les reines.

ASSUÉRUS.

Ah! que vous enflammez mon désir curieux!

ESTHER.

Seigneur, si j'ai trouvé grace devant vos yeux, [1]
Si jamais à mes vœux vous fûtes favorable,
Permettez, avant tout, qu'Esther puisse à sa table
Recevoir aujourd'hui son souverain seigneur,
Et qu'Aman soit admis à cet excès d'honneur.
J'oserai devant lui rompre ce grand silence ;
Et j'ai pour m'expliquer besoin de sa présence.

ASSUÉRUS.

Dans quelle inquiétude, Esther, vous me jetez !
Toutefois qu'il soit fait comme vous souhaitez.

(A ceux de sa suite.)

Vous, que l'on cherche Aman ; et qu'on lui fasse entendre
Qu'invité chez la reine il ait soin de s'y rendre.

---

[1] Esther, chap. V, vers. 8 :

« Si inveni in conspectu regis gratiam, et si regi placet ut det
« mihi quod postulo, et meam impleat petitionem, veniat rex et
« Aman ad convivium quod paravi eis, et cras aperiam regi vo-
« luntatem meam. »

Si j'ai trouvé grace aux yeux de mon roi, s'il daigne remplir
mon désir, et m'accorder ce que je lui demande, je le prie d'as-
sister avec Aman au festin que j'ai préparé pour eux : demain
j'ouvrirai mon cœur à mon roi.

SCÈNE VIII.

ASSUÉRUS, ESTHER, ÉLISE, THAMAR, HYDASPE, UNE PARTIE DU CHOEUR.

HYDASPE.

Les savants Chaldéens, par votre ordre appelés,
Dans cet appartement, seigneur, sont assemblés.

ASSUÉRUS.

Princesse, un songe étrange occupe ma pensée :
Vous-même en leur réponse êtes intéressée.
Venez, derrière un voile écoutant leurs discours,
De vos propres clartés me prêter le secours.
Je crains pour vous, pour moi, quelque ennemi perfide.

ESTHER.

Suis-moi, Thamar. Et vous, troupe jeune et timide,
Sans craindre ici les yeux d'une profane cour,
A l'abri de ce trône attendez mon retour.

SCÈNE IX.

Cette scène est partie déclamée et partie chantée

ÉLISE, UNE PARTIE DU CHOEUR.

ÉLISE.

Que vous semble, mes sœurs, de l'état où nous sommes?
  D'Esther, d'Aman, qui le doit emporter?
    Est-ce Dieu, sont-ce les hommes,
      Dont les œuvres vont éclater?

Vous avez vu quelle ardente colère
Allumoit de ce roi le visage sévère.

UNE ISRAÉLITE.

Des éclairs de ses yeux l'œil étoit ébloui.

UNE AUTRE.

Et sa voix m'a paru comme un tonnerre horrible.

ÉLISE.

Comment ce courroux si terrible
En un moment s'est-il évanoui ?

UNE ISRAÉLITE chante.

Un moment a changé ce courage inflexible :
Le lion rugissant est un agneau paisible.
Dieu, notre Dieu sans doute a versé dans son cœur [1]
  Cet esprit de douceur.

LE CHOEUR chante.

Dieu, notre Dieu sans doute a versé dans son cœur
  Cet esprit de douceur.

LA MÊME ISRAÉLITE chante.

Tel qu'un ruisseau docile [2]

---

[1] Esther, chap. XV, vers. 11 :

« Convertitque Deus spiritum regis in mansuetudinem. »

Dieu a tourné l'esprit du roi vers la douceur.

[2] Proverbes, chap. XXI, vers. 1 :

« Sicut divisiones aquarum ita cor regis in manu Domini :
« quocunque voluerit inclinabit illud. »

Tel qu'un ruisseau docile, le cœur des rois est dans la main du Seigneur ; il l'incline suivant sa volonté.

Obéit à la main qui détourne son cours,
Et, laissant de ses eaux partager le secours,
    Va rendre tout un champ fertile :
Dieu, de nos volontés arbitre souverain,
  Le cœur des rois est ainsi dans ta main.

ÉLISE.

Ah ! que je crains, mes sœurs, les funestes nuages
    Qui de ce prince obscurcissent les yeux !
Comme il est aveuglé du culte de ses dieux !

UNE ISRAÉLITE.

Il n'atteste jamais que leurs noms odieux.

UNE AUTRE.

Aux feux inanimés dont se parent les cieux
    Il rend de profanes hommages.

UNE AUTRE.

Tout son palais est plein de leurs images.

LE CHŒUR chante.

Malheureux, vous quittez le maître des humains [1]
  Pour adorer l'ouvrage de vos mains !

UNE ISRAÉLITE chante.

Dieu d'Israël, dissipe enfin cette ombre :

---

[1] Psaume XCVI, vers. 7 :

« Confundantur omnes qui adorant sculptilia, et qui glorian-
« tur in simulacris suis. »

Qu'ils soient confondus tous ceux qui adorent les faux dieux,
et qui se glorifient dans leurs idoles.

Des larmes de tes saints quand seras-tu touché?
Quand sera le voile arraché
Qui sur tout l'univers jette une nuit si sombre?
Dieu d'Israël, dissipe enfin cette ombre :
Jusqu'à quand seras-tu caché?

UNE DES PLUS JEUNES ISRAÉLITES.

Parlons plus bas, mes sœurs. Ciel! si quelque infidèle,
Écoutant nos discours, nous alloit déceler!

ÉLISE.

Quoi! fille d'Abraham, une crainte mortelle
Semble déjà vous faire chanceler!
Hé! si l'impie Aman, dans sa main homicide
Faisant luire à vos yeux un glaive menaçant,
A blasphémer le nom du Tout-puissant
Vouloit forcer votre bouche timide!

UNE AUTRE ISRAÉLITE.

Peut-être Assuérus, frémissant de courroux,
Si nous ne courbons les genoux
Devant une muette idole,
Commandera qu'on nous immole.
Chère sœur, que choisirez-vous?

LA JEUNE ISRAÉLITE.

Moi, je pourrois trahir le Dieu que j'aime!
J'adorerois un dieu sans force et sans vertu,
Reste d'un tronc par les vents abattu,
Qui ne peut se sauver lui-même!

LE CHOEUR chante.

Dieux impuissants, dieux sourds, tous ceux qui vous implorent
Ne seront jamais entendus :
Que les démons, et ceux qui les adorent,
Soient à jamais détruits et confondus!

UNE ISRAÉLITE chante.

Que ma bouche et mon cœur, et tout ce que je suis,
Rendent honneur au Dieu qui m'a donné la vie.
Dans les craintes, dans les ennuis,
En ses bontés mon ame se confie.
Veut-il par mon trépas que je le glorifie?
Que ma bouche et mon cœur, et tout ce que je suis,
Rendent honneur au Dieu qui m'a donné la vie.

ÉLISE.

Je n'admirai jamais la gloire de l'impie.

UNE AUTRE ISRAÉLITE.

Au bonheur du méchant qu'une autre porte envie.

ÉLISE.

Tous ses jours paroissent charmants;
L'or éclate en ses vêtements :
Son orgueil est sans borne ainsi que sa richesse;
Jamais l'air n'est troublé de ses gémissements;
Il s'endort, il s'éveille au son des instruments;
Son cœur nage dans la mollesse.

UNE AUTRE ISRAÉLITE.

Pour comble de prospérité,
Il espère revivre en sa postérité;

ACTE II, SCÈNE IX.

Et d'enfants à sa table une riante troupe [1]
Semble boire avec lui la joie à pleine coupe.
(Tout le reste est chanté.)

LE CHŒUR.

Heureux, dit-on, le peuple florissant [2]
Sur qui ces biens coulent en abondance.
Plus heureux le peuple innocent
Qui dans le Dieu du ciel a mis sa confiance!

UNE ISRAÉLITE, seule.

Pour contenter ses frivoles désirs
L'homme insensé vainement se consume :
Il trouve l'amertume
Au milieu des plaisirs.

UNE AUTRE, seule.

Le bonheur de l'impie est toujours agité :
Il erre à la merci de sa propre inconstance.

---

[1] Psaume CXLIII, vers. 12 :

« Quorum filii sicut novellæ plantationes in juventute suâ :
« filiæ eorum compositæ, circumornatæ ut similitudo templi. »

Leurs enfants sont comme de jeunes plantes dans leur première fraîcheur; leurs filles sont belles et parées comme l'autel d'un temple.

[2] Psaume CXLIII, vers. 15 :

« Beatum dixerunt populum, cui hæc sunt : Beatus populus
« cujus Dominus Deus ejus. »

Et ils ont dit : Heureux le peuple qui jouit de ces biens; et nous disons : Heureux le peuple dont le Seigneur est le Dieu!

Ne cherchons la félicité
Que dans la paix de l'innocence.

LA MÊME, avec une autre.

O douce paix!
O lumière éternelle!
Beauté toujours nouvelle!
Heureux le cœur épris de tes attraits!
O douce paix!
O lumière éternelle!
Heureux le cœur qui ne te perd jamais!

LE CHOEUR.

O douce paix!
O lumière éternelle!
Beauté toujours nouvelle!
O douce paix!
Heureux le cœur qui ne te perd jamais!

LA MÊME seule.

Nulle paix pour l'impie. Il la cherche, elle fuit; [1]
Et le calme en son cœur ne trouve point de place : [2]

---

[1] Isaïe, chap. XLVIII, vers. 22 :

« Non est pax impiis, dicit Dominus. »

Il n'y a point de paix pour l'impie, dit le Seigneur.

[2] Isaïe, chap. LVII, vers. 20 :

« Impii autem quasi mare fervens, quod quiescere non potest,
« et redundant fluctus ejus in conculcationem et lutum. »

L'impie est comme une mer toujours agitée qui ne peut se calmer, et dont les flots vont se rompre sur le rivage avec une écume dégoûtante et bourbeuse.

Le glaive au dehors le poursuit;
Le remords au dedans le glace.

UNE AUTRE.

La gloire des méchants en un moment s'éteint :
L'affreux tombeau pour jamais les dévore.
Il n'en est pas ainsi de celui qui te craint;
Il renaîtra, mon Dieu, plus brillant que l'aurore.

LE CHOEUR.

O douce paix !
Heureux le cœur qui ne te perd jamais !

ÉLISE, sans chanter.

Mes sœurs, j'entends du bruit dans la chambre prochaine.
On nous appelle; allons rejoindre notre reine.

FIN DU SECOND ACTE.

ACTE TROISIÈME.

Le théâtre représente les jardins d'Esther, et un des côtés du salon où se fait le festin.

SCÈNE I.

AMAN, ZARÈS.

ZARÈS.

C'est donc ici d'Esther le superbe jardin, [1]
Et ce salon pompeux est le lieu du festin ?
Mais, tandis que la porte en est encor fermée,
Écoutez les conseils d'une épouse alarmée.
Au nom du sacré nœud qui me lie avec vous,

---

[1] L'idée de cette scène est puisée dans la Bible. Aman parle à Zarès et à ses amis des immenses richesses qu'il a acquises. Il exprime son dépit de voir que Mardochée le brave. Ce chagrin empoisonne toutes ses jouissances.

Le seul changement que Racine s'est permis a pour but de rendre Zarès plus intéressante.

Dans la Bible, elle conseille à Aman de faire élever une potence de cinquante coudées pour y attacher Mardochée; dans Racine, au contraire, elle craint pour ses enfants les revers de la fortune, et engage son époux à prévenir sa disgrace en retournant avec ses trésors dans le lieu de sa naissance.

Esther, chap. V, vers. 11, 12, 13 et 14.

Dissimulez, seigneur, cet aveugle courroux;
Éclaircissez ce front où la tristesse est peinte :
Les rois craignent sur-tout le reproche et la plainte.
Seul entre tous les grands par la reine invité,
Ressentez donc aussi cette félicité.
Si le mal vous aigrit, que le bienfait vous touche.
Je l'ai cent fois appris de votre propre bouche :
Quiconque ne sait pas dévorer un affront,
Ni de fausses couleurs se déguiser le front,
Loin de l'aspect des rois qu'il s'écarte, qu'il fuie.
Il est des contre-temps qu'il faut qu'un sage essuie :
Souvent avec prudence un outrage enduré
Aux honneurs les plus hauts a servi de degré.

AMAN.

O douleur! ô supplice affreux à la pensée!
O honte, qui jamais ne peut être effacée!
Un exécrable Juif, l'opprobre des humains,
S'est donc vu de la pourpre habillé par mes mains!
C'est peu qu'il ait sur moi remporté la victoire;
Malheureux, j'ai servi de héraut à sa gloire!
Le traître! il insultoit à ma confusion;
Et tout le peuple même, avec dérision
Observant la rougeur qui couvroit mon visage,
De ma chute certaine en tiroit le présage.
Roi cruel, ce sont là les jeux où tu te plais!
Tu ne m'as prodigué tes perfides bienfaits
Que pour me faire mieux sentir ta tyrannie,
Et m'accabler enfin de plus d'ignominie.

ZARÈS.

Pourquoi juger si mal de son intention?
Il croit récompenser une bonne action.
Ne faut-il pas, seigneur, s'étonner au contraire
Qu'il en ait si long-temps différé le salaire?
Du reste, il n'a rien fait que par votre conseil;
Vous-même avez dicté tout ce triste appareil :
Vous êtes après lui le premier de l'empire.
Sait-il toute l'horreur que ce Juif vous inspire?

AMAN.

Il sait qu'il me doit tout, et que pour sa grandeur,
J'ai foulé sous les pieds remords, crainte, pudeur;
Qu'avec un cœur d'airain exerçant sa puissance
J'ai fait taire les lois et gémir l'innocence;
Que pour lui, des Persans bravant l'aversion,
J'ai chéri, j'ai cherché la malédiction :
Et, pour prix de ma vie à leur haine exposée,
Le barbare aujourd'hui m'expose à leur risée!

ZARÈS.

Seigneur, nous sommes seuls. Que sert de se flatter?
Ce zèle que pour lui vous fîtes éclater,
Ce soin d'immoler tout à son pouvoir suprême,
Entre nous, avoient-ils d'autre objet que vous-même?
Et, sans chercher plus loin, tous ces Juifs désolés,
N'est-ce pas à vous seul que vous les immolez?
Et ne craignez-vous point que quelque avis funeste....
Enfin la cour nous hait, le peuple nous déteste.
Ce Juif même, il le faut confesser malgré moi,

Ce Juif, comblé d'honneurs, me cause quelque effroi :
Les malheurs sont souvent enchaînés l'un à l'autre ;
Et sa race toujours fut fatale à la vôtre.
De ce léger affront songez à profiter.
Peut-être la fortune est prête à vous quitter ;
Aux plus affreux excès son inconstance passe :
Prévenez son caprice avant qu'elle se lasse.
Où tendez-vous plus haut ? Je frémis quand je voi
Les abîmes profonds qui s'offrent devant moi :
La chute désormais ne peut être qu'horrible.
Osez chercher ailleurs un destin plus paisible :
Regagnez l'Hellespont et ces bords écartés
Où vos aïeux errants jadis furent jetés,
Lorsque des Juifs contre eux la vengeance allumée
Chassa tout Amalec de la triste Idumée.
Aux malices du sort enfin dérobez-vous.
Nos plus riches trésors marcheront devant nous :
Vous pouvez du départ me laisser la conduite ;
Sur-tout de vos enfants j'assurerai la fuite.
N'ayez soin cependant que de dissimuler.
Contente, sur vos pas vous me verrez voler :
La mer la plus terrible et la plus orageuse
Est plus sûre pour nous que cette cour trompeuse.
Mais à grands pas vers vous je vois quelqu'un marcher ;
C'est Hydaspe.

SCÈNE II.

AMAN, ZARÈS, HYDASPE.

HYDASPE.

Seigneur, je courois vous chercher.
Votre absence en ces lieux suspend toute la joie;
Et pour vous y conduire Assuérus m'envoie.

AMAN.

Et Mardochée est-il aussi de ce festin?

HYDASPE.

A la table d'Esther portez-vous ce chagrin?
Quoi! toujours de ce Juif l'image vous désole?
Laissez-le s'applaudir d'un triomphe frivole.
Croit-il d'Assuérus éviter la rigueur?
Ne possédez-vous pas son oreille et son cœur?
On a payé le zèle, on punira le crime;
Et l'on vous a, seigneur, orné votre victime.
Je me trompe, ou vos vœux par Esther secondés
Obtiendront plus encor que vous ne demandez.

AMAN.

Croirai-je le bonheur que ta bouche m'annonce?

HYDASPE.

J'ai des savants devins entendu la réponse :
Ils disent que la main d'un perfide étranger
Dans le sang de la reine est prête à se plonger.
Et le roi, qui ne sait où trouver le coupable,
N'impute qu'aux seuls Juifs ce projet détestable.

AMAN.

Oui, ce sont, cher ami, des monstres furieux :
Il faut craindre sur-tout leur chef audacieux.
La terre avec horreur dès long-temps les endure ;
Et l'on n'en peut trop tôt délivrer la nature.
Ah! je respire enfin. Chère Zarès, adieu.

HYDASPE.

Les compagnes d'Esther s'avancent vers ce lieu :
Sans doute leur concert va commencer la fête.
Entrez, et recevez l'honneur qu'on vous apprête.

SCÈNE III.

ÉLISE, LE CHOEUR.

Ceci se récite sans chant.

UNE DES ISRAÉLITES.

C'est Aman.

UNE AUTRE.

C'est lui-même; et j'en frémis, ma sœur.

LA PREMIÈRE.

Mon cœur de crainte et d'horreur se resserre.

L'AUTRE.

C'est d'Israël le superbe oppresseur.

LA PREMIÈRE.

C'est celui qui trouble la terre.

ÉLISE.

Peut-on, en le voyant, ne le connoître pas!
L'orgueil et le dédain sont peints sur son visage.

UNE ISRAÉLITE.

On lit dans ses regards sa fureur et sa rage.

UNE AUTRE.

Je croyois voir marcher la mort devant ses pas.

UNE DES PLUS JEUNES.

Je ne sais si ce tigre a reconnu sa proie :
Mais, en nous regardant, mes sœurs, il m'a semblé
Qu'il avoit dans les yeux une barbare joie
    Dont tout mon sang est encore troublé.

ÉLISE.

Que ce nouvel honneur va croître son audace !
    Je le vois, mes sœurs, je le voi :
A la table d'Esther l'insolent près du roi
    A déjà pris sa place.

UNE DES ISRAÉLITES.

Ministres du festin, de grace, dites-nous,
Quels mets à ce cruel, quel vin préparez-vous ?

UNE AUTRE.

Le sang de l'orphelin,

UNE TROISIÈME.

    Les pleurs des misérables,

LA SECONDE.

Sont ses mets les plus agréables.

LA TROISIÈME.

C'est son breuvage le plus doux.

ÉLISE.

Chères sœurs, suspendez la douleur qui vous presse.
Chantons, on nous l'ordonne ; et que puissent nos chants

ACTE III, SCENE III.

Du cœur d'Assuérus adoucir la rudesse,
Comme autrefois David, par ses accords touchants,
Calmoit d'un roi jaloux la sauvage tristesse!

(Tout le reste de cette scène est chanté.)

UNE ISRAÉLITE.

Que le peuple est heureux,
Lorsqu'un roi généreux,
Craint dans tout l'univers, veut encore qu'on l'aime!
Heureux le peuple! heureux le roi lui-même!

TOUT LE CHOEUR.

O repos! ô tranquillité!
O d'un parfait bonheur assurance éternelle
Quand la suprême autorité
Dans ses conseils a toujours auprès d'elle
La justice et la vérité!

Les quatre stances suivantes sont chantées alternativement par une voix seule et par le chœur.

UNE ISRAÉLITE.

Rois, chassez la calomnie :
Ses criminels attentats
Des plus paisibles états
Troublent l'heureuse harmonie.

Sa fureur, de sang avide,
Poursuit par-tout l'innocent.
Rois, prenez soin de l'absent
Contre sa langue homicide.

De ce monstre si farouche
Craignez la feinte douceur :

La vengeance est dans son cœur,
Et la pitié dans sa bouche.

La fraude adroite et subtile
Sème de fleurs son chemin :
Mais sur ses pas vient enfin
Le repentir inutile.

UNE ISRAÉLITE, seule.

D'un souffle l'aquilon écarte les nuages,
Et chasse au loin la foudre et les orages :
Un roi sage, ennemi du langage menteur,
Écarte d'un regard le perfide imposteur.

UNE AUTRE.

J'admire un roi victorieux,
Que sa valeur conduit triomphant en tous lieux :
Mais un roi sage et qui hait l'injustice, [1]
Qui sous la loi du riche impérieux
Ne souffre point que le pauvre gémisse,
Est le plus beau présent des cieux.

UNE AUTRE.

La veuve en sa défense espère;

---

[1] Cette définition d'un bon roi paroît prise dans le psaume LXXI, vers. 12 et 13 :

« Quia liberabit pauperem à potente, et pauperem, cui non « erat adjutor. Parcet pauperi et inopi, et animas pauperum sal- « vas faciet. »

Il délivrera le foible de l'oppression des puissants : il défendra l'indigent qui étoit sans protecteur. Le pauvre et le foible trouveront grace devant lui, et il donnera le salut aux malheureux.

ACTE III, SCÈNE III.

UNE AUTRE.

De l'orphelin il est le père;

TOUTES ENSEMBLE.

Et les larmes du juste implorant son appui
Sont précieuses devant lui.

UNE ISRAÉLITE, seule.

Détourne, roi puissant, détourne tes oreilles
De tout conseil barbare et mensonger.
Il est temps que tu t'éveilles :
Dans le sang innocent ta main va se plonger
Pendant que tu sommeilles.
Détourne, roi puissant, détourne tes oreilles
De tout conseil barbare et mensonger.

UNE AUTRE.

Ainsi puisse sous toi trembler la terre entière !
Ainsi puisse à jamais contre tes ennemis
Le bruit de ta valeur te servir de barrière !
S'ils t'attaquent, qu'ils soient en un moment soumis;
Que de ton bras la force les renverse;
Que de ton nom la terreur les disperse :
Que tout leur camp nombreux soit devant tes soldats
Comme d'enfants une troupe inutile;
Et si par un chemin il entre en tes états,
Qu'il en sorte par plus de mille.

SCÈNE IV.

ASSUÉRUS, ESTHER, AMAN, ÉLISE,
LE CHOEUR.

ASSUÉRUS, à Esther.

Oui, vos moindres discours ont des graces secrètes :
Une noble pudeur à tout ce que vous faites
Donne un prix que n'ont point ni la pourpre ni l'or.
Quel climat renfermoit un si rare trésor ?
Dans quel sein vertueux avez-vous pris naissance ?
Et quelle main si sage éleva votre enfance ?
Mais dites promptement ce que vous demandez :
Tous vos désirs, Esther, vous seront accordés ;
Dussiez-vous, je l'ai dit, et veux bien le redire, [1]
Demander la moitié de ce puissant empire.

ESTHER.

Je ne m'égare point dans ces vastes désirs.
Mais puisqu'il faut enfin expliquer mes soupirs,
Puisque mon roi lui-même à parler me convie,

(Elle se jette aux pieds du roi.)

J'ose vous implorer, et pour ma propre vie, [2]

---

[1] Esther, chap. V, vers. 3 :

« Quid vis, Esther regina ? quæ est petitio tua ? Etiam si dimi-
« diam partem regni petieris, dabitur tibi. »

Que voulez-vous, Esther ? quel est votre désir ? Quand vous demanderiez la moitié de mon empire, je vous la donnerois.

[2] Esther, chap. VII, vers. 3 :

« Si inveni gratiam in oculis tuis, ô rex, et si tibi placet,

ACTE III, SCÈNE IV.

Et pour les tristes jours d'un peuple infortuné
Qu'à périr avec moi vous avez condamné.

ASSUÉRUS, la relevant.

A périr! Vous! Quel peuple? Et quel est ce mystère?

AMAN, à part.

Je tremble.

ESTHER.

Esther, seigneur, eut un Juif pour son père :
De vos ordres sanglants vous savez la rigueur.

AMAN, à part.

Ah dieux!

ASSUÉRUS.

Ah! de quel coup me percez-vous le cœur!
Vous la fille d'un Juif! Hé quoi! tout ce que j'aime,
Cette Esther, l'innocence et la sagesse même,
Que je croyois du ciel les plus chères amours,
Dans cette source impure auroit puisé ses jours!
Malheureux!

ESTHER.

Vous pourrez rejeter ma prière :
Mais je demande au moins que, pour grace dernière,

« dona mihi animam meam pro quâ rogo, et populum meum pro
« quo obsecro. Traditi enim sumus ego et populus meus, ut con-
« teramur, jugulemur, et pereamus. »

O roi, si j'ai trouvé grace devant vos yeux, daignez sauver ma
vie que je vous demande, et mon peuple pour lequel je vous implore. Les Juifs et moi nous sommes condamnés à être foulés aux
pieds, égorgés et exterminés.

Jusqu'à la fin, seigneur, vous m'entendiez parler,
Et que sur-tout Aman n'ose point me troubler.

ASSUÉRUS.

Parlez.

ESTHER.

  O Dieu, confonds l'audace et l'imposture !
Ces Juifs, dont vous voulez délivrer la nature,
Que vous croyez, seigneur, le rebut des humains,
D'une riche contrée autrefois souverains,
Pendant qu'ils n'adoroient que le Dieu de leurs pères
Ont vu bénir le cours de leurs destins prospères.
 Ce Dieu, maître absolu de la terre et des cieux,
N'est point tel que l'erreur le figure à vos yeux.
L'Éternel est son nom ; le monde est son ouvrage :
Il entend les soupirs de l'humble qu'on outrage,
Juge tous les mortels avec d'égales lois,
Et du haut de son trône interroge les rois :
Des plus fermes états la chute épouvantable,
Quand il veut, n'est qu'un jeu de sa main redoutable.
Les Juifs à d'autres dieux osèrent s'adresser :
Roi, peuples, en un jour tout se vit disperser ;
Sous les Assyriens leur triste servitude
Devint le juste prix de leur ingratitude.
 Mais, pour punir enfin nos maîtres à leur tour,
Dieu fit choix de Cyrus avant qu'il vît le jour,
L'appela par son nom, le promit à la terre,
Le fit naître, et soudain l'arma de son tonnerre,
Brisa les fiers remparts et les portes d'airain,

Mit des superbes rois la dépouille en sa main,
De son temple détruit vengea sur eux l'injure :
Babylone paya nos pleurs avec usure.
Cyrus, par lui vainqueur, publia ses bienfaits,
Regarda notre peuple avec des yeux de paix,
Nous rendit et nos lois et nos fêtes divines;
Et le temple déjà sortoit de ses ruines.
Mais, de ce roi si sage héritier insensé,
Son fils interrompit l'ouvrage commencé,
Fut sourd à nos douleurs. Dieu rejeta sa race,
Le retrancha lui-même, et vous mit en sa place.
Que n'espérions-nous point d'un roi si généreux!
Dieu regarde en pitié son peuple malheureux,
Disions-nous ; un roi règne, ami de l'innocence.
Par-tout du nouveau prince on vantoit la clémence :
Les Juifs par-tout de joie en poussèrent des cris.
Ciel! verra-t-on toujours par de cruels esprits
Des princes les plus doux l'oreille environnée,
Et du bonheur public la source empoisonnée!
Dans le fond de la Thrace un barbare enfanté
Est venu dans ces lieux souffler la cruauté :
Un ministre ennemi de votre propre gloire....

AMAN.

De votre gloire! moi! Ciel! le pourriez-vous croire?
Moi qui n'ai d'autre objet ni d'autre dieu....

ASSUÉRUS.

Tais-toi.
Oses-tu donc parler sans l'ordre de ton roi?

ESTHER.

Notre ennemi cruel devant vous se déclare.
C'est lui; c'est ce ministre infidèle et barbare
Qui, d'un zèle trompeur à vos yeux revêtu,
Contre notre innocence arma votre vertu.
Et quel autre, grand Dieu! qu'un Scythe impitoyable
Auroit de tant d'horreurs dicté l'ordre effroyable!
Par-tout l'affreux signal en même temps donné
De meurtres remplira l'univers étonné :
On verra, sous le nom du plus juste des princes,
Un perfide étranger désoler vos provinces;
Et dans ce palais même, en proie à son courroux,
Le sang de vos sujets regorger jusqu'à vous.

  Et que reproche aux Juifs sa haine envenimée?
Quelle guerre intestine avons-nous allumée?
Les a-t-on vus marcher parmi vos ennemis?
Fut-il jamais au joug esclaves plus soumis?
Adorant dans leurs fers le Dieu qui les châtie,
Pendant que votre main sur eux appesantie [1]

---

[1] Baruch raconte que pendant la captivité de Babylone les Juifs prioient pour Nabuchodonosor, et pour son petit-fils Balthazar.

Première Épître de saint Paul aux Corinthiens, chap. IV, vers. 12 :

« Maledicimur, et benedicimus; persecutionem patimur, et sus-
« tinemus; blasphemamur, et obsecramus. »

On nous maudit, et nous bénissons; on nous persécute, et

A leurs persécuteurs les livroit sans secours,
Ils conjuroient ce Dieu de veiller sur vos jours,
De rompre des méchants les trames criminelles,
De mettre votre trône à l'ombre de ses ailes.
N'en doutez point, seigneur, il fut votre soutien :
Lui seul mit à vos pieds le Parthe et l'Indien,
Dissipa devant vous les innombrables Scythes,
Et renferma les mers dans vos vastes limites :
Lui seul aux yeux d'un Juif découvrit le dessein
De deux traîtres tout prêts à vous percer le sein.
Hélas ! ce Juif jadis m'adopta pour sa fille.

ASSUÉRUS.

Mardochée ?

ESTHER.

Il restoit seul de notre famille.
Mon père étoit son frère. Il descend comme moi
Du sang infortuné de notre premier roi.
Plein d'une juste horreur pour un Amalécite,
Race que notre Dieu de sa bouche a maudite,
Il n'a devant Aman pu fléchir les genoux,
Ni lui rendre un honneur qu'il ne croit dû qu'à vous.
De là contre les Juifs et contre Mardochée

---

nous le souffrons ; on nous dit des injures, et nous répondons par des prières.

Sévère exprime la même pensée, dans Polyeucte, en parlant des chrétiens :

Ils font des vœux pour nous qui les persécutons.

Cette haine, seigneur, sous d'autres noms cachée.
En vain de vos bienfaits Mardochée est paré :
A la porte d'Aman est déjà préparé
D'un infâme trépas l'instrument exécrable ;
Dans une heure au plus tard ce vieillard vénérable
Des portes du palais par son ordre arraché,
Couvert de votre pourpre, y doit être attaché.

ASSUÉRUS.

Quel jour mêlé d'horreur vient effrayer mon ame !
Tout mon sang de colère et de honte s'enflamme.
J'étois donc le jouet.... Ciel, daigne m'éclairer !
Un moment sans témoins cherchons à respirer.
Appelez Mardochée, il faut aussi l'entendre.

(Assuérus s'éloigne.)

UNE ISRAÉLITE.

Vérité, que j'implore, achève de descendre !

SCÈNE V.

ESTHER, AMAN, ÉLISE, LE CHOEUR.

AMAN, à Esther.

D'UN juste étonnement je demeure frappé.
Les ennemis des Juifs m'ont trahi, m'ont trompé :
J'en atteste du ciel la puissance suprême,
En les perdant, j'ai cru vous assurer vous-même.
Princesse, en leur faveur employez mon crédit :
Le roi, vous le voyez, flotte encore interdit.
Je sais par quels ressorts on le pousse, on l'arrête ;

Et fais, comme il me plaît, le calme et la tempête.
Les intérêts des Juifs déjà me sont sacrés.
Parlez : vos ennemis aussitôt massacrés,
Victimes de la foi que ma bouche vous jure,
De ma fatale erreur répareront l'injure.
Quel sang demandez-vous ?

ESTHER.

Va, traître, laisse-moi :
Les Juifs n'attendent rien d'un méchant tel que toi.
Misérable ! le Dieu vengeur de l'innocence,
Tout prêt à te juger, tient déjà sa balance :
Bientôt son juste arrêt te sera prononcé.
Tremble : son jour approche, et ton règne est passé.

AMAN.

Oui, ce Dieu, je l'avoue, est un Dieu redoutable.
Mais veut-il que l'on garde une haine implacable ?
C'en est fait : mon orgueil est forcé de plier.
L'inexorable Aman est réduit à prier.

(Il se jette aux pieds d'Esther.)

Par le salut des Juifs, par ces pieds que j'embrasse,
Par ce sage vieillard, l'honneur de votre race,
Daignez d'un roi terrible apaiser le courroux :
Sauvez Aman, qui tremble à vos sacrés genoux.

SCÈNE VI.

ASSUÉRUS, ESTHER, AMAN, ÉLISE, LE CHOEUR, GARDES.

ASSUÉRUS.

Quoi ! le traître sur vous porte ses mains hardies ! [1]
Ah ! dans ses yeux confus je lis ses perfidies ;
Et son trouble, appuyant la foi de vos discours,
De tous ses attentats me rappelle le cours.
Qu'à ce monstre à l'instant l'ame soit arrachée ;
Et que devant sa porte, au lieu de Mardochée, [2]

---

[1] Dans la Bible, Assuérus s'est retiré un moment : à son retour, il voit Aman qui implore Esther.

Esther, chap. VII, vers. 8 :

« Qui cùm reversus esset de horto nemoribus consito, et in-
« trâsset convivii locum, reperit Aman super lectulum corruisse
« in quo jacebat Esther, et ait : Etiam reginam vult opprimere,
« me præsente, in domo meâ. »

Assuérus, étant revenu du jardin planté d'arbres, rentra dans la salle du festin : il trouva Aman penché sur le lit où Esther étoit couchée : Ce traître, s'écria-t-il, veut-il outrager la reine, dans mon palais et en ma présence ?

[2] Esther, chap. VII, vers. 9 :

« Dixit Harbona unus de eunuchis qui stabant in ministerio
« regis : En lignum quod paraverat Mardochæo qui locutus est
« pro rege, stat in domo Aman, habens altitudinis quinqua-
« ginta cubitos. Cui dixit rex : Appendite eum in eo. »

Harbona, l'un des eunuques au service du roi, dit alors :

Apaisant par sa mort et la terre et les cieux,
De mes peuples vengés il repaisse les yeux.
(Aman est emmené par les gardes.)

SCÈNE VII.

ASSUÉRUS, ESTHER, MARDOCHÉE, ÉLISE, LE CHOEUR.

ASSUÉRUS, à Mardochée.

Mortel chéri du ciel, mon salut et ma joie,
Aux conseils des méchants ton roi n'est plus en proie;
Mes yeux sont dessillés, le crime est confondu :
Viens briller près de moi dans le rang qui t'est dû.
Je te donne d'Aman les biens et la puissance :
Possède justement son injuste opulence.
Je romps le joug funeste où les Juifs sont soumis;
Je leur livre le sang de tous leurs ennemis :
A l'égal des Persans je veux qu'on les honore,
Et que tout tremble au nom du Dieu qu'Esther adore.
Rebâtissez son temple, et peuplez vos cités;
Que vos heureux enfants dans leurs solennités
Consacrent de ce jour le triomphe et la gloire,
Et qu'à jamais mon nom vive dans leur mémoire.

Il y a dans la maison d'Aman une potence de cinquante coudées de haut; il l'a fait préparer pour Mardochée qui a donné un avis salutaire au roi. Le roi dit : Qu'Aman y soit attaché.

SCÈNE VIII.

ASSUERUS, ESTHER, MARDOCHÉE, ASAPH, ÉLISE, LE CHOEUR.

ASSUÉRUS.

Que veut Asaph?

ASAPH.

Seigneur, le traître est expiré,
Par le peuple en fureur à moitié déchiré.
On traîne, on va donner en spectacle funeste
De son corps tout sanglant le misérable reste.

MARDOCHÉE.

Roi, qu'à jamais le ciel prenne soin de vos jours!
Le péril des Juifs presse, et veut un prompt secours.

ASSUÉRUS.

Oui, je t'entends. Allons par des ordres contraires
Révoquer d'un méchant les ordres sanguinaires.

ESTHER.

O Dieu, par quelle route inconnue aux mortels
Ta sagesse conduit ses desseins éternels!

SCÈNE IX.

LE CHOEUR.

TOUT LE CHOEUR.

Dieu fait triompher l'innocence;
Chantons, célébrons sa puissance.

ACTE III, SCÈNE IX.

UNE ISRAÉLITE.

Il a vu contre nous les méchants s'assembler,
  Et notre sang prêt à couler;
Comme l'eau sur la terre ils alloient le répandre; ¹
  Du haut du ciel sa voix s'est fait entendre;
    L'homme superbe est renversé,
    Ses propres flèches l'ont percé.

UNE AUTRE.

J'ai vu l'impie adoré sur la terre; ²
Pareil au cèdre il cachoit dans les cieux
    Son front audacieux;
Il sembloit à son gré gouverner le tonnerre,
  Fouloit aux pieds ses ennemis vaincus :
Je n'ai fait que passer, il n'étoit déjà plus.

UNE AUTRE.

On peut des plus grands rois surprendre la justice :
    Incapables de tromper,
    Ils ont peine à s'échapper

---

¹ Image tirée du psaume LXXVIII, vers. 3 :

« Effuderunt sanguinem eorum tanquam aquam in circuitu « Jerusalem. »

Ils ont fait couler le sang comme l'eau dans l'enceinte de Jérusalem.

² Psaume XXXVI, vers. 35 et 36 :

« Vidi impium superexaltatum, et elevatum sicut cedros « Libani. Et transivi, et ecce non erat. »

J'ai vu l'impie exalté dans la gloire, et haut comme les cèdres du Liban : j'ai passé, et il n'étoit plus.

Des pièges de l'artifice.
Un cœur noble ne peut soupçonner en autrui
La bassesse et la malice
Qu'il ne sent point en lui.

UNE AUTRE.

Comment s'est calmé l'orage ?

UNE AUTRE.

Quelle main salutaire a chassé le nuage ?

TOUT LE CHŒUR.

L'aimable Esther a fait ce grand ouvrage.

UNE ISRAÉLITE, seule.

De l'amour de son Dieu son cœur s'est embrasé ;
Au péril d'une mort funeste
Son zèle ardent s'est exposé ;
Elle a parlé : le ciel a fait le reste.

DEUX ISRAÉLITES.

Esther a triomphé des filles des Persans :
La nature et le ciel à l'envi l'ont ornée.

L'UNE DES DEUX.

Tout ressent de ses yeux les charmes innocents.
Jamais tant de beauté fut-elle couronnée ?

L'AUTRE.

Les charmes de son cœur sont encor plus puissants.
Jamais tant de vertu fut-elle couronnée ?

TOUTES DEUX ensemble.

Esther a triomphé des filles des Persans :
La nature et le ciel à l'envi l'ont ornée.

ACTE III, SCÈNE IX.

UNE ISRAÉLITE, seule.

Ton Dieu n'est plus irrité;
Réjouis-toi, Sion, et sors de la poussière; [1]
Quitte les vêtements de ta captivité,
    Et reprends ta splendeur première.
Les chemins de Sion à la fin sont ouverts :
      Rompez vos fers,
      Tribus captives;
    Troupes fugitives,
Repassez les monts et les mers;
Rassemblez-vous des bouts de l'univers.

TOUT LE CHOEUR.

      Rompez vos fers,
      Tribus captives;
    Troupes fugitives,
Repassez les monts et les mers;
Rassemblez-vous des bouts de l'univers.

---

[1] Isaie, chap. LII, vers. 1 et 2 :

« Consurge, consurge, induere fortitudine tuâ Sion; induere
« vestimentis gloriæ tuæ Jerusalem, civitas sancti : quia non
« adjiciet ultrà ut pertranseat per te incircumcisus et immun-
« dus. Excutere de pulvere, consurge : sede, Jerusalem : solve
« vincula colli tui, captiva filia Sion. »

Lève-toi, lève-toi, ô Sion, revêts-toi de ta force; pare-toi des vêtements de ta gloire, Jérusalem, cité sainte. A l'avenir il ne passera plus dans ton sein ni des incirconcis, ni des immondes. Sors de la poussière, lève-toi, repose-toi, ô Jérusalem. Romps tes chaînes, fille de Sion, captive depuis si long-temps.

UNE ISRAÉLITE, seule.

Je reverrai ces campagnes si chères.

UNE AUTRE.

J'irai pleurer au tombeau de mes pères.

TOUT LE CHOEUR.

Repassez les monts et les mers;
Rassemblez-vous des bouts de l'univers.

UNE ISRAÉLITE, seule.

Relevez, relevez les superbes portiques
Du temple où notre Dieu se plaît d'être adoré :
Que de l'or le plus pur son autel soit paré,
Et que du sein des monts le marbre soit tiré.
Liban, dépouille-toi de tes cèdres antiques :
Prêtres sacrés, préparez vos cantiques.

UNE AUTRE.

Dieu descend et revient habiter parmi nous :
Terre, frémis d'allégresse et de crainte;
Et vous, sous sa majesté sainte,
Cieux, abaissez-vous.

UNE AUTRE.

Que le Seigneur est bon! que son joug est aimable! [1]
Heureux qui dès l'enfance en connoît la douceur!

---

[1] Psaume LXXII, vers. 1 et 25 :

« Quàm bonus Israël Deus his qui recto sunt corde?.... Quid
« enim mihi est in cœlo? et à te quid volui super terram? »

Que le Seigneur est bon envers Israël, envers tous ceux qui
ont le cœur droit!... Qu'y a-t-il pour moi dans le ciel, et que
puis-je vouloir de vous sur la terre, hors vous seul, ô mon Dieu?

Jeune peuple, courez à ce maître adorable :
Les biens les plus charmants n'ont rien de comparable
Aux torrents de plaisirs qu'il répand dans un cœur.
Que le Seigneur est bon! que son joug est aimable!
Heureux qui dès l'enfance en connoît la douceur!

UNE AUTRE.

Il s'apaise, il pardonne;
Du cœur ingrat qui l'abandonne
Il attend le retour;
Il excuse notre foiblesse;
A nous chercher même il s'empresse :
Pour l'enfant qu'elle a mis au jour
Une mère a moins de tendresse.
Ah! qui peut avec lui partager notre amour!

TROIS ISRAÉLITES.

Il nous fait remporter une illustre victoire.

L'UNE DES TROIS.

Il nous a révélé sa gloire.

TOUTES TROIS ensemble.

Ah! qui peut avec lui partager notre amour!

TOUT LE CHOEUR.

Que son nom soit béni; que son nom soit chanté;
Que l'on célèbre ses ouvrages
Au-delà des temps et des âges,
Au-delà de l'éternité.

FIN D'ESTHER.

ATHALIE,

TRAGÉDIE

TIRÉE DE L'ÉCRITURE SAINTE.

1691.

PRÉFACE.

Tout le monde sait que le royaume de Juda étoit composé des deux tribus de Juda et de Benjamin, et que les dix autres tribus qui se révoltèrent contre Roboam composoient le royaume d'Israël. Comme les rois de Juda étoient de la maison de David, et qu'ils avoient dans leur partage la ville et le temple de Jérusalem, tout ce qu'il y avoit de prêtres et de lévites se retirèrent auprès d'eux, et leur demeurèrent toujours attachés : car, depuis que le temple de Salomon fut bâti, il n'étoit plus permis de sacrifier ailleurs; et tous ces autres autels qu'on élevoit à Dieu sur des montagnes, appelées par cette raison dans l'Écriture les hauts lieux, ne lui étoient point agréables. Ainsi le culte légitime ne subsistoit plus que dans Juda. Les dix tribus, excepté un très petit nombre de personnes, étoient ou idolâtres, ou schismatiques.

Au reste, ces prêtres et ces lévites faisoient eux-mêmes une tribu fort nombreuse. Ils furent partagés en diverses classes pour servir tour à tour dans le temple, d'un jour de sabbat à l'autre. Les prêtres étoient de la famille d'Aaron; et il n'y avoit que ceux de cette famille lesquels pussent exercer la sacrificature. Les lévites leur étoient subordonnés, et avoient soin, entre autres choses, du chant, de la préparation des victimes, et de la garde du temple. Ce nom de lévite ne laisse pas d'être donné quelquefois indifféremment à tous ceux de la tribu. Ceux qui étoient en semaine avoient, ainsi que le grand-prêtre, leur logement dans les portiques ou galeries dont le temple étoit environné et qui faisoient partie du temple même. Tout l'édifice s'appeloit en général le lieu saint : mais on appeloit plus particulièrement de ce nom cette partie du temple intérieur où étoient le chandelier d'or, l'autel des parfums, et les tables des pains de proposition ; et cette partie étoit encore distinguée du saint des saints où étoit l'arche, et où le grand-prêtre seul avoit droit d'entrer une fois l'année. C'étoit une tradition assez constante que la montagne sur laquelle le temple étoit bâti étoit la même montagne où Abraham avoit autrefois offert en sacrifice son fils Isaac.

J'ai cru devoir expliquer ici ces particularités, afin que ceux à qui l'histoire de l'ancien testament ne sera pas assez présente n'en soient point arrêtés en lisant cette tragédie. Elle a pour sujet Joas reconnu et mis sur le trône ; et j'aurois dû, dans les règles, l'intituler Joas : mais la plupart du monde n'en ayant entendu parler que sous le nom

PRÉFACE.

d'ATHALIE, je n'ai pas jugé à propos de la leur présenter sous un autre titre, puisque d'ailleurs Athalie y joue un personnage si considérable, et que c'est sa mort qui termine la pièce.

Voici une partie des principaux évènements qui devancèrent cette grande action.

Joram, roi de Juda, fils de Josaphat, et le septième roi de la race de David, épousa Athalie, fille d'Achab et de Jézabel, qui régnoient en Israël, fameux l'un et l'autre, mais principalement Jézabel, par leurs sanglantes persécutions contre les prophètes. Athalie, non moins impie que sa mère, entraîna bientôt le roi son mari dans l'idolâtrie, et fit même construire dans Jérusalem un temple à Baal, qui étoit le dieu du pays de Tyr et de Sidon, où Jézabel avoit pris naissance. Joram, après avoir vu périr par les mains des Arabes et des Philistins tous les princes ses enfants, à la réserve d'Ochozias, mourut lui-même misérablement d'une longue maladie qui lui consuma les entrailles. Sa mort funeste n'empêcha pas Ochozias d'imiter son impiété et celle d'Athalie sa mère. Mais ce prince, après avoir régné seulement un an, étant allé rendre visite au roi d'Israël, frère d'Athalie, fut enveloppé dans la ruine de la maison d'Achab, et tué par l'ordre de Jéhu, que Dieu avoit fait sacrer par ses prophètes, pour régner sur Israël, et pour être le ministre de ses vengeances. Jéhu extermina toute la postérité d'Achab, et fit jeter par les fenêtres Jézabel, qui, selon la prédiction d'Élie, fut mangée des chiens dans la vigne de ce même Naboth qu'elle avoit fait mourir autrefois pour s'emparer de son héritage. Athalie, ayant appris à Jérusalem tous ces massacres, entreprit de son côté d'éteindre entièrement la race royale de David, en faisant mourir tous les enfants d'Ochozias, ses petits-fils : mais heureusement Josabet, sœur d'Ochozias, et fille de Joram, mais d'une autre mère qu'Athalie, étant arrivée lorsqu'on égorgeoit les princes ses neveux, trouva moyen de dérober du milieu des morts le petit Joas encore à la mamelle, et le confia avec sa nourrice au grand-prêtre son mari, qui les cacha tous deux dans le temple, où l'enfant fut élevé secrètement jusqu'au jour qu'il fut proclamé roi de Juda. L'histoire des Rois dit que ce fut la septième année d'après. Mais le texte grec des Paralipomènes, que Sévère Sulpice a suivi, dit que ce fut la huitième. C'est ce qui m'a autorisé à donner à ce prince neuf à dix ans, pour le mettre déjà en état de répondre aux questions qu'on lui fait.

Je crois ne lui avoir rien fait dire qui soit au-dessus de la portée d'un enfant de cet âge qui a de l'esprit et de la mémoire : mais, quand j'aurois été un peu au-delà, il faut

PRÉFACE.

considérer que c'est ici un enfant tout extraordinaire, élevé dans le temple par un grand-prêtre qui, le regardant comme l'unique espérance de sa nation, l'avoit instruit de bonne heure dans tous les devoirs de la religion et de la royauté. Il n'en étoit pas de même des enfants des Juifs, que de la plupart des nôtres : on leur apprenoit les saintes lettres, non seulement dès qu'ils avoient atteint l'usage de la raison, mais, pour me servir de l'expression de saint Paul, dès la mamelle. Chaque Juif étoit obligé d'écrire une fois en sa vie de sa propre main le volume de la loi tout entier. Les rois étoient même obligés de l'écrire deux fois; et il leur étoit enjoint de l'avoir continuellement devant les yeux. Je puis dire ici que la France voit en la personne d'un prince de huit ans et demi, qui fait aujourd'hui ses plus chères délices, un exemple illustre de ce que peut dans un enfant un heureux naturel aidé d'une excellente éducation ; et que si j'avois donné au petit Joas la même vivacité et le même discernement qui brillent dans les reparties de ce jeune prince, on m'auroit accusé avec raison d'avoir péché contre les règles de la vraisemblance.

L'âge de Zacharie, fils du grand-prêtre, n'étant point marqué, on peut lui supposer, si l'on veut, deux ou trois ans de plus qu'à Joas.

J'ai suivi l'explication de plusieurs commentateurs fort habiles, qui prouvent, par le texte même de l'Écriture, que tous ces soldats à qui Joïada, ou Joad, comme il est appelé dans Josephe, fit prendre les armes consacrées à Dieu par David, étoient autant de prêtres et de lévites, aussi-bien que les cinq centeniers qui les commandoient. En effet, disent ces interprètes, tout devoit être saint dans une si sainte action, et aucun profane n'y devoit être employé. Il s'y agissoit non seulement de conserver le sceptre dans la maison de David, mais encore de conserver à ce grand roi cette suite de descendants dont devoit naître le Messie. « Car ce Messie, tant de fois promis comme fils d'Abraham, devoit aussi être fils de David et de tous les rois de Juda. » De là vient que l'illustre et savant prélat [1] de qui j'ai emprunté ces paroles appelle Joas le précieux reste de la maison de David. Josephe en parle dans les mêmes termes : et l'Écriture dit expressément que Dieu n'extermina pas toute la famille de Joram, voulant conserver à David la lampe qu'il lui avoit promise. Or cette lampe, qu'étoit-ce autre chose que la lumière qui devoit être un jour révélée aux nations?

L'histoire ne spécifie point le jour où Joas fut pro-

---

[1] M. de Meaux.

PRÉFACE.

clamé. Quelques interprètes veulent que ce fût un jour de fête. J'ai choisi celle de la Pentecôte, qui étoit l'une des trois grandes fêtes des Juifs. On y célébroit la mémoire de la publication de la loi sur le mont de Sinaï, et on y offroit aussi à Dieu les premiers pains de la nouvelle moisson; ce qui faisoit qu'on la nommoit encore la fête des prémices. J'ai songé que ces circonstances me fourniroient quelque variété pour les chants du chœur.

Ce chœur est composé de jeunes filles de la tribu de Lévi, et je mets à leur tête une fille que je donne pour sœur à Zacharie. C'est elle qui introduit le chœur chez sa mère. Elle chante avec lui, porte la parole pour lui, et fait enfin les fonctions de ce personnage des anciens chœurs qu'on appeloit le CORYPHÉE. J'ai aussi essayé d'imiter des anciens cette continuité d'action qui fait que leur théâtre ne demeure jamais vide, les intervalles des actes n'étant marqués que par des hymnes et par des moralités du chœur, qui ont rapport à ce qui se passe.

On me trouvera peut-être un peu hardi d'avoir osé mettre sur la scène un prophète inspiré de Dieu, et qui prédit l'avenir : mais j'ai eu la précaution de ne mettre dans sa bouche que des expressions tirées des prophètes mêmes. Quoique l'Écriture ne dise pas en termes exprès que Joïada ait eu l'esprit de prophétie, comme elle le dit de son fils, elle le représente comme un homme tout plein de l'esprit de Dieu. Et d'ailleurs ne paroît-il pas, par l'Évangile, qu'il a pu prophétiser en qualité de souverain pontife? Je suppose donc qu'il voit en esprit le funeste changement de Joas, qui, après trente années d'un règne fort pieux, s'abandonna aux mauvais conseils des flatteurs, et se souilla du meurtre de Zacharie, fils et successeur de ce grand-prêtre. Ce meurtre, commis dans le temple, fut une des principales causes de la colère de Dieu contre les Juifs, et de tous les malheurs qui leur arrivèrent dans la suite. On prétend même que depuis ce jour-là les réponses de Dieu cessèrent entièrement dans le sanctuaire. C'est ce qui m'a donné lieu de faire prédire tout de suite à Joad et la destruction du temple et la ruine de Jérusalem. Mais comme les prophètes joignent d'ordinaire les consolations aux menaces, et que d'ailleurs il s'agit de mettre sur le trône un des ancêtres du Messie, j'ai pris occasion de faire entrevoir la venue de ce consolateur, après lequel tous les anciens justes soupiroient. Cette scène, qui est une espèce d'épisode, amène très naturellement la musique, par la coutume qu'avoient plusieurs prophètes d'entrer dans leurs saints transports au son des instruments; témoin cette troupe de prophètes qui vinrent au-devant de Saül avec des harpes et des lyres qu'on

PRÉFACE.

portoit devant eux; et témoin Élisée lui-même, qui, étant consulté sur l'avenir par le roi de Juda et par le roi d'Israël, dit, comme fait ici Joad, *Adducite mihi psalten.* Ajoutez à cela que cette prophétie sert beaucoup à augmenter le trouble dans la pièce, par la consternation et par les différents mouvements où elle jette le chœur et les principaux acteurs.

Nota. Quelques critiques ont cru trouver une grande ressemblance entre Athalie et Ion d'Euripide : on présume qu'ils ont porté trop loin le désir de faire des rapprochements. Il est même douteux que Racine eût puisé dans la tragédie grecque quelques combinaisons; l'Écriture lui suffisoit. Le seul rapport qui existe entre Joas et Ion, c'est que l'un et l'autre ont été enlevés à la mort au moment de leur naissance, qu'ils ont été élevés secrètement dans un temple, et qu'ils préfèrent leurs pieuses fonctions à toutes les grandeurs du monde.

PERSONNAGES.

JOAS, roi de Juda, fils d'Ochozias.
ATHALIE, veuve de Joram, aïeule de Joas.
JOAD, autrement JOÏADA, grand-prêtre.
JOSABET, tante de Joas, femme du grand-prêtre.
ZACHARIE, fils de Joad et de Josabet.
SALOMITH, sœur de Zacharie.
ABNER, l'un des principaux officiers des rois de Juda.
AZARIAS, ISMAEL, et les TROIS AUTRES CHEFS des prêtres et des lévites.
MATHAN, prêtre apostat, sacrificateur de Baal.
NABAL, confident de Mathan.
AGAR, femme de la suite d'Athalie.
TROUPE de prêtres et de lévites.
SUITE d'Athalie.
LA NOURRICE de Joas.
CHŒUR de jeunes filles de la tribu de Lévi.

La scène est dans le temple de Jérusalem, dans un vestibule de l'appartement du grand-prêtre.

ATHALIE.

ACTE PREMIER.

SCÈNE I.

JOAD, ABNER.

ABNER.

Oui, je viens dans son temple adorer l'Éternel ;
Je viens, selon l'usage antique et solennel,
Célébrer avec vous la fameuse journée
Où sur le mont Sina la loi nous fut donnée.
Que les temps sont changés! Sitôt que de ce jour
La trompette sacrée annonçoit le retour,
Du temple, orné par-tout de festons magnifiques,
Le peuple saint en foule inondoit les portiques ;
Et tous, devant l'autel avec ordre introduits,
De leurs champs dans leurs mains portant les nouveaux fruits,
Au Dieu de l'univers consacroient ces prémices :
Les prêtres ne pouvoient suffire aux sacrifices.
L'audace d'une femme, arrêtant ce concours,
En des jours ténébreux a changé ces beaux jours.
D'adorateurs zélés à peine un petit nombre
Ose des premiers temps nous retracer quelque ombre :
Le reste pour son Dieu montre un oubli fatal ;
Ou même, s'empressant aux autels de Baal,

Se fait initier à ses honteux mystères,
Et blasphème le nom qu'ont invoqué leurs pères.
Je tremble qu'Athalie, à ne vous rien cacher,
Vous-même de l'autel vous faisant arracher,
N'achève enfin sur vous ses vengeances funestes,
Et d'un respect forcé ne dépouille les restes.

JOAD.

D'où vous vient aujourd'hui ce noir pressentiment?

ABNER.

Pensez-vous être saint et juste impunément?
Dès long-temps elle hait cette fermeté rare
Qui rehausse en Joad l'éclat de la tiare :
Dès long-temps votre amour pour la religion
Est traité de révolte et de sédition.
Du mérite éclatant cette reine jalouse
Hait sur-tout Josabet votre fidèle épouse :
Si du grand-prêtre Aaron Joad est successeur,
De notre dernier roi Josabet est la sœur.
Mathan d'ailleurs, Mathan, ce prêtre sacrilège,
Plus méchant qu'Athalie, à toute heure l'assiège;
Mathan, de nos autels infâme déserteur,
Et de toute vertu zélé persécuteur.
C'est peu que, le front ceint d'une mitre étrangère,
Ce lévite à Baal prête son ministère;
Ce temple l'importune, et son impiété
Voudroit anéantir le Dieu qu'il a quitté.
Pour vous perdre il n'est point de ressorts qu'il n'invente :
Quelquefois il vous plaint, souvent même il vous vante;

ACTE I, SCÈNE I.

Il affecte pour vous une fausse douceur;
Et, par-là de son fiel colorant la noirceur,
Tantôt à cette reine il vous peint redoutable;
Tantôt, voyant pour l'or sa soif insatiable,
Il lui feint qu'en un lieu que vous seul connoissez
Vous cachez des trésors par David amassés.
Enfin, depuis deux jours la superbe Athalie
Dans un sombre chagrin paroît ensevelie.
Je l'observois hier, et je voyois ses yeux
Lancer sur le lieu saint des regards furieux;
Comme si, dans le fond de ce vaste édifice,
Dieu cachoit un vengeur armé pour son supplice.
Croyez-moi, plus j'y pense, et moins je puis douter
Que sur vous son courroux ne soit près d'éclater,
Et que de Jézabel la fille sanguinaire
Ne vienne attaquer Dieu jusqu'en son sanctuaire.

JOAD.

Celui qui met un frein à la fureur des flots
Sait aussi des méchants arrêter les complots.
Soumis avec respect à sa volonté sainte,
Je crains Dieu, cher Abner, et n'ai point d'autre crainte.
Cependant je rends grace au zèle officieux
Qui sur tous mes périls vous fait ouvrir les yeux.
Je vois que l'injustice en secret vous irrite,
Que vous avez encor le cœur israélite.
Le ciel en soit béni! Mais ce secret courroux,
Cette oisive vertu, vous en contentez-vous?
La foi qui n'agit point, est-ce une foi sincère?

ATHALIE.

Huit ans déjà passés, une impie étrangère
Du sceptre de David usurpe tous les droits,
Se baigne impunément dans le sang de nos rois,
Des enfants de son fils détestable homicide,
Et même contre Dieu lève son bras perfide :
Et vous, l'un des soutiens de ce tremblant état,
Vous, nourri dans les camps du saint roi Josaphat,
Qui sous son fils Joram commandiez nos armées,
Qui rassurâtes seul nos villes alarmées
Lorsque d'Ochozias le trépas imprévu
Dispersa tout son camp à l'aspect de Jéhu;
Je crains Dieu, dites-vous, sa vérité me touche!
Voici comme ce Dieu vous répond par ma bouche :
« Du zèle de ma loi que sert de vous parer?
« Par de stériles vœux pensez-vous m'honorer? [1]
« Quel fruit me revient-il de tous vos sacrifices?

---

[1] Isaïe, chap. I, vers. 11, 12 et 13 :

« Quò mihi multitudinem victimarum vestrarum, dicit Do-
« minus? plenus sum. Holocausta arietum, et adipem pinguium,
« et sanguinem vitulorum, et agnorum et hircorum nolui. Cùm
« veniretis ante conspectum meum, quis quæsivit hæc de ma-
« nibus vestris, ut ambularetis in atriis meis? Non offeratis ultrà
« sacrificium frustrà. »

Quel fruit me revient-il de la multitude de vos victimes,
dit le Seigneur? j'en suis fatigué. Je ne veux recevoir ni les
holocaustes des beliers, ni la graisse des troupeaux, ni le sang
des veaux, des agneaux et des boucs. Lorsque vous venez en ma
présence, qui vous a demandé ces présents pour fouler mes parvis?
Ne me présentez plus de vaines oblations.

« Ai-je besoin du sang des boucs et des génisses?
« Le sang de vos rois crie, et n'est point écouté.
« Rompez, rompez tout pacte avec l'impiété;
« Du milieu de mon peuple exterminez les crimes:
« Et vous viendrez alors m'immoler vos victimes. » [1]

ABNER.

Hé! que puis-je au milieu de ce peuple abattu?
Benjamin est sans force, et Juda sans vertu :
Le jour qui de leurs rois vit éteindre la race
Éteignit tout le feu de leur antique audace.
Dieu même, disent-ils, s'est retiré de nous :
De l'honneur des Hébreux autrefois si jaloux,
Il voit sans intérêt leur grandeur terrassée ;
Et sa miséricorde à la fin s'est lassée :
On ne voit plus pour nous ses redoutables mains
De merveilles sans nombre effrayer les humains :
L'arche sainte est muette, et ne rend plus d'oracles.

JOAD.

Et quel temps fut jamais si fertile en miracles?
Quand Dieu par plus d'effets montra-t-il son pouvoir?
Auras-tu donc toujours des yeux pour ne point voir,

---

[1] Isaïe, chap. I, vers 17 :

« Discite benefacere, quærite judicium, subvenite oppresso,
« judicate pupillo, defendite viduam, et venite, etc. »

Apprenez à être vertueux, cherchez la sagesse, secourez l'opprimé, rendez justice à l'orphelin, défendez la veuve, et venez après, etc.

Peuple ingrat ? quoi ! toujours les plus grandes merveilles
Sans ébranler ton cœur frapperont tes oreilles ?
Faut-il, Abner, faut-il vous rappeler le cours
Des prodiges fameux accomplis en nos jours :
Des tyrans d'Israël les célèbres disgraces,
Et Dieu trouvé fidèle en toutes ses menaces ;
L'impie Achab détruit, et de son sang trempé [1]
Le champ que par le meurtre il avoit usurpé ;
Près de ce champ fatal Jézabel immolée ;
Sous les pieds des chevaux cette reine foulée ;
Dans son sang inhumain les chiens désaltérés,
Et de son corps hideux les membres déchirés ;
Des prophètes menteurs la troupe confondue,
Et la flamme du ciel sur l'autel descendue ;
Élie aux éléments parlant en souverain,
Les cieux par lui fermés et devenus d'airain,
Et la terre trois ans sans pluie et sans rosée ;
Les morts se ranimant à la voix d'Élisée ? [2]
Reconnoissez, Abner, à ces traits éclatants,
Un Dieu tel aujourd'hui qu'il fut dans tous les temps.

---

[1] Allusion à la vigne de Naboth de Jesraël. Ce dernier étoit d'autant plus fondé à la refuser au roi que la loi de Moïse défendoit aux Juifs d'aliéner l'héritage de leurs pères. IIIe livre des Rois, chap. XXI. Joram, fils d'Achab, fut tué par Jéhu, dans le champ de Naboth. IVe livre des rois, chap. IX, vers. 24.

[2] Allusion au fils de la Sunamite qu'Élisée rappela à la vie. IVe livre des Rois, chap. IV, vers. 33 et suiv.

ACTE I, SCÈNE I.

Il sait, quand il lui plaît, faire éclater sa gloire;
Et son peuple est toujours présent à sa mémoire.

ABNER.

Mais où sont ces honneurs à David tant promis,
Et prédits même encore à Salomon son fils?
Hélas! nous espérions que de leur race heureuse
Devoit sortir de rois une suite nombreuse;
Que sur toute tribu, sur toute nation,
L'un d'eux établiroit sa domination,
Feroit cesser par-tout la discorde et la guerre,
Et verroit à ses pieds tous les rois de la terre.

JOAD.

Aux promesses du ciel pourquoi renoncez-vous?

ABNER.

Ce roi, fils de David, où le chercherons-nous?
Le ciel même peut-il réparer les ruines
De cet arbre séché jusque dans ses racines? ¹
Athalie étouffa l'enfant même au berceau.
Les morts, après huit ans, sortent-ils du tombeau?
Ah! si dans sa fureur elle s'étoit trompée;
Si du sang de nos rois quelque goutte échappée....

---

¹ Même image dans Isaïe quand ce prophète annonce la venue de Jésus-Christ:

« Egredietur virga de radice Jesse, et flos de radice ejus as-
« cendet. »

Il sortira un rejeton du tronc coupé de Jessé, et une fleur naîtra de sa racine.

Isaïe, chap. XI, vers. 1.

JOAD.

Hé bien! que feriez-vous?

ABNER.

O jour heureux pour moi!
De quelle ardeur j'irois reconnoître mon roi!
Doutez-vous qu'à ses pieds nos tribus empressées....
Mais pourquoi me flatter de ces vaines pensées?
Déplorable héritier de ces rois triomphants,
Ochozias restoit seul avec ses enfants :
Par les traits de Jéhu j'ai vu percer le père ;
Vous avez vu les fils massacrés par la mère.

JOAD.

Je ne m'explique point : mais quand l'astre du jour
Aura sur l'horizon fait le tiers de son tour,
Lorsque la troisième heure aux prières rappelle,
Retrouvez-vous au temple avec ce même zèle.
Dieu pourra vous montrer par d'importants bienfaits
Que sa parole est stable, et ne trompe jamais.
Allez : pour ce grand jour il faut que je m'apprête,
Et du temple déjà l'aube blanchit le faîte.

ABNER.

Quel sera ce bienfait que je ne comprends pas?
L'illustre Josabet porte vers vous ses pas :
Je sors, et vais me joindre à la troupe fidèle
Qu'attire de ce jour la pompe solennelle.

SCÈNE II.

JOAD, JOSABET.

JOAD.

Les temps sont accomplis, princesse : il faut parler;
Et votre heureux larcin ne se peut plus celer.
Des ennemis de Dieu la coupable insolence,
Abusant contre lui de ce profond silence,
Accuse trop long-temps ses promesses d'erreur :
Que dis-je? le succès animant leur fureur,
Jusque sur notre autel votre injuste marâtre
Veut offrir à Baal un encens idolâtre.
Montrons ce jeune roi que vos mains ont sauvé,
Sous l'aile du Seigneur dans le temple élevé.
De nos princes hébreux il aura le courage ;
Et déjà son esprit a devancé son âge.
Avant que son destin s'explique par ma voix,
Je vais l'offrir au Dieu par qui règnent les rois :
Aussitôt assemblant nos lévites, nos prêtres,
Je leur déclarerai l'héritier de leurs maîtres.

JOSABET.

Sait-il déjà son nom et son noble destin?

JOAD.

Il ne répond encor qu'au nom d'Éliacin,
Et se croit quelque enfant rejeté par sa mère,
A qui j'ai par pitié daigné servir de père.

JOSABET.

Hélas! de quel péril je l'avois su tirer!
Dans quel péril encore il est près de rentrer!

JOAD.

Quoi! déjà votre foi s'affoiblit et s'étonne?

JOSABET.

A vos sages conseils, seigneur, je m'abandonne.
Du jour que j'arrachai cet enfant à la mort,
Je remis en vos mains tout le soin de son sort;
Même, de mon amour craignant la violence,
Autant que je le puis j'évite sa présence,
De peur qu'en le voyant quelque trouble indiscret
Ne fasse avec mes pleurs échapper mon secret.
Sur-tout j'ai cru devoir aux larmes, aux prières,
Consacrer ces trois jours et ces trois nuits entières.
Cependant aujourd'hui puis-je vous demander
Quels amis vous avez prêts à vous seconder?
Abner, le brave Abner viendra-t-il nous défendre?
A-t-il près de son roi fait serment de se rendre?

JOAD.

Abner, quoiqu'on se pût assurer sur sa foi,
Ne sait pas même encor si nous avons un roi.

JOSABET.

Mais à qui de Joas confiez-vous la garde?
Est-ce Obed, est-ce Amnon que cet honneur regarde?
De mon père sur eux les bienfaits répandus....

JOAD.

A l'injuste Athalie ils se sont tous vendus.

JOSABET.

Qui donc opposez-vous contre ses satellites?

JOAD.

Ne vous l'ai-je pas dit? nos prêtres, nos lévites.

JOSABET.

Je sais que, près de vous en secret assemblé,
Par vos soins prévoyants leur nombre est redoublé;
Que pleins d'amour pour vous, d'horreur pour Athalie,
Un serment solennel par avance les lie
A ce fils de David qu'on leur doit révéler.
Mais, quelque noble ardeur dont ils puissent brûler,
Peuvent-ils de leur roi venger seuls la querelle?
Pour un si grand ouvrage est-ce assez de leur zèle?
Doutez-vous qu'Athalie, au premier bruit semé
Qu'un fils d'Ochozias est ici renfermé,
De ses fiers étrangers assemblant les cohortes,
N'environne le temple, et n'en brise les portes?
Suffira-t-il contre eux de vos ministres saints,
Qui, levant au Seigneur leurs innocentes mains,
Ne savent que gémir et prier pour nos crimes,
Et n'ont jamais versé que le sang des victimes?
Peut-être dans leurs bras Joas percé de coups...

JOAD.

Et comptez-vous pour rien Dieu qui combat pour nous?
Dieu, qui de l'orphelin protège l'innocence,
Et fait dans la foiblesse éclater sa puissance;
Dieu, qui hait les tyrans, et qui dans Jezraël
Jura d'exterminer Achab et Jézabel;

Dieu, qui, frappant Joram le mari de leur fille,
A jusque sur son fils poursuivi leur famille;
Dieu, dont le bras vengeur, pour un temps suspendu,
Sur cette race impie est toujours étendu?

JOSABET.

Et c'est sur tous ces rois sa justice sévère
Que je crains pour le fils de mon malheureux frère.
Qui sait si cet enfant, par leur crime entraîné,
Avec eux en naissant ne fut pas condamné?
Si Dieu, le séparant d'une odieuse race,
En faveur de David voudra lui faire grace? [1]

Hélas! l'état horrible où le ciel me l'offrit
Revient à tout moment effrayer mon esprit.
De princes égorgés la chambre étoit remplie:
Un poignard à la main l'implacable Athalie
Au carnage animoit ses barbares soldats,
Et poursuivoit le cours de ses assassinats.

---

[1] Quatrième livre des Rois, chap. VIII, vers. 19:

« Noluit autem Dominus disperdere Judam propter David
« servum suum, sicut promiserat ei ut daret illi lucernam et
« filiis ejus cunctis diebus. »

Le Seigneur ne voulut pas perdre entièrement Juda à cause de David son serviteur; il exécuta la promesse qu'il avoit faite à ce roi de lui donner un flambeau dont la lueur éclaireroit à jamais ses descendants.

Il paroît que Racine a eu en vue cette prophétie quand il a fait dire à Joad dans la même scène :

Et de David éteint rallumé le flambeau.

Joas, laissé pour mort, frappa soudain ma vue : [1]
Je me figure encor sa nourrice éperdue,
Qui devant les bourreaux s'étoit jetée en vain,
Et, foible, le tenoit renversé sur son sein.
Je le pris tout sanglant. En baignant son visage
Mes pleurs du sentiment lui rendirent l'usage;
Et, soit frayeur encore, ou pour me caresser,
De ses bras innocents je me sentis presser.
Grand Dieu, que mon amour ne lui soit point funeste!
Du fidèle David c'est le précieux reste :
Nourri dans ta maison, en l'amour de ta loi,
Il ne connoît encor d'autre père que toi.
Sur le point d'attaquer une reine homicide,
A l'aspect du péril si ma foi s'intimide,
Si la chair et le sang, se troublant aujourd'hui,
Ont trop de part aux pleurs que je répands pour lui,
Conserve l'héritier de tes saintes promesses,
Et ne punis que moi de toutes mes foiblesses!

---

[1] Quatrième livre des Rois, chap. XI, vers. 2 :

« Tollens autem Josaba, filia regis Joram, soror Ochoziæ,
« Joas filium Ochoziæ, furata est eum de medio filiorum regis
« qui interficiebantur, et nutricem ejus, de triclinio; et abs-
« condit eum à facie Athaliæ, ut non interficeretur. »

Josabet, fille de Joram, sœur d'Ochozias, s'empara du jeune Joas, et l'enleva avec sa nourrice de la chambre où l'on assassinoit ses frères; elle le déroba aux regards d'Athalie, afin qu'il ne fût pas massacré.

JOAD.

Vos larmes, Josabet, n'ont rien de criminel :
Mais Dieu veut qu'on espère en son soin paternel.
Il ne recherche point, aveugle en sa colère, [1]
Sur le fils qui le craint l'impiété du père.
Tout ce qui reste encor de fidèles Hébreux
Lui viendront aujourd'hui renouveler leurs vœux.
Autant que de David la race est respectée,
Autant de Jézabel la fille est détestée.
Joas les touchera par sa noble pudeur,
Où semble de son sang reluire la splendeur :
Et Dieu, par sa voix même appuyant notre exemple,
De plus près à leur cœur parlera dans son temple.
Deux infidèles rois tour à tour l'ont bravé;
Il faut que sur le trône un roi soit élevé,
Qui se souvienne un jour qu'au rang de ses ancêtres
Dieu l'a fait remonter par la main de ses prêtres,
L'a tiré par leurs mains de l'oubli du tombeau,
Et de David éteint rallumé le flambeau.

---

[1] Ézéchiel est le premier prophète qui ait développé le sens de la nouvelle loi, relativement aux peines que Dieu doit infliger aux coupables. Suivant l'ancienne loi, les fils étoient punis des crimes de leurs pères. Mais, dit le prophète, si le fils d'un coupable est juste, il ne mourra point à cause de l'iniquité de son père; au contraire il vivra : « Hic non morietur in iniqui-« tate patris sui, sed vitâ vivet. » Cap. XVIII, vers. 17.

On voit que Racine a imité très heureusement ce passage précieux.

Grand Dieu, si tu prévois qu'indigne de sa race
Il doive de David abandonner la trace :
Qu'il soit comme le fruit en naissant arraché,
Ou qu'un souffle ennemi dans sa fleur a séché!
Mais si ce même enfant, à tes ordres docile,
Doit être à tes desseins un instrument utile,
Fais qu'au juste héritier le sceptre soit remis;
Livre en mes foibles mains ses puissants ennemis;
Confonds dans ses conseils une reine cruelle!
Daigne, daigne, mon Dieu, sur Mathan et sur elle
Répandre cet esprit d'imprudence et d'erreur, [1]
De la chute des rois funeste avant-coureur!

L'heure me presse : adieu. Des plus saintes familles
Votre fils et sa sœur vous amènent les filles.

SCÈNE III.

JOSABET, ZACHARIE, SALOMITH, LE CHOEUR.

JOSABET.

CHER Zacharie, allez, ne vous arrêtez pas;
De votre auguste père accompagnez les pas.

---

[1] Lorsque David apprit qu'Achitophel avoit pris le parti d'Absalon, il adressa à Dieu la même prière : « Infatua, quæso, « Domine, consilium Achitophel. » Répandez je vous prie, Seigneur, l'erreur et le délire dans les conseils d'Achitophel.

IIᵉ livre des Rois, chap. XV, vers. 31.

O filles de Lévi, troupe jeune et fidèle,
Que déjà le Seigneur embrase de son zèle,
Qui venez si souvent partager mes soupirs,
Enfants, ma seule joie en mes longs déplaisirs,
Ces festons dans vos mains, et ces fleurs sur vos têtes,
Autrefois convenoient à nos pompeuses fêtes :
Mais, hélas ! en ce temps d'opprobre et de douleurs,
Quelle offrande sied mieux que celle de nos pleurs !
J'entends déjà, j'entends la trompette sacrée,
Et du temple bientôt on permettra l'entrée.
Tandis que je me vais préparer à marcher,
Chantez, louez le Dieu que vous venez chercher.

SCÈNE IV.

LE CHOEUR.

TOUT LE CHOEUR chante.

Tout l'univers est plein de sa magnificence ;[1]
Qu'on l'adore ce Dieu ; qu'on l'invoque à jamais :
Son empire a des temps précédé la naissance ;
    Chantons, publions ses bienfaits.

UNE VOIX seule.

  En vain l'injuste violence
Au peuple qui le loue imposeroit silence ;
    Son nom ne périra jamais.

---

[1] « Cœli enarrant gloriam Dei. » Les cieux racontent la gloire de Dieu. Ps. XVIII, vers. 1.

Le jour annonce au jour sa gloire et sa puissance,
Tout l'univers est plein de sa magnificence :
Chantons, publions ses bienfaits.

TOUT LE CHOEUR répète.

Tout l'univers est plein de sa magnificence :
Chantons, publions ses bienfaits.

UNE VOIX seule.

Il donne aux fleurs leur aimable peinture;
Il fait naître et mûrir les fruits;
Il leur dispense avec mesure
Et la chaleur des jours et la fraîcheur des nuits :
Le champ qui les reçut les rend avec usure.

UNE AUTRE.

Il commande au soleil d'animer la nature,
Et la lumière est un don de ses mains :
Mais sa loi sainte, sa loi pure
Est le plus riche don qu'il ait fait aux humains.

UNE AUTRE.

O mont de Sinaï, conserve la mémoire
De ce jour à jamais auguste et renommé,
Quand, sur ton sommet enflammé,
Dans un nuage épais le Seigneur enfermé
Fit luire aux yeux mortels un rayon de sa gloire.
Dis-nous pourquoi ces feux et ces éclairs,
Ces torrents de fumée, et ce bruit dans les airs,
Ces trompettes et ce tonnerre :
Venoit-il renverser l'ordre des éléments?

Sur ses antiques fondements
Venoit-il ébranler la terre?

UNE AUTRE.

Il venoit révéler aux enfants des Hébreux
De ses préceptes saints la lumière immortelle;
Il venoit à ce peuple heureux
Ordonner de l'aimer d'une amour éternelle.

TOUT LE CHOEUR.

O divine, ô charmante loi!
O justice, ô bonté suprême!
Que de raisons, quelle douceur extrême
D'engager à ce Dieu son amour et sa foi!

UNE VOIX seule.

D'un joug cruel il sauva nos aïeux,
Les nourrit au désert d'un pain délicieux;
Il nous donne ses lois, il se donne lui-même :
Pour tant de biens, il commande qu'on l'aime.

LE CHOEUR.

O justice, ô bonté suprême!

LA MÊME VOIX.

Des mers pour eux il entr'ouvrit les eaux;
D'un aride rocher fit sortir des ruisseaux;
Il nous donne ses lois, il se donne lui-même :
Pour tant de biens, il commande qu'on l'aime.

LE CHOEUR.

O divine, ô charmante loi!
Que de raisons, quelle douceur extrême
D'engager à ce Dieu son amour et sa foi!

ACTE I, SCÈNE IV.

UNE AUTRE VOIX seule.

Vous qui ne connoissez qu'une crainte servile,
Ingrats, un Dieu si bon ne peut-il vous charmer?
Est-il donc à vos cœurs, est-il si difficile
    Et si pénible de l'aimer?
  L'esclave craint le tyran qui l'outrage;
  Mais des enfants l'amour est le partage :
Vous voulez que ce Dieu vous comble de bienfaits,
    Et ne l'aimer jamais!

TOUT LE CHOEUR.

  O divine, ô charmante loi!
  O justice, ô bonté suprême!
Que de raisons, quelle douceur extrême
D'engager à ce Dieu son amour et sa foi!

FIN DU PREMIER ACTE.

ACTE SECOND.

SCÈNE I.

JOSABET, SALOMITH, LE CHOEUR.

JOSABET.

Mes filles, c'est assez; suspendez vos cantiques :
Il est temps de nous joindre aux prières publiques.
Voici notre heure; allons célébrer ce grand jour,
Et devant le Seigneur paroître à notre tour.

SCÈNE II.

ZACHARIE, JOSABET, SALOMITH, LE CHOEUR.

JOSABET.

Mais que vois-je! Mon fils, quel sujet vous ramène?
Où courez-vous ainsi tout pâle et hors d'haleine?

ZACHARIE.

O ma mère!

JOSABET.

Hé bien? quoi?

ZACHARIE.

Le temple est profané!

JOSABET.

Comment?

ZACHARIE.

Et du Seigneur l'autel abandonné.

JOSABET.

Je tremble. Hâtez-vous d'éclaircir votre mère.

ZACHARIE.

Déjà, selon la loi, le grand-prêtre mon père, [1]
Après avoir au Dieu qui nourrit les humains
De la moisson nouvelle offert les premiers pains,
Lui présentoit encore entre ses mains sanglantes
Des victimes de paix les entrailles fumantes;
Debout à ses côtés le jeune Éliacin
Comme moi le servoit en long habit de lin;
Et cependant du sang de la chair immolée
Les prêtres arrosoient l'autel et l'assemblée :
Un bruit confus s'élève, et du peuple surpris
Détourne tout à coup les yeux et les esprits.
Une femme.... peut-on la nommer sans blasphème!
Une femme.... C'étoit Athalie elle-même.

JOSABET.

Ciel!

ZACHARIE.

Dans un des parvis, aux hommes réservé,
Cette femme superbe entre, le front levé,

---

[1] Ces coutumes sont développées dans les deux premiers chapitres du Lévitique. Le premier traite de l'holocauste des animaux, le second de l'holocauste non sanglant, c'est-à-dire des prémices des moissons.

Et se préparoit même à passer les limites
De l'enceinte sacrée ouverte aux seuls lévites.
Le peuple s'épouvante, et fuit de toutes parts.
Mon père.... ah! quel courroux animoit ses regards!
Moïse à Pharaon parut moins formidable : [1]
« Reine, sors, a-t-il dit, de ce lieu redoutable,
« D'où te bannit ton sexe et ton impiété.
« Viens-tu du Dieu vivant braver la majesté? »
La reine alors, sur lui jetant un œil farouche,
Pour blasphémer sans doute ouvroit déjà la bouche :
J'ignore si de Dieu l'ange se dévoilant
Est venu lui montrer un glaive étincelant;
Mais sa langue en sa bouche à l'instant s'est glacée,
Et toute son audace a paru terrassée;
Ses yeux, comme effrayés, n'osoient se détourner :
Sur-tout Éliacin paroissoit l'étonner.

JOSABET.

Quoi donc! Éliacin a paru devant elle?

ZACHARIE.

Nous regardions tous deux cette reine cruelle,

---

[1] Cela s'applique à la dernière plaie d'Égypte, où le Seigneur frappa en une seule nuit tous les premiers nés. Pharaon effrayé fit venir Moïse et lui dit :

« Surgite et egredimini à populo meo, vos et filii Israël :
« ite, immolate Domino, sicut dicitis. »

Levez-vous, et sortez de mes états, vous et les enfants d'Israël; allez, faites des sacrifices au Seigneur, comme vous le voulez. Exode, chap. XII, vers. 31.

Et d'une égale horreur nos cœurs étoient frappés :
Mais les prêtres bientôt nous ont enveloppés ;
On nous a fait sortir. J'ignore tout le reste,
Et venois vous conter ce désordre funeste.

JOSABET.

Ah ! de nos bras sans doute elle vient l'arracher,
Et c'est lui qu'à l'autel sa fureur vient chercher.
Peut-être en ce moment l'objet de tant de larmes....
Souviens-toi de David, Dieu, qui vois mes alarmes !

SALOMITH.

Quel est-il, cet objet des pleurs que vous versez ?

ZACHARIE.

Les jours d'Éliacin seroient-ils menacés ?

SALOMITH.

Auroit-il de la reine attiré la colère ?

ZACHARIE.

Que craint-on d'un enfant sans support et sans père ?

JOSABET.

Ah ! la voici. Sortons : il la faut éviter.

SCÈNE III.

ATHALIE, AGAR, ABNER, SUITE D'ATHALIE.

AGAR.

MADAME, dans ces lieux pourquoi vous arrêter ?
Ici tous les objets vous blessent, vous irritent.
Abandonnez ce temple aux prêtres qui l'habitent ;

Ce que j'ai fait, Abner, j'ai cru le devoir faire.
Je ne prends point pour juge un peuple téméraire :
Quoi que son insolence ait osé publier,
Le ciel même a pris soin de me justifier.
Sur d'éclatants succès ma puissance établie
A fait jusqu'aux deux mers respecter Athalie :
Par moi Jérusalem goûte un calme profond;
Le Jourdain ne voit plus l'Arabe vagabond
Ni l'altier Philistin par d'éternels ravages,
Comme au temps de vos rois, désoler ses rivages;
Le Syrien me traite et de reine et de sœur;
Enfin de ma maison le perfide oppresseur,
Qui devoit jusqu'à moi pousser sa barbarie,
Jéhu, le fier Jéhu tremble dans Samarie;
De toutes parts pressé par un puissant voisin,
Que j'ai su soulever contre cet assassin,
Il me laisse en ces lieux souveraine maîtresse.
Je jouissois en paix du fruit de ma sagesse :
Mais un trouble importun vient depuis quelques jours
De mes prospérités interrompre le cours.
Un songe (me devrois-je inquiéter d'un songe!)
Entretient dans mon cœur un chagrin qui le ronge :
Je l'évite par-tout; par-tout il me poursuit.
  C'étoit pendant l'horreur d'une profonde nuit;
Ma mère Jézabel devant moi s'est montrée,
Comme au jour de sa mort, pompeusement parée :
Ses malheurs n'avoient point abattu sa fierté;
Même elle avoit encor cet éclat emprunté

ACTE II, SCÈNE V.

Dont elle eut soin de peindre et d'orner son visage,[1]
Pour réparer des ans l'irréparable outrage :
« Tremble, m'a-t-elle dit, fille digne de moi;
« Le cruel Dieu des Juifs l'emporte aussi sur toi.
« Je te plains de tomber dans ses mains redoutables,
« Ma fille. » En achevant ces mots épouvantables,
Son ombre vers mon lit a paru se baisser :
Et moi, je lui tendois les mains pour l'embrasser;
Mais je n'ai plus trouvé qu'un horrible mélange [2]
D'os et de chair meurtris et traînés dans la fange,
Des lambeaux pleins de sang, et des membres affreux
Que des chiens dévorants se disputoient entre eux.[3]

ABNER.

Grand Dieu!

---

[1] Quatrième livre des Rois, chap. IX, vers. 30 :

« Depinxit oculos suos stibio, et ornavit caput suum. »

Elle augmenta par le fard l'éclat de ses yeux, et elle orna sa tête.

[2] L'Écriture marque que lorsqu'on voulut prendre le corps de Jézabel pour l'ensevelir, on ne trouva que quelques membres epars : « Cùm issent ut sepelirent eam, non invenerunt nisi cal-
« variam et pedes et summas manus. »

IV° lib. Reg., cap. IX, vers. 35.

[3] Prophétie d'Élie, accomplie sur Jézabel : « In agro Jesraël
« comedent canes carnes Jezabel. »

IV° lib. Reg., cap. IX, vers. 36.

ATHALIE.

Dans ce désordre à mes yeux se présente
Un jeune enfant couvert d'une robe éclatante,
Tel qu'on voit des Hébreux les prêtres revêtus.
Sa vue a ranimé mes esprits abattus :
Mais lorsque, revenant de mon trouble funeste,
J'admirois sa douceur, son air noble et modeste,
J'ai senti tout à coup un homicide acier
Que le traître en mon sein a plongé tout entier.
 De tant d'objets divers le bizarre assemblage
Peut-être du hasard vous paroît un ouvrage :
Moi-même quelque temps, honteuse de ma peur,
Je l'ai pris pour l'effet d'une sombre vapeur.
Mais de ce souvenir mon ame possédée
A deux fois en dormant revu la même idée ;
Deux fois mes tristes yeux se sont vu retracer
Ce même enfant toujours tout prêt à me percer.
Lasse enfin des horreurs dont j'étois poursuivie,
J'allois prier Baal de veiller sur ma vie,
Et chercher du repos au pied de ses autels :
Que ne peut la frayeur sur l'esprit des mortels !
Dans le temple des Juifs un instinct m'a poussée,
Et d'apaiser leur Dieu j'ai conçu la pensée ;
J'ai cru que des présents calmeroient son courroux,
Que ce Dieu, quel qu'il soit, en deviendroit plus doux.
Pontife de Baal, excusez ma foiblesse.
J'entre. Le peuple fuit ; le sacrifice cesse ;
Le grand-prêtre vers moi s'élance avec fureur :

ACTE II, SCÈNE V.

Pendant qu'il me parloit, ô surprise! ô terreur!
J'ai vu ce même enfant dont je suis menacée,
Tel qu'un songe effrayant l'a peint à ma pensée.
Je l'ai vu; son même air, son même habit de lin,
Sa démarche, ses yeux, et tous ses traits enfin :
C'est lui-même. Il marchoit à côté du grand-prêtre :
Mais bientôt à ma vue on l'a fait disparoître.
 Voilà quel trouble ici m'oblige à m'arrêter,
Et sur quoi j'ai voulu tous deux vous consulter.
Que présage, Mathan, ce prodige incroyable?

MATHAN.

Ce songe et ce rapport, tout me semble effroyable....

ATHALIE.

Mais cet enfant fatal, Abner, vous l'avez vu :
Quel est-il? de quel sang? et de quelle tribu?

ABNER.

Deux enfants à l'autel prêtoient leur ministère :
L'un est fils de Joad, Josabet est sa mère;
L'autre m'est inconnu.

MATHAN.

Pourquoi délibérer?
De tous les deux, madame, il se faut assurer.
Vous savez pour Joad mes égards, mes mesures;
Que je ne cherche point à venger mes injures;
Que la seule équité règne en tous mes avis :
Mais lui-même, après tout, fût-ce son propre fils,
Voudroit-il un moment laisser vivre un coupable?

ABNER.
De quel crime un enfant peut-il être capable?

MATHAN.
Le ciel nous le fait voir un poignard à la main :
Le ciel est juste et sage, et ne fait rien en vain.
Que cherchez-vous de plus?

ABNER.
                    Mais, sur la foi d'un songe,
Dans le sang d'un enfant voulez-vous qu'on se plonge?
Vous ne savez encor de quel père il est né,
Quel il est.

MATHAN.
         On le craint; tout est examiné.
A d'illustres parents s'il doit son origine,
La splendeur de son sort doit hâter sa ruine :
Dans le vulgaire obscur si le sort l'a placé,
Qu'importe qu'au hasard un sang vil soit versé?
Est-ce aux rois à garder cette lente justice?
Leur sûreté souvent dépend d'un prompt supplice.
N'allons point les gêner d'un soin embarrassant :
Dès qu'on leur est suspect, on n'est plus innocent.

ABNER.
Hé quoi, Mathan! d'un prêtre est-ce là le langage?
Moi, nourri dans la guerre aux horreurs du carnage,
Des vengeances des rois ministre rigoureux,
C'est moi qui prête ici ma voix au malheureux!
Et vous, qui lui devez des entrailles de père,
Vous, ministre de paix dans les temps de colère,

Couvrant d'un zèle faux votre ressentiment,
Le sang à votre gré coule trop lentement!

Vous m'avez commandé de vous parler sans feinte,
Madame : quel est donc ce grand sujet de crainte?
Un songe, un foible enfant, que votre œil prévenu
Peut-être sans raison croit avoir reconnu.

ATHALIE.

Je le veux croire, Abner, je puis m'être trompée :
Peut-être un songe vain m'a trop préoccupée.
Hé bien, il faut revoir cet enfant de plus près;
Il en faut à loisir examiner les traits.
Qu'on les fasse tous deux paroître en ma présence.

ABNER.

Je crains....

ATHALIE.

Manqueroit-on pour moi de complaisance?
De ce refus bizarre où seroient les raisons?
Il pourroit me jeter en d'étranges soupçons.
Que Josabet, vous dis-je, ou Joad les amène.
Je puis, quand je voudrai, parler en souveraine.
Vos prêtres, je veux bien, Abner, vous l'avouer,
Des bontés d'Athalie ont lieu de se louer.
Je sais sur ma conduite et contre ma puissance
Jusqu'où de leurs discours ils portent la licence :
Ils vivent cependant, et leur temple est debout.
Mais je sens que bientôt ma douceur est à bout.
Que Joad mette un frein à son zèle sauvage,

Et ne m'irrite point par un second outrage.
Allez.

SCÈNE VI.

ATHALIE, MATHAN, SUITE D'ATHALIE.

MATHAN.

Enfin je puis parler en liberté ;
Je puis dans tout son jour mettre la vérité.
Quelque monstre naissant dans ce temple s'élève,
Reine : n'attendez pas que le nuage crève.
Abner chez le grand-prêtre a devancé le jour :
Pour le sang de ses rois vous savez son amour.
Et qui sait si Joad ne veut point en leur place
Substituer l'enfant dont le ciel vous menace,
Soit son fils, soit quelque autre?

ATHALIE.

Oui, vous m'ouvrez les yeux :
Je commence à voir clair dans cet avis des cieux.
Mais je veux de mon doute être débarrassée :
Un enfant est peu propre à trahir sa pensée ;
Souvent d'un grand dessein un mot nous fait juger.
Laissez-moi, cher Mathan, le voir, l'interroger.
Vous cependant, allez ; et, sans jeter d'alarmes,
A tous mes Tyriens faites prendre les armes.

SCÈNE VII.

JOAS, JOSABET, ATHALIE, ZACHARIE, ABNER, SALOMITH, DEUX LÉVITES, LE CHOEUR, SUITE D'ATHALIE.

JOSABET, aux deux lévites.

O vous, sur ces enfants si chers, si précieux,
Ministres du Seigneur, ayez toujours les yeux.

ABNER, à Josabet.

Princesse, assurez-vous, je les prends sous ma garde.

ATHALIE.

Oh ciel! plus j'examine, et plus je le regarde....
C'est lui! D'horreur encor tous mes sens sont saisis.
(montrant Joas.)
Épouse de Joad, est-ce là votre fils?

JOSABET.

Qui? lui, madame?

ATHALIE.

Lui.

JOSABET.

Je ne suis point sa mère.
(montrant Zacharie.)
Voilà mon fils.

ATHALIE, à Joas.

Et vous, quel est donc votre père?
Jeune enfant, répondez.[1]

---

[1] Il y a ici quelques rapports avec une scène d'Ion d'Euripide, quoique le sujet soit très différent.

Ion a été élevé dans le temple d'Apollon. Sa mère Créuse

ATHALIE.

JOSABET.

Le ciel jusqu'aujourd'hui....

ATHALIE, à Josabet.

Pourquoi vous pressez-vous de répondre pour lui ?
C'est à lui de parler.

---

le trouve au moment où elle va consulter l'oracle : elle ne le connoît pas ; mais sa physionomie l'intéresse. Elle lui fait quelques questions.

Euripide, Ion, vers 308 :

CRÉUSE.

Qui êtes-vous ? je pense que votre mère est bienheureuse.

ION.

O femme, je suis un serviteur du dieu qu'on adore dans ce temple. C'est là mon seul titre.....

CRÉUSE.

Habitez-vous dans ce temple, ou dans quelque autre maison ?

ION.

Ce temple est ma maison, mon seul asile.

CRÉUSE.

Est-ce au moment où vous êtes né, ou dans votre adolescence que vous y avez été transporté ?

ION.

Ceux qui croient le savoir disent que ce fut au moment de ma naissance.

CRÉUSE.

Quelle est celle des Delphiennes qui vous a nourri de son lait ?

ION.

Je n'ai jamais connu le sein d'une nourrice. C'est à la prêtresse que je dois la vie..... Je la regarde comme ma mère.....
J'ai subsisté des offrandes destinées aux autels.

JOSABET.

Dans un âge si tendre
Quel éclaircissement en pouvez-vous attendre?

ATHALIE.

Cet âge est innocent : son ingénuité
N'altère point encor la simple vérité.
Laissez-le s'expliquer sur tout ce qui le touche.

JOSABET, à part.

Daigne mettre, grand Dieu, ta sagesse en sa bouche!

ATHALIE.

Comment vous nommez-vous?

JOAS.

J'ai nom Éliacin.

ATHALIE.

Votre père?

JOAS.

Je suis, dit-on, un orphelin
Entre les bras de Dieu jeté dès ma naissance,
Et qui de mes parents n'eus jamais connoissance.

ATHALIE.

Vous êtes sans parents?

JOAS.

Ils m'ont abandonné.

ATHALIE.

Comment? et depuis quand?

JOAS.

Depuis que je suis né.

ATHALIE.

Ne sait-on pas au moins quel pays est le vôtre?

JOAS.

Ce temple est mon pays; je n'en connois point d'autre.

ATHALIE.

Où dit-on que le sort vous a fait rencontrer?

JOAS.

Parmi des loups cruels prêts à me dévorer.

ATHALIE.

Qui vous mit dans ce temple?

JOAS.

Une femme inconnue,
Qui ne dit point son nom, et qu'on n'a point revue.

ATHALIE.

Mais de vos premiers ans quelles mains ont pris soin?

JOAS.

Dieu laissa-t-il jamais ses enfants au besoin?
Aux petits des oiseaux il donne leur pâture,
Et sa bonté s'étend sur toute la nature.
Tous les jours je l'invoque; et d'un soin paternel
Il me nourrit des dons offerts sur son autel.

ATHALIE.

Quel prodige nouveau me trouble et m'embarrasse!
La douceur de sa voix, son enfance, sa grace,
Font insensiblement à mon inimitié
Succéder.... Je serois sensible à la pitié!

ABNER.

Madame, voilà donc cet ennemi terrible?

ACTE II, SCÈNE VII.

De vos songes menteurs l'imposture est visible ;
A moins que la pitié, qui semble vous troubler,
Ne soit ce coup fatal qui vous faisoit trembler.

ATHALIE, à Joas et à Josabet.

Vous sortez?

JOSABET.

Vous avez entendu sa fortune :
Sa présence à la fin pourroit être importune.

ATHALIE.

Non : revenez. Quel est tous les jours votre emploi ?

JOAS.

J'adore le Seigneur ; on m'explique sa loi ;
Dans son livre divin on m'apprend à la lire ;
Et déjà de ma main je commence à l'écrire.

ATHALIE.

Que vous dit cette loi ?

JOAS.

Que Dieu veut être aimé ;
Qu'il venge tôt ou tard son saint nom blasphémé ;
Qu'il est le défenseur de l'orphelin timide ;
Qu'il résiste au superbe, et punit l'homicide.

ATHALIE.

J'entends. Mais tout ce peuple enfermé dans ce lieu,
A quoi s'occupe-t-il?

JOAS.

Il loue, il bénit Dieu.

ATHALIE.

Dieu veut-il qu'à toute heure on prie, on le contemple ?

ATHALIE.

JOAS.

Tout profane exercice est banni de son temple.

ATHALIE.

Quels sont donc vos plaisirs?

JOAS.

Quelquefois à l'autel
Je présente au grand-prêtre ou l'encens ou le sel :
J'entends chanter de Dieu les grandeurs infinies;
Je vois l'ordre pompeux de ses cérémonies.

ATHALIE.

Hé quoi! vous n'avez point de passe-temps plus doux?
Je plains le triste sort d'un enfant tel que vous.
Venez dans mon palais, vous y verrez ma gloire.

JOAS.

Moi! des bienfaits de Dieu je perdrois la mémoire!

ATHALIE.

Non, je ne vous veux pas contraindre à l'oublier.

JOAS.

Vous ne le priez point.

ATHALIE.

Vous pourrez le prier.

JOAS.

Je verrois cependant en invoquer un autre.

ATHALIE.

J'ai mon Dieu que je sers; vous servirez le vôtre :
Ce sont deux puissants Dieux.

ACTE II, SCÈNE VII.

JOAS.

Il faut craindre le mien :
Lui seul est Dieu, madame ; et le vôtre n'est rien.

ATHALIE.

Les plaisirs près de moi vous chercheront en foule.

JOAS.

Le bonheur des méchants comme un torrent s'écoule.

ATHALIE.

Ces méchants, qui sont-ils ?

JOSABET.

Hé, madame ! excusez
Un enfant....

ATHALIE, à Josabet.

J'aime à voir comme vous l'instruisez.
Enfin, Éliacin, vous avez su me plaire ;
Vous n'êtes point sans doute un enfant ordinaire.
Vous voyez, je suis reine, et n'ai point d'héritier ;
Laissez là cet habit, quittez ce vil métier :
Je veux vous faire part de toutes mes richesses.
Essayez dès ce jour l'effet de mes promesses :
A ma table, par-tout, à mes côtés assis,
Je prétends vous traiter comme mon propre fils.

JOAS.

Comme votre fils !

ATHALIE.

Oui.... Vous vous taisez ?

ATHALIE.

JOAS.

Quel père
Je quitterois! et pour....

ATHALIE.

Hé bien?

JOAS.

Pour quelle mère!

ATHALIE, à Josabet.

Sa mémoire est fidèle; et, dans tout ce qu'il dit,
De vous et de Joad je reconnois l'esprit.
Voilà comme, infectant cette simple jeunesse,
Vous employez tous deux le calme où je vous laisse.
Vous cultivez déjà leur haine et leur fureur :
Vous ne leur prononcez mon nom qu'avec horreur.

JOSABET.

Peut-on de nos malheurs leur dérober l'histoire?
Tout l'univers les sait; vous-même en faites gloire.

ATHALIE.

Oui, ma juste fureur, et j'en fais vanité,
A vengé mes parents sur ma postérité.
J'aurois vu massacrer et mon père et mon frère,
Du haut de son palais précipiter ma mère,
Et dans un même jour égorger à la fois
(Quel spectacle d'horreur!) quatre-vingts fils de rois;
Et pourquoi? pour venger je ne sais quels prophètes
Dont elle avoit puni les fureurs indiscrètes :
Et moi, reine sans cœur, fille sans amitié,
Esclave d'une lâche et frivole pitié,

Je n'aurois pas du moins à cette aveugle rage
Rendu meurtre pour meurtre, outrage pour outrage,
Et de votre David traité tous les neveux
Comme on traitoit d'Achab les restes malheureux!
Où serois-je aujourd'hui, si, domtant ma foiblesse,
Je n'eusse d'une mère étouffé la tendresse;
Si de mon propre sang ma main versant des flots
N'eût par ce coup hardi réprimé vos complots?
Enfin de votre Dieu l'implacable vengeance
Entre nos deux maisons rompit toute alliance :
David m'est en horreur; et les fils de ce roi,
Quoique nés de mon sang, sont étrangers pour moi.

JOSABET.

Tout vous a réussi. Que Dieu voie, et nous juge.

ATHALIE.

Ce Dieu, depuis long-temps votre unique refuge,
Que deviendra l'effet de ses prédictions?
Qu'il vous donne ce roi promis aux nations,
Cet enfant de David, votre espoir, votre attente....
Mais nous nous reverrons. Adieu. Je sors contente.
J'ai voulu voir; j'ai vu.

ABNER, à Josabet.

        Je vous l'avois promis;
Je vous rends le dépôt que vous m'avez commis.

SCÈNE VIII.

JOAD, JOSABET, JOAS, ZACHARIE, ABNER, SALOMITH, LÉVITES, LE CHOEUR.

JOSABET, à Joad.

Avez-vous entendu cette superbe reine,
Seigneur?

JOAD.

J'entendois tout, et plaignois votre peine.
Ces lévites et moi, prêts à vous secourir,
Nous étions avec vous résolus de périr.
(à Joas, en l'embrassant.)
Que Dieu veille sur vous, enfant dont le courage
Vient de rendre à son nom ce noble témoignage!
Je reconnois, Abner, ce service important:
Souvenez-vous de l'heure où Joad vous attend.
Et nous, dont cette femme impie et meurtrière
A souillé les regards et troublé la prière,
Rentrons; et qu'un sang pur, par mes mains épanché,
Lave jusques au marbre où ses pas ont touché.

SCÈNE IX.

LE CHOEUR.

UNE DES FILLES DU CHOEUR.

Quel astre à nos yeux vient de luire?
Quel sera quelque jour cet enfant merveilleux?

ACTE II, SCÈNE IX.

Il brave le faste orgueilleux,
Et ne se laisse point séduire
A tous ses attraits périlleux.

UNE AUTRE.

Pendant que du dieu d'Athalie
Chacun court encenser l'autel,
Un enfant courageux publie
Que Dieu lui seul est éternel,
Et parle comme un autre Élie
Devant cette autre Jézabel.

UNE AUTRE.

Qui nous révèlera ta naissance secrète,
Cher enfant? Es-tu fils de quelque saint prophète?

UNE AUTRE.

Ainsi l'on vit l'aimable Samuël
 Croître à l'ombre du tabernacle :
Il devint des Hébreux l'espérance et l'oracle.
Puisses-tu, comme lui, consoler Israël !

UNE AUTRE chante

 O bienheureux mille fois
  L'enfant que le Seigneur aime,
 Qui de bonne heure entend sa voix,
Et que ce Dieu daigne instruire lui-même !
Loin du monde élevé, de tous les dons des cieux
 Il est orné dès sa naissance ;
 Et du méchant l'abord contagieux
  N'altère point son innocence.

TOUT LE CHOEUR.

Heureuse, heureuse l'enfance
Que le Seigneur instruit et prend sous sa défense !

LA MÊME VOIX, seule.

Tel en un secret vallon,[1]
Sur le bord d'une onde pure,
Croît, à l'abri de l'aquilon,
Un jeune lis, l'amour de la nature.
Loin du monde élevé, de tous les dons des cieux
Il est orné dès sa naissance ;
Et du méchant l'abord contagieux
N'altère point son innocence.

TOUT LE CHOEUR.

Heureux, heureux mille fois
L'enfant que le Seigneur rend docile à ses lois !

UNE VOIX seule.

Mon Dieu, qu'une vertu naissante
Parmi tant de périls marche à pas incertains !
Qu'une ame qui te cherche et veut être innocente

---

[1] Même comparaison dans Osée, chap. XIV, vers. 6 et 7 :

« Ero quasi ros, Israël germinabit sicut lilium, et erumpet
« radix ejus ut Libani. Ibunt rami ejus, et erit quasi oliva gloria
« ejus, et odor ejus ut Libani. »

Je serai pour Israël comme une rosée salutaire ; il germera comme le lis ; et sa racine sera profonde comme celle des arbres du Liban. Ses branches s'étendront : sa gloire sera semblable à celle de l'olivier ; il répandra comme l'encens une odeur parfumée.

ACTE II, SCÈNE IX.

Trouve d'obstacle à ses desseins!
Que d'ennemis lui font la guerre!
Où se peuvent cacher tes saints?
Les pécheurs couvrent la terre.

UNE AUTRE.

O palais de David, et sa chère cité,
Mont fameux, que Dieu même a long-temps habité,
Comment as-tu du ciel attiré la colère?
Sion, chère Sion, que dis-tu quand tu vois
    Une impie étrangère
Assise, hélas! au trône de tes rois?

TOUT LE CHOEUR.

Sion, chère Sion, que dis-tu quand tu vois
    Une impie étrangère
Assise, hélas! au trône de tes rois?

LA MÊME VOIX continue.

Au lieu des cantiques charmants
Où David t'exprimoit ses saints ravissements,
Et bénissoit son Dieu, son seigneur, et son père;
Sion, chère Sion, que dis-tu quand tu vois
    Louer le dieu de l'impie étrangère,
Et blasphémer le nom qu'ont adoré tes rois?

UNE VOIX seule.

Combien de temps, Seigneur, combien de temps encore
Verrons-nous contre toi les méchants s'élever?
Jusque dans ton saint temple ils viennent te braver:
Ils traitent d'insensé le peuple qui t'adore.

Combien de temps, Seigneur, combien de temps encore [1]
Verrons-nous contre toi les méchants s'élever?

UNE AUTRE.

Que vous sert, disent-ils, cette vertu sauvage?
  De tant de plaisirs si doux
  Pourquoi fuyez-vous l'usage?
 Votre Dieu ne fait rien pour vous.

UNE AUTRE.

Rions, chantons, dit cette troupe impie;
De fleurs en fleurs, de plaisirs en plaisirs,
  Promenons nos désirs.
Sur l'avenir insensé qui se fie.
De nos ans passagers le nombre est incertain :
Hâtons-nous aujourd'hui de jouir de la vie;
 Qui sait si nous serons demain?

TOUT LE CHOEUR.

Qu'ils pleurent, ô mon Dieu, qu'ils frémissent de crainte
 Ces malheureux, qui de ta cité sainte
 Ne verront point l'éternelle splendeur.
C'est à nous de chanter, nous à qui tu révèles
  Tes clartés immortelles,
C'est à nous de chanter tes dons et ta grandeur.

---

[1] Psaume XCIII, vers. 3 :

« Usquequò peccatores, Domine, usquequò peccatores glo-
« riabuntur, et loquentur iniquitatem? »

Jusques à quand, Seigneur, jusques à quand les méchants triompheront-ils, et se glorifieront-ils de leur iniquité?

ACTE II, SCÈNE IX.

UNE VOIX seule.

De tous ces vains plaisirs où leur ame se plonge,
Que leur restera-t-il? Ce qui reste d'un songe
    Dont on a reconnu l'erreur.
  A leur réveil, (ô réveil plein d'horreur!)
    Pendant que le pauvre à ta table
Goûtera de ta paix la douceur ineffable,
Ils boiront dans la coupe affreuse, inépuisable, [1]
Que tu présenteras, au jour de ta fureur,
    A toute la race coupable.

TOUT LE CHOEUR.

  O réveil plein d'horreur!
  O songe peu durable!
  O dangereuse erreur!

---

[1] Même image dans Isaïe, chap. LI, vers. 17 :

« Bibisti de manu Domini calicem iræ ejus, usque ad fundum « calicis soporis bibisti. »

La main du Seigneur vous a fait boire la coupe de sa colère; vous avez bu jusqu'au fond de cette coupe d'aveuglement.

FIN DU SECOND ACTE.

ACTE TROISIÈME.

SCÈNE I.
MATHAN, NABAL, LE CHOEUR.

MATHAN.

Jeunes filles, allez. Qu'on dise à Josabet
Que Mathan veut ici lui parler en secret.

UNE DES FILLES DU CHOEUR.

Mathan! O Dieu du ciel, puisses-tu le confondre!

NABAL.

Hé quoi! tout se disperse, et fuit sans vous répondre.

MATHAN.

Approchons.

SCÈNE II.
ZACHARIE, MATHAN, NABAL.

ZACHARIE.

Téméraire, où voulez-vous passer?
Au-delà de ce lieu gardez-vous d'avancer :
C'est des ministres saints la demeure sacrée;
Les lois à tout profane en défendent l'entrée.
Qui cherchez-vous? Mon père, en ce jour solennel,
De l'idolâtre impur fuit l'aspect criminel :
Et devant le Seigneur maintenant prosternée
Ma mère en ce devoir craint d'être détournée.

MATHAN.

Mon fils, nous attendrons; cessez de vous troubler.
C'est votre illustre mère à qui je veux parler :
Je viens ici chargé d'un ordre de la reine.

SCÈNE III.
MATHAN, NABAL.

NABAL.

Leurs enfants ont déjà leur audace hautaine.
Mais que veut Athalie en cette occasion?
D'où naît dans ses conseils cette confusion?
Par l'insolent Joad ce matin offensée,
Et d'un enfant fatal en songe menacée,
Elle alloit immoler Joad à son courroux,
Et dans ce temple enfin placer Baal et vous.
Vous m'en aviez déjà confié votre joie;
Et j'espérois ma part d'une si riche proie.
Qui fait changer ainsi ses vœux irrésolus?

MATHAN.

Ami, depuis deux jours je ne la connois plus.
Ce n'est plus cette reine éclairée, intrépide,
Élevée au-dessus de son sexe timide,
Qui d'abord accabloit ses ennemis surpris,
Et d'un instant perdu connoissoit tout le prix :
La peur d'un vain remords trouble cette grande ame :
Elle flotte, elle hésite; en un mot, elle est femme.
J'avois tantôt rempli d'amertume et de fiel
Son cœur déjà saisi des menaces du ciel;

ATHALIE.

Elle-même, à mes soins confiant sa vengeance,
M'avoit dit d'assembler sa garde en diligence :
Mais, soit que cet enfant devant elle amené,
De ses parents, dit-on, rebut infortuné,
Eût d'un songe effrayant diminué l'alarme,
Soit qu'elle eût même en lui vu je ne sais quel charme,
J'ai trouvé son courroux chancelant, incertain,
Et déjà remettant sa vengeance à demain.
Tous ses projets sembloient l'un l'autre se détruire.
« Du sort de cet enfant je me suis fait instruire,
« Ai-je dit ; on commence à vanter ses aïeux :
« Joad de temps en temps le montre aux factieux,
« Le fait attendre aux Juifs comme un autre Moïse,
« Et d'oracles menteurs s'appuie et s'autorise. »
Ces mots ont fait monter la rougeur sur son front.
Jamais mensonge heureux n'eut un effet si prompt.
« Est-ce à moi de languir dans cette incertitude ?
« Sortons, a-t-elle dit, sortons d'inquiétude.
« Vous-même à Josabet prononcez cet arrêt :
« Les feux vont s'allumer, et le fer est tout prêt ;
« Rien ne peut de leur temple empêcher le ravage,
« Si je n'ai de leur foi cet enfant pour otage. »

NABAL.

Hé bien, pour un enfant qu'ils ne connoissent pas,
Que le hasard peut-être a jeté dans leurs bras,
Voudront-ils que leur temple enseveli sous l'herbe....

MATHAN.

Eh ! de tous les mortels connois le plus superbe.

Plutôt que dans mes mains par Joad soit livré
Un enfant qu'à son Dieu Joad a consacré,
Tu lui verras subir la mort la plus terrible.
D'ailleurs pour cet enfant leur attache est visible.
Si j'ai bien de la reine entendu le récit,
Joad sur sa naissance en sait plus qu'il ne dit.
Quel qu'il soit, je prévois qu'il leur sera funeste :
Ils le refuseront. Je prends sur moi le reste ;
Et j'espère qu'enfin de ce temple odieux
Et la flamme et le fer vont délivrer mes yeux.

NABAL.

Qui peut vous inspirer une haine si forte ?
Est-ce que de Baal le zèle vous transporte ?
Pour moi, vous le savez, descendu d'Ismaël
Je ne sers ni Baal ni le Dieu d'Israël.

MATHAN.

Ami, peux-tu penser que d'un zèle frivole
Je me laisse aveugler pour une vaine idole,
Pour un fragile bois, que malgré mon secours [1]
Les vers sur son autel consument tous les jours ?
Né ministre du dieu qu'en ce temple on adore,
Peut-être que Mathan le serviroit encore,
Si l'amour des grandeurs, la soif de commander,
Avec son joug étroit pouvoient s'accommoder.

---

[1] Baruch, chap. VI, vers. 11.
« Hi autem non liberantur ab ærugine et tinea. »
Ces idoles ne peuvent se préserver de la rouille et des vers.

Qu'est-il besoin, Nabal, qu'à tes yeux je rappelle
De Joad et de moi la fameuse querelle,
Quand j'osai contre lui disputer l'encensoir;
Mes brigues, mes combats, mes pleurs, mon désespoir?
Vaincu par lui, j'entrai dans une autre carrière,
Et mon ame à la cour s'attacha tout entière.
J'approchai par degrés de l'oreille des rois;
Et bientôt en oracle on érigea ma voix.
J'étudiai leur cœur, je flattai leurs caprices,
Je leur semai de fleurs le bord des précipices :
Près de leurs passions rien ne me fut sacré;
De mesure et de poids je changeois à leur gré.
Autant que de Joad l'inflexible rudesse
De leur superbe oreille offensoit la mollesse;
Autant je les charmois par ma dextérité,
Dérobant à leurs yeux la triste vérité,
Prêtant à leur fureur des couleurs favorables,
Et prodigue sur-tout du sang des misérables.
Enfin, au dieu nouveau qu'elle avoit introduit
Par les mains d'Athalie un temple fut construit.
Jérusalem pleura de se voir profanée;
Des enfants de Lévi la troupe consternée
En poussa vers le ciel des hurlements affreux : [1]

---

[1] Exode, chap. II, vers. 23 :

« Et ingemiscentes filii Israël, propter opera vociferati sunt. »

Les enfants d'Israël, gémissant sous le poids des travaux, poussèrent vers le ciel des hurlements.

ACTE III, SCÈNE III.

Moi seul, donnant l'exemple aux timides Hébreux,
Déserteur de leur loi, j'approuvai l'entreprise,
Et par-là de Baal méritai la prêtrise;
Par-là je me rendis terrible à mon rival,
Je ceignis la tiare, et marchai son égal.
Toutefois, je l'avoue, en ce comble de gloire,
Du Dieu que j'ai quitté l'importune mémoire
Jette encore en mon ame un reste de terreur;
Et c'est ce qui redouble et nourrit ma fureur.
Heureux si, sur son temple achevant ma vengeance,
Je puis convaincre enfin sa haine d'impuissance,
Et parmi le débris, le ravage et les morts,
A force d'attentats perdre tous mes remords!
Mais voici Josabet.

SCÈNE IV.

JOSABET, MATHAN, NABAL.

MATHAN.

Envoyé par la reine
Pour rétablir le calme et dissiper la haine,
Princesse, en qui le ciel mit un esprit si doux,
Ne vous étonnez pas si je m'adresse à vous.
Un bruit, que j'ai pourtant soupçonné de mensonge,
Appuyant les avis qu'elle a reçus en songe,
Sur Joad, accusé de dangereux complots,
Alloit de sa colère attirer tous les flots.
Je ne veux point ici vous vanter mes services :

De Joad contre moi je sais les injustices;
Mais il faut à l'offense opposer les bienfaits.
Enfin je viens chargé de paroles de paix.
Vivez, solennisez vos fêtes sans ombrage.
De votre obéissance elle ne veut qu'un gage :
C'est (pour l'en détourner j'ai fait ce que j'ai pu.)
Cet enfant sans parents, qu'elle dit qu'elle a vu.

JOSABET.

Éliacin?

MATHAN.

J'en ai pour elle quelque honte :
D'un vain songe peut-être elle fait trop de compte.
Mais vous vous déclarez ses mortels ennemis,
Si cet enfant sur l'heure en mes mains n'est remis.
La reine impatiente attend votre réponse.

JOSABET.

Et voilà de sa part la paix qu'on nous annonce!

MATHAN.

Pourriez-vous un moment douter de l'accepter?
D'un peu de complaisance est-ce trop l'acheter?

JOSABET.

J'admirois si Mathan, dépouillant l'artifice,
Avoit pu de son cœur surmonter l'injustice,
Et si de tant de maux le funeste inventeur
De quelque ombre de bien pouvoit être l'auteur.

MATHAN.

De quoi vous plaignez-vous? Vient-on avec furie
Arracher de vos bras votre fils Zacharie?

Quel est cet autre enfant si cher à votre amour?
Ce grand attachement me surprend à mon tour.
Est-ce un trésor pour vous si précieux, si rare?
Est-ce un libérateur que le ciel vous prépare?
Songez-y, vos refus pourroient me confirmer
Un bruit sourd que déjà l'on commence à semer.

JOSABET.

Quel bruit?

MATHAN.

Que cet enfant vient d'illustre origine;
Qu'à quelque grand projet votre époux le destine.

JOSABET.

Et Mathan, par ce bruit qui flatte sa fureur....

MATHAN.

Princesse, c'est à vous à me tirer d'erreur.
Je sais que, du mensonge implacable ennemie,
Josabet livreroit même sa propre vie
S'il falloit que sa vie à sa sincérité
Coûtât le moindre mot contre la vérité.
Du sort de cet enfant on n'a donc nulle trace?
Une profonde nuit enveloppe sa race?
Et vous-même ignorez de quels parents issu,
De quelles mains Joad en ses bras l'a reçu?
Parlez, je vous écoute, et suis prêt de vous croire.
Au Dieu que vous servez, princesse, rendez gloire.

JOSABET.

Méchant, c'est bien à vous d'oser ainsi nommer
Un Dieu que votre bouche enseigne à blasphémer!

Sa vérité par vous peut-elle être attestée,
Vous, malheureux, assis dans la chaire empestée
Où le mensonge règne et répand son poison;
Vous, nourri dans la fourbe et dans la trahison?

SCÈNE V.

JOAD, JOSABET, MATHAN, NABAL.

JOAD.

Où suis-je? de Baal ne vois-je pas le prêtre?
Quoi! fille de David, vous parlez à ce traître?
Vous souffrez qu'il vous parle? et vous ne craignez pas [2]
Que du fond de l'abîme entr'ouvert sous ses pas
Il ne sorte à l'instant des feux qui vous embrasent,
Ou qu'en tombant sur lui ces murs ne vous écrasent?
Que veut-il? De quel front cet ennemi de Dieu
Vient-il infecter l'air qu'on respire en ce lieu?

---

[1] Cette dernière expression est prise dans le premier psaume de David, vers 1 :

« Cathedra pestilentiæ. »

[2] Allusion au châtiment de Coré, Dathan et Abiron. Nombres, chap. XVI, vers. 31 et 32 :

« Dirupta est terra sub pedibus eorum, et aperiens os suum
« devoravit illos cum tabernaculis suis..... Descenderuntque
« vivi in infernum. »

La terre se fendit sous leurs pieds ; ouvrant son sein ; elle les engloutit eux et leurs tentes..... Tout vivants ils descendirent aux enfers.

ACTE III, SCÈNE V.

MATHAN.

On reconnoît Joad à cette violence.
Toutefois il devroit montrer plus de prudence,
Respecter une reine, et ne pas outrager
Celui que de son ordre elle a daigné charger.

JOAD.

Hé bien! que nous fait-elle annoncer de sinistre?
Quel sera l'ordre affreux qu'apporte un tel ministre?

MATHAN.

J'ai fait à Josabet savoir sa volonté.

JOAD.

Sors donc de devant moi, monstre d'impiété.
De toutes tes horreurs, va, comble la mesure.
Dieu s'apprête à te joindre à la race parjure,
Abiron, et Dathan, Doëg, Achitophel :
Les chiens à qui son bras a livré Jézabel,
Attendant que sur toi sa fureur se déploie,
Déjà sont à ta porte, et demandent leur proie.

MATHAN, troublé.

Avant la fin du jour.... on verra qui de nous....
Doit.... Mais sortons, Nabal.

NABAL.

     Où vous égarez-vous?
De vos sens étonnés quel désordre s'empare?
Voilà votre chemin.

ATHALIE.
SCÈNE VI.
JOAD, JOSABET.

JOSABET.

L'orage se déclare :
Athalie en fureur demande Éliacin.
Déjà de sa naissance et de votre dessein
On commence, seigneur, à percer le mystère :
Peu s'en faut que Mathan ne m'ait nommé son père.

JOAD.

Au perfide Mathan qui l'auroit révélé?
Votre trouble à Mathan n'a-t-il point trop parlé?

JOSABET.

J'ai fait ce que j'ai pu pour m'en rendre maîtresse.
Cependant croyez-moi, seigneur, le péril presse.
Réservons cet enfant pour un temps plus heureux.
Tandis que les méchants délibèrent entre eux,
Avant qu'on l'environne, avant qu'on nous l'arrache,
Une seconde fois souffrez que je le cache;
Les portes, les chemins lui sont encore ouverts.
Faut-il le transporter aux plus affreux déserts?
Je suis prête; je sais une secrète issue
Par où, sans qu'on le voie, et sans être aperçue,
De Cédron avec lui traversant le torrent, [1]

---

[1] Le torrent de Cédron étoit sur les confins de la tribu de Juda et de celle de Benjamin : David le traversa pieds nus.
Deuxième livre des Rois, chap. XV, vers. 23 :
« Omnes flebant voce magnâ, et universus populus transibat.

J'irai dans le désert où jadis en pleurant,
Et cherchant comme nous son salut dans la fuite,
David d'un fils rebelle évita la poursuite.
Je craindrai moins pour lui les lions et les ours....
Mais pourquoi de Jéhu refuser le secours?
Je vous ouvre peut-être un avis salutaire.
Faisons de ce trésor Jéhu dépositaire :
On peut dans ses états le conduire aujourd'hui,
Et le chemin est court qui mène jusqu'à lui.
Jéhu n'a point un cœur farouche, inexorable;
De David à ses yeux le nom est favorable.
Hélas! est-il un roi si dur et si cruel,
A moins qu'il n'eût pour mère une autre Jézabel,
Qui d'un tel suppliant ne plaignît l'infortune?
Sa cause à tous les rois n'est-elle pas commune?

JOAD.

Quels timides conseils m'osez-vous suggérer!
En l'appui de Jéhu pourriez-vous espérer?

JOSABET.

Dieu défend-il tout soin et toute prévoyance?
Ne l'offense-t-on point par trop de confiance?
A ses desseins sacrés employant les humains,
N'a-t-il pas de Jéhu lui-même armé les mains?

« Rex quoque transgrediebatur torrentem Cedron, et cunctus
« populus incedebat contra viam quæ respicit ad desertum. »

Tout le monde pleuroit dans ce passage, et des cris affreux
retentissoient de toute part. Le roi traversa aussi le torrent de
Cédron, et le peuple suivoit la route qui regarde le désert.

JOAD.

Jéhu, qu'avoit choisi sa sagesse profonde,
Jéhu, sur qui je vois que votre espoir se fonde,
D'un oubli trop ingrat a payé ses bienfaits :
Jéhu laisse d'Achab l'affreuse fille en paix,
Suit des rois d'Israël les profanes exemples,
Du vil dieu de l'Égypte a conservé les temples;
Jéhu, sur les hauts lieux enfin osant offrir
Un téméraire encens que Dieu ne peut souffrir,
N'a pour servir sa cause et venger ses injures
Ni le cœur assez droit, ni les mains assez pures.
Non, non; c'est à Dieu seul qu'il nous faut attacher.
Montrons Éliacin; et, loin de le cacher,
Que du bandeau royal sa tête soit ornée :
Je veux même avancer l'heure déterminée,
Avant que de Mathan le complot soit formé.

SCÈNE VII.

JOAD, JOSABET; AZARIAS, suivi du chœur et de plusieurs lévites.

JOAD.

Hé bien, Azarias, le temple est-il fermé?

AZARIAS.

J'en ai fait devant moi fermer toutes les portes.

JOAD.

N'y reste-t-il que vous et vos saintes cohortes?

ACTE III, SCÈNE VII.

AZARIAS.

De ses parvis sacrés j'ai deux fois fait le tour.
Tout a fui; tous se sont séparés sans retour,
Misérable troupeau qu'a dispersé la crainte :
Et Dieu n'est plus servi que dans la tribu sainte.
Depuis qu'à Pharaon ce peuple est échappé,
Une égale terreur ne l'avoit point frappé.

JOAD.

Peuple lâche en effet, et né pour l'esclavage,
Hardi contre Dieu seul! Poursuivons notre ouvrage.
Mais qui retient encor ces enfants parmi nous?

UNE DES FILLES DU CHŒUR.

Hé! pourrions-nous, seigneur, nous séparer de vous?
Dans le temple de Dieu sommes-nous étrangères?
Vous avez près de vous nos pères et nos frères.

UNE AUTRE.

Hélas! si, pour venger l'opprobre d'Israël,
Nos mains ne peuvent pas, comme autrefois Jahel, [1]
Des ennemis de Dieu percer la tête impie,
Nous lui pouvons du moins immoler notre vie.
Quand vos bras combattront pour son temple attaqué,
Par nos larmes du moins il peut être invoqué.

JOAD.

Voilà donc quels vengeurs s'arment pour ta querelle,

---

[1] Barac, chef des Juifs, avoit mis en fuite Sisara, général des Chananéens. Celui-ci se retira dans la tente de Jahel, femme d'Haber. Pendant son sommeil, cette femme le fit périr, en lui enfonçant un clou dans la tête. Juges, chap. IV.

Des prêtres, des enfants, ô Sagesse éternelle !
Mais, si tu les soutiens, qui peut les ébranler ?
Du tombeau, quand tu veux, tu sais nous rappeler ; [1]
Tu frappes et guéris, tu perds et ressuscites.
Ils ne s'assurent point en leurs propres mérites,
Mais en ton nom sur eux invoqué tant de fois,
En tes serments jurés au plus saint de leurs rois,
En ce temple où tu fais ta demeure sacrée,
Et qui doit du soleil égaler la durée.
Mais d'où vient que mon cœur frémit d'un saint effroi ?
Est-ce l'esprit divin qui s'empare de moi ?
C'est lui-même : il m'échauffe ; il parle ; mes yeux s'ouvrent,
Et les siècles obscurs devant moi se découvrent.
Lévites, de vos sons prêtez-moi les accords, [2]
Et de ses mouvements secondez les transports.

---

[1] Sagesse, chap. XVI, vers. 13 :

« Tu es enim, Domine, qui vitæ et mortis habes potestatem, « et deducis ad portas mortis et reducis. »

Vous avez, Seigneur, le pouvoir de vie et de mort, vous conduisez aux portes du tombeau et vous en ramenez.

[2] Élisée fut prié par Josaphat et Joram de demander au ciel la fin d'une sécheresse. Avant de faire sa prière, le prophète invoqua le secours de la musique : aussitôt que les accords eurent commencé, la main de Dieu s'étendit sur le prophète. « Nunc « autem adducite mihi psaltem. Cùmque caneret psaltes, facta « est super cum manus Domini. »

IV° lib. Reg., cap. III, vers. 15.

LE CHOEUR chante au son de toute la symphonie des instruments.

Que du Seigneur la voix se fasse entendre,
Et qu'à nos cœurs son oracle divin
   Soit ce qu'à l'herbe tendre
Est, au printemps, la fraîcheur du matin.

JOAD.

Cieux, écoutez ma voix. Terre, prête l'oreille. [2]
Ne dis plus, ô Jacob, que ton Seigneur sommeille. [3]
Pécheurs, disparoissez; le Seigneur se réveille.

Ici recommence la symphonie, et Joad aussitôt reprend la parole.

Comment en un plomb vil l'or pur s'est-il changé?.... [4]

---

[1] Deutéronome, chap. XXXII, vers. 2 :

« Fluat ut ros eloquium meum, quasi imber super herbam. »

Que mes discours se répandent ainsi qu'une douce rosée; qu'ils soient comme la pluie quand elle rafraîchit l'herbe tendre.

[2] Cantique de Moïse. Deutéronome, chap. XXXII, vers. 1.

« Audite, cœli, quæ loquor, audiat terra verba oris mei. »

Cieux, écoutez ma voix; que la terre prête l'oreille à mes paroles.

[3] Isaïe, chap. XL, vers. 27 :

« Quare dicis Jacob, et loqueris Israël : abscondita est via
« mea à Domino; et à Deo meo judicium meum transivit. »

Pourquoi dis-tu, Jacob, pourquoi oses-tu dire, Israël : la voie où je marche est cachée au Seigneur : mon Dieu ne se met point en peine de me rendre justice.

[4] Lamentations de Jérémie, chap. IV, vers. 1, et Prophéties d'Isaïe, chap. I, vers. 22 :

« Quomodò obscuratum est aurum, mutatus est color opti-
« mus?.... Argentum tuum versum est in scoriam. »

Comment l'or s'est-il obscurci? Comment sa couleur a-t-elle perdu son éclat?.... L'argent s'est changé en plomb.

Quel est dans le lieu saint ce pontife égorgé ?....
Pleure, Jérusalem, pleure, cité perfide, [1]
Des prophètes divins malheureuse homicide ;
De son amour pour toi ton Dieu s'est dépouillé ;
Ton encens à ses yeux est un encens souillé....
　　Où menez-vous ces enfants et ces femmes ?
Le Seigneur a détruit la reine des cités :
Ses prêtres sont captifs, ses rois sont rejetés.
Dieu ne veut plus qu'on vienne à ses solennités. [2]
Temple, renverse-toi. Cèdres, jetez des flammes.
　　Jérusalem, objet de ma douleur,
Quelle main en un jour t'a ravi tous tes charmes ?
Qui changera mes yeux en deux sources de larmes [3]
　　Pour pleurer ton malheur ?

---

[1] Joël, chap. I, vers. 8, 9 et 10 :

« Plange quasi virgo accincta sacco super virum pubertatis « suæ. Periit sacrificium et libatio de domo Domini : luxerunt « sacerdotes ministri Domini : depopulata est regio ; luxit humus. »

Pleure, Jérusalem, comme une jeune fille qui se couvre d'un sac pour gémir sur la mort de celui qui lui fut destiné pour époux. Les oblations et les libations sont bannies de la maison du Seigneur ; les prêtres ministres de Dieu sont dans le deuil, le pays est dépeuplé ; la terre gémit.

[2] Isaïe, chap. I, vers 14 :

« Solemnitates vestras odivit anima mea. »

Je hais vos solennités.

[3] Jérémie, chap. IX, vers. 1 :

« Quis dabit.... oculis meis fontem lacrymarum ? et plorabo die ac nocte interfectos filiæ populi mei. »

Qui donnera à mes yeux une source de larmes ? et je pleurerai jour et nuit la mort des enfants d'Israël.

ACTE III, SCÈNE VII.

AZARIAS.

O saint temple!

JOSABET.

O David!

LE CHOEUR.

Dieu de Sion, rappelle,
Rappelle en sa faveur tes antiques bontés.
La symphonie recommence encore, et Joad un moment après l'interrompt.

JOAD.

Quelle Jérusalem nouvelle [1]
Sort du fond du désert brillante de clartés,
Et porte sur le front une marque immortelle?
Peuples de la terre, chantez.
Jérusalem renaît plus charmante et plus belle :
D'où lui viennent de tous côtés
Ces enfants qu'en son sein elle n'a point portés?

---

[1] Zacharie, chap. II, vers. 10, 11 et 12 :

« Lauda et lætare, filia Sion; quia ecce ego venio, et habi-
« tabo in medio tui, ait Dominus. Et applicabuntur gentes
« multæ ad Dominum in die illâ, et erunt mihi in populum....
« et possidebit Dominus Judam partem suam in terrâ sancti-
« ficatâ; et eliget adhuc Jerusalem. »

Réjouis-toi, fille de Sion, et chante des cantiques. Je viens moi-même habiter dans ton sein, a dit le Seigneur. Alors plusieurs nations s'attacheront à moi, et elles deviendront mon peuple. Le Seigneur possèdera encore Juda comme son héritage dans le pays qui lui a été consacré; et il choisira encore Jérusalem pour sa demeure.

Lève, Jérusalem, lève ta tête altière;
Regarde tous ces rois de ta gloire étonnés :
Les rois des nations, devant toi prosternés,
    De tes pieds baisent la poussière :
Les peuples à l'envi marchent à ta lumière.
Heureux qui pour Sion d'une sainte ferveur
    Sentira son ame embrasée !
    Cieux, répandez votre rosée, [1]
  Et que la terre enfante son sauveur !

JOSABET.

Hélas ! d'où nous viendra cette insigne faveur,
Si les rois de qui doit descendre ce sauveur....

JOAD.

Préparez, Josabet, le riche diadème
Que sur son front sacré David porta lui-même.
    (aux lévites.)
Et vous, pour vous armer suivez-moi dans ces lieux
Où se garde caché, loin des profanes yeux,
Ce formidable amas de lances et d'épées
Qui du sang philistin jadis furent trempées,
Et que David vainqueur, d'ans et d'honneurs chargé,
Fit consacrer au Dieu qui l'avoit protégé.
Peut-on les employer pour un plus noble usage ?
Venez, je veux moi-même en faire le partage.

---

[1] Isaïe, chap. XLV, vers. 8 :

« Rorate, cœli..... aperiatur terra et germinet salvatorem. »

Cieux, répandez la rosée, que la terre s'ouvre et qu'elle enfante son sauveur.

SCÈNE VIII.

SALOMITH, LE CHOEUR.

SALOMITH.

Que de craintes, mes sœurs, que de troubles mortels!
  Dieu tout-puissant, sont-ce là les prémices,
    Les parfums et les sacrifices
Qu'on devoit en ce jour offrir sur tes autels?

UNE DES FILLES DU CHOEUR.

    Quel spectacle à nos yeux timides!
    Qui l'eût cru qu'on dût voir jamais
Les glaives meurtriers, les lances homicides
    Briller dans la maison de paix?

UNE AUTRE.

D'où vient que, pour son Dieu pleine d'indifférence,
Jérusalem se tait en ce pressant danger?
  D'où vient, mes sœurs, que, pour nous protéger,
Le brave Abner au moins ne rompt pas le silence?

SALOMITH.

Hélas! dans une cour où l'on n'a d'autres lois
    Que la force et la violence,
    Où les honneurs et les emplois
Sont le prix d'une aveugle et basse obéissance,
    Ma sœur, pour la triste innocence
    Qui voudroit élever sa voix?

UNE AUTRE.

  Dans ce péril, dans ce désordre extrême,
Pour qui prépare-t-on le sacré diadème?

SALOMITH.

Le Seigneur a daigné parler;
Mais ce qu'à son prophète il vient de révéler,
Qui pourra nous le faire entendre?
S'arme-t-il pour nous défendre?
S'arme-t-il pour nous accabler?

TOUT LE CHOEUR chante.

O promesse! ô menace! ô ténébreux mystère!
Que de maux, que de biens sont prédits tour à tour!
Comment peut-on avec tant de colère
Accorder tant d'amour?

UNE VOIX seule.

Sion ne sera plus; une flamme cruelle
Détruira tous ses ornements.

UNE AUTRE VOIX.

Dieu protège Sion; elle a pour fondements
Sa parole éternelle.

LA PREMIÈRE.

Je vois tout son éclat disparoître à mes yeux.

LA SECONDE.

Je vois de toutes parts sa clarté répandue.

LA PREMIÈRE.

Dans un gouffre profond Sion est descendue.

LA SECONDE.

Sion a son front dans les cieux.

LA PREMIÈRE.

Quel triste abaissement!

LA SECONDE.

Quelle immortelle gloire!

LA PREMIÈRE.

Que de cris de douleur!

LA SECONDE.

Que de chants de victoire!

UNE TROISIÈME.

Cessons de nous troubler; notre Dieu, quelque jour,
Dévoilera ce grand mystère.

TOUTES TROIS.

Révérons sa colère;
Espérons en son amour.

UNE AUTRE.

D'un cœur qui t'aime,
Mon Dieu, qui peut troubler la paix?
Il cherche en tout ta volonté suprême,
Et ne se cherche jamais.
Sur la terre, dans le ciel même,
Est-il d'autre bonheur que la tranquille paix
D'un cœur qui t'aime?

FIN DU TROISIÈME ACTE.

ACTE QUATRIÈME.

SCÈNE I.

JOAS, JOSABET, ZACHARIE, SALOMITH, UN LÉVITE, LE CHOEUR.

SALOMITH.

D'un pas majestueux, à côté de ma mère,
Le jeune Éliacin s'avance avec mon frère.
Dans ces voiles, mes sœurs, que portent-ils tous deux?
Quel est ce glaive enfin qui marche devant eux?

JOSABET, à Zacharie.

Mon fils, avec respect posez sur cette table
De notre sainte loi le livre redoutable.
Et vous aussi, posez, aimable Éliacin,
Cet auguste bandeau près du livre divin.
Lévite, il faut placer, Joad ainsi l'ordonne,
Le glaive de David auprès de sa couronne.

JOAS.

Princesse, quel est donc ce spectacle nouveau?
Pourquoi ce livre saint, ce glaive, ce bandeau?
Depuis que le Seigneur m'a reçu dans son temple,
D'un semblable appareil je n'ai point vu d'exemple.

JOSABET.

Tous vos doutes, mon fils, bientôt s'éclairciront.

JOAS.

Vous voulez essayer ce bandeau sur mon front?
Ah, princesse! gardez d'en profaner la gloire!
Du roi qui l'a porté respectez la mémoire.
Un malheureux enfant aux ours abandonné....

JOSABET, lui essayant le diadème.

Laissez, mon fils : je fais ce qui m'est ordonné.

JOAS.

Mais j'entends les sanglots sortir de votre bouche!
Princesse, vous pleurez! quelle pitié vous touche?
Est-ce qu'en holocauste aujourd'hui présenté
Je dois, comme autrefois la fille de Jephté,[1]

---

[1] Jephté, l'un des juges d'Israël, avant d'aller combattre les Ammonites, fit vœu de sacrifier au Seigneur la première personne qu'il verroit sortir de sa maison, à son retour de l'armée. Ayant remporté une grande victoire, sa fille vint au-devant de lui au son des instruments pour le féliciter. Il regretta son vœu, mais il l'accomplit. Les filles d'Israël s'assembloient une fois chaque année pour pleurer la fille de Jephté.

La fille de Jephté témoigna la même résignation que Racine prête à Joas.

Juges, chap. XI, vers. 36 :

« Pater mi, si aperuisti os tuum ad Dominum, fac mihi quod-
« cunque pollicitus es, concessâ tibi ultione atque victoriâ de
« hostibus tuis. »

Mon père, si vous avez élevé votre voix au Seigneur, remplissez à mon égard le vœu que vous avez fait, puisqu'il vous a accordé la vengeance et une grande victoire.

Du Seigneur par ma mort apaiser la colère ?
Hélas ! un fils n'a rien qui ne soit à son père.

JOSABET.

Voici qui vous dira les volontés des cieux.
Ne craignez rien. Et nous, sortons tous de ces lieux.

SCÈNE II.

JOAD, JOAS.

JOAS, courant dans les bras du grand-prêtre.

Mon père !

JOAD.

Hé bien, mon fils ?

JOAS.

Qu'est-ce donc qu'on prépare ?

JOAD.

Il est juste, mon fils, que je vous le déclare.
Il faut que vous soyez instruit, même avant tous,
Des grands desseins de Dieu sur son peuple et sur vous.
Armez-vous d'un courage et d'une foi nouvelle ;
Il est temps de montrer cette ardeur et ce zèle
Qu'au fond de votre cœur mes soins ont cultivés,
Et de payer à Dieu ce que vous lui devez.
Sentez-vous cette noble et généreuse envie ?

JOAS.

Je me sens prêt, s'il veut, de lui donner ma vie.

JOAD.

On vous a lu souvent l'histoire de nos rois :

ACTE IV, SCÈNE II.

Vous souvient-il, mon fils, quelles étroites lois
Doit s'imposer un roi digne du diadème?

JOAS.

Un roi sage, ainsi Dieu l'a prononcé lui-même, [1]
Sur la richesse et l'or ne met point son appui;
Craint le Seigneur son Dieu; sans cesse a devant lui
Ses préceptes, ses lois, ses jugements sévères,
Et d'injustes fardeaux n'accable point ses frères.

JOAD.

Mais sur l'un de ces rois s'il falloit vous régler,
A qui choisiriez-vous, mon fils, de ressembler?

JOAS.

David, pour le Seigneur plein d'un amour fidèle,
Me paroît des grands rois le plus parfait modèle.

JOAD.

Ainsi dans leurs excès vous n'imiteriez pas
L'infidèle Joram, l'impie Ochozias?

JOAS.

O mon père!

---

[1] Deutéronome, chap. XVII, vers. 16 et 19:

« Cùm fuerit constitutus..... non habebit argenti et auri im-
« mensa pondera..... describet sibi deuteronomium legis hujus
« in volumine..... et habebit secum, legetque omnibus diebus
« vitæ suæ, ut discat timere Dominum Deum suum. »

Lorsqu'il sera établi roi, il ne fera point des amas d'or et d'argent; il fera transcrire pour lui le livre de la loi, le portera sans cesse avec lui, et le lira tous les jours de sa vie, afin d'apprendre à craindre le Seigneur son Dieu.

ATHALIE.

JOAD.

Achevez, dités : que vous en semble?

JOAS.

Puisse périr comme eux quiconque leur ressemble!
(Joad se prosterne à ses pieds.)
Mon père, en quel état vous vois-je devant moi!

JOAD.

Je vous rends le respect que je dois à mon roi.
De votre aïeul David, Joas, rendez-vous digne.

JOAS.

Joas! moi?

JOAD, se relevant.

Vous saurez par quelle grace insigne,
D'une mère en fureur Dieu trompant le dessein,
Quand déjà son poignard étoit dans votre sein,
Vous choisit, vous sauva du milieu du carnage.
Vous n'êtes pas encore échappé de sa rage :
Avec la même ardeur qu'elle voulut jadis
Perdre en vous le dernier des enfants de son fils,
A vous faire périr sa cruauté s'attache,
Et vous poursuit encor sous le nom qui vous cache.
Mais sous vos étendards j'ai déjà su ranger
Un peuple obéissant et prompt à vous venger.
Entrez, généreux chefs des familles sacrées
Du ministère saint tour à tour honorées.

SCÈNE III.

JOAS, JOAD, AZARIAS, ISMAEL,
TROIS AUTRES CHEFS DES LÉVITES.

JOAD.

Roi, voilà vos vengeurs contre vos ennemis.
Prêtres, voilà le roi que je vous ai promis.[1]

AZARIAS.

Quoi! c'est Éliacin?

ISMAEL.

Quoi! cet enfant aimable....

JOAD.

Est des rois de Juda l'héritier véritable,
Dernier né des enfants du triste Ochozias,
Nourri, vous le savez, sous le nom de Joas.
De cette fleur si tendre et sitôt moissonnée
Tout Juda, comme vous, plaignant la destinée,
Avec ses frères morts le crut enveloppé.
Du perfide couteau comme eux il fut frappé :
Mais Dieu du coup mortel sut détourner l'atteinte,
Conserva dans son cœur la chaleur presque éteinte,
Permit que, des bourreaux trompant l'œil vigilant,
Josabet dans son sein l'emportât tout sanglant,

---

[1] Josephe, Antiquités judaïques, liv. IX, chap. vij :
Voilà votre roi; c'est le seul rejeton de David; Dieu, vous le savez, a prédit que sa famille règneroit à jamais sur vous.

Et, n'ayant de son vol que moi seul pour complice,
Dans le temple cachât l'enfant et la nourrice.

JOAS.

Hélas! de tant d'amour et de tant de bienfaits,
Mon père, quel moyen de m'acquitter jamais?

JOAD.

Gardez pour d'autres temps cette reconnoissance.

Voilà donc votre roi, votre unique espérance :
J'ai pris soin jusqu'ici de vous le conserver;
Ministres du Seigneur, c'est à vous d'achever.
Bientôt de Jézabel la fille meurtrière,
Instruite que Joas voit encor la lumière,
Dans l'horreur du tombeau viendra le replonger :
Déjà, sans le connoître, elle veut l'égorger.
Prêtres saints, c'est à vous de prévenir sa rage :
Il faut finir des Juifs le honteux esclavage,
Venger vos princes morts, relever votre loi,
Et faire aux deux tribus reconnoître leur roi.
L'entreprise, sans doute, est grande et périlleuse;
J'attaque sur son trône une reine orgueilleuse,
Qui voit sous ses drapeaux marcher un camp nombreux
De hardis étrangers, d'infidèles Hébreux :
Mais ma force est au Dieu dont l'intérêt me guide.
Songez qu'en cet enfant tout Israël réside.
Déjà ce Dieu vengeur commence à la troubler;
Déjà, trompant ses soins, j'ai su vous rassembler :
Elle nous croit ici sans armes, sans défense.
Couronnons, proclamons Joas en diligence :

De là, du nouveau prince intrépides soldats,
Marchons, en invoquant l'arbitre des combats;
Et, réveillant la foi dans les cœurs endormie,
Jusque dans son palais cherchons notre ennemie.
  Et quels cœurs si plongés dans un lâche sommeil,
Nous voyant avancer dans ce saint appareil,
Ne s'empresseront pas à suivre notre exemple!
Un roi, que Dieu lui-même a nourri dans son temple;
Le successeur d'Aaron, de ses prêtres suivi,
Conduisant au combat les enfants de Lévi;
Et, dans ces mêmes mains des peuples révérées, [1]
Les armes au Seigneur par David consacrées!
Dieu sur ses ennemis répandra sa terreur.
Dans l'infidèle sang baignez-vous sans horreur;
Frappez et Tyriens et même Israélites.
Ne descendez-vous pas de ces fameux lévites
Qui, lorsqu'au Dieu du Nil le volage Israël
Rendit dans le désert un culte criminel,
De leurs plus chers parents saintement homicides,
Consacrèrent leurs mains dans le sang des perfides,
Et par ce noble exploit vous acquirent l'honneur
D'être seuls employés aux autels du Seigneur?
  Mais je vois que déjà vous brûlez de me suivre.

---

[1] Joad donna en effet aux lévites les armes déposées par David dans le temple « Qui dedit eis hastas et arma regis David quæ « erant in domo Domini. »
IV° lib. Reg., cap. XI, vers. 10.

Jurez donc avant tout sur cet auguste livre, [1]
A ce roi que le ciel vous redonne aujourd'hui,
De vivre, de combattre, et de mourir pour lui.

AZARIAS, *au bout de la table, ayant la main sur le livre saint.*

Oui, nous jurons ici pour nous, pour tous nos frères,
De rétablir Joas au trône de ses pères,
De ne poser le fer entre nos mains remis,
Qu'après l'avoir vengé de tous ses ennemis.
Si quelque transgresseur enfreint cette promesse,
Qu'il éprouve, grand Dieu, ta fureur vengeresse :
Qu'avec lui ses enfants, de ton partage exclus,
Soient au rang de ces morts que tu ne connois plus !

JOAD.

Et vous, à cette loi, votre règle éternelle,
Roi, ne jurez-vous pas d'être toujours fidèle ?

JOAS.

Pourrois-je à cette loi ne me pas conformer ?

JOAD.

O mon fils, de ce nom j'ose encor vous nommer,
Souffrez cette tendresse, et pardonnez aux larmes

---

[1] Cette cérémonie est indiquée dans l'Écriture.

Paralipomènes, liv. II, chap. xxiij, vers. 11 :

« Eduxerunt filium regis et imposuerunt ei diadema et testi-
« monium, dederuntque in manu ejus tenendam legem, et cons-
« tituerunt eum regem. »

Ils amenèrent le fils du roi, et lui mirent le diadème sur la tête ; ils déposèrent entre ses mains le livre de la loi, et le déclarèrent roi.

Que m'arrachent pour vous de trop justes alarmes;
Loin du trône nourri, de ce fatal honneur,
Hélas! vous ignorez le charme empoisonneur;
De l'absolu pouvoir vous ignorez l'ivresse,
Et des lâches flatteurs la voix enchanteresse.
Bientôt ils vous diront que les plus saintes lois,
Maîtresses du vil peuple, obéissent aux rois;
Qu'un roi n'a d'autre frein que sa volonté même;
Qu'il doit immoler tout à sa grandeur suprême;
Qu'aux larmes, au travail, le peuple est condamné,
Et d'un sceptre de fer veut être gouverné;
Que, s'il n'est opprimé, tôt ou tard il opprime.
Ainsi de piège en piège, et d'abîme en abîme,
Corrompant de vos mœurs l'aimable pureté,
Ils vous feront enfin haïr la vérité,
Vous peindront la vertu sous une affreuse image.
Hélas! ils ont des rois égaré le plus sage.
Promettez sur ce livre, et devant ces témoins,
Que Dieu fera toujours le premier de vos soins;
Que, sévère aux méchants, et des bons le refuge, [1]
Entre le pauvre et vous vous prendrez Dieu pour juge;
Vous souvenant, mon fils, que, caché sous ce lin,
Comme eux vous fûtes pauvre, et comme eux orphelin.

---

[1] Psaume LXXI, vers. 4 :
« Judicabit pauperes populi, et salvos faciet filios pauperum,
« et humiliabit calumniatorem. »
 Il jugera les pauvres, protègera les enfants des malheureux,
et humiliera les calomniateurs.

ATHALIE.

JOAS, *au milieu de la table, ayant la main sur le livre saint.*
Je promets d'observer ce que la loi m'ordonne.
Mon Dieu, punissez-moi si je vous abandonne !

JOAD.
Venez ; de l'huile sainte il faut vous consacrer.
Paroissez, Josabet ; vous pouvez vous montrer.

SCÈNE IV.

JOAS, JOAD, JOSABET, ZACHARIE, SALOMITH, AZARIAS, ISMAEL, TROIS AUTRES CHEFS DES LÉVITES, LE CHOEUR.

JOSABET, *embrassant Joas.*
O roi, fils de David !

JOAS.
       O mon unique mère !
Venez, cher Zacharie, embrasser votre frère.

JOSABET, *à Zacharie.*
Aux pieds de votre roi prosternez-vous, mon fils.
(Zacharie se jette aux pieds de Joas.)

JOAD, *pendant qu'ils s'embrassent.*
Enfants, ainsi toujours puissiez-vous être unis !

JOSABET, *à Joas.*
Vous savez donc quel sang vous a donné la vie ?

JOAS.
Et je sais quelle main sans vous me l'eût ravie.

JOSABET.
De votre nom, Joas, je puis donc vous nommer.

JOAS.

Joas ne cessera jamais de vous aimer.

LE CHOEUR.

Quoi! c'est là....

JOSABET.

C'est Joas.

JOAD.

Écoutons ce lévite.

SCÈNE V.

JOAS, JOAD, JOSABET, ZACHARIE, SALOMITH, AZARIAS, ISMAEL, TROIS AUTRES CHEFS DES LÉVITES, UN LÉVITE, LE CHOEUR.

UN LÉVITE.

J'IGNORE contre Dieu quel projet on médite;
Mais l'airain menaçant frémit de toutes parts;
On voit luire des feux parmi des étendards,
Et sans doute Athalie assemble son armée :
Déjà même au secours toute voie est fermée;
Déjà le sacré mont, où le temple est bâti,
D'insolents Tyriens est par-tout investi;
L'un d'eux, en blasphémant, vient de nous faire entendre
Qu'Abner est dans les fers, et ne peut nous défendre.

JOSABET, à Joas.

Cher enfant, que le ciel en vain m'avoit rendu,
Hélas! pour vous sauver j'ai fait ce que j'ai pu :
Dieu ne se souvient plus de David votre père.

JOAD, à Josabet.

Quoi ! vous ne craignez pas d'attirer sa colère
Sur vous et sur ce roi si cher à votre amour ?
Et quand Dieu, de vos bras l'arrachant sans retour,
Voudroit que de David la maison fût éteinte,
N'êtes-vous pas ici sur la montagne sainte
Où le père des Juifs sur son fils innocent
Leva sans murmurer un bras obéissant,
Et mit sur un bûcher ce fruit de sa vieillesse,
Laissant à Dieu le soin d'accomplir sa promesse,
Et lui sacrifiant, avec ce fils aimé,
Tout l'espoir de sa race en lui seul renfermé ?
   Amis, partageons-nous. Qu'Ismaël en sa garde [1]
Prenne tout le côté que l'orient regarde ;
Vous, le côté de l'ourse ; et vous, de l'occident ;
Vous, le midi. Qu'aucun par un zèle imprudent,
Découvrant mes desseins, soit prêtre, soit lévite,
Ne sorte avant le temps et ne se précipite ;
Et que chacun enfin, d'un même esprit poussé,
Garde en mourant le poste où je l'aurai placé.
L'ennemi nous regarde, en son aveugle rage,

---

[1] Mêmes dispositions dans Josephe, liv. IX, vers.:
Que le tiers des lévites prenne le soin de garder ce prince dans le temple ; qu'un autre tiers se saisisse de toutes les avenues ; que les autres hommes armés fassent la garde à la porte par laquelle on va au palais, et qui demeurera ouverte ; que tous ceux qui n'ont point d'armes restent dans le temple où l'on ne laissera entrer que les seuls sacrificateurs.

Comme de vils troupeaux réservés au carnage,
Et croit ne rencontrer que désordre et qu'effroi.
Qu'Azarias par-tout accompagne le roi.
    (à Joas.)
Venez, cher rejeton d'une vaillante race,
Remplir vos défenseurs d'une nouvelle audace;
Venez du diadème à leurs yeux vous couvrir;
Et périssez du moins en roi, s'il faut périr.
        (à un lévite.)
Suivez-le, Josabet. Vous, donnez-moi ces armes.
    (au chœur.)
Enfants, offrez à Dieu vos innocentes larmes.

SCÈNE VI.

SALOMITH, LE CHOEUR.

    LE CHŒUR chante.
Partez, enfants d'Aaron, partez :
Jamais plus illustre querelle
De vos aïeux n'arma le zèle.
Partez, enfants d'Aaron, partez :
C'est votre roi, c'est Dieu pour qui vous combattez.
    UNE VOIX seule.
Où sont les traits que tu lances,
Grand Dieu, dans ton juste courroux ?
N'es-tu plus le Dieu jaloux ?
N'es-tu plus le Dieu des vengeances ?
    UNE AUTRE.
Où sont, Dieu de Jacob, tes antiques bontés ?

Dans l'horreur qui nous environne,
N'entends-tu que la voix de nos iniquités?
Ǹ'es-tu plus le Dieu qui pardonne?

LE CHOEUR.

Où sont, Dieu de Jacob, tes antiques bontés?

UNE VOIX seule.

C'est à toi que dans cette guerre
Les flèches des méchants prétendent s'adresser.
Faisons, disent-ils, cesser
Les fêtes de Dieu sur la terre;
De son joug importun délivrons les mortels;
Massacrons tous ses saints; renversons ses autels;
Que de son nom, que de sa gloire
Il ne reste plus de mémoire;
Que ni lui ni son Christ ne règnent plus sur nous.

LE CHOEUR.

Où sont les traits que tu lances,
Grand Dieu, dans ton juste courroux?
N'es-tu plus le Dieu jaloux?
N'es-tu plus le Dieu des vengeances?

UNE VOIX seule.

Triste reste de nos rois,
Chère et dernière fleur d'une tige si belle,
Hélas! sous le couteau d'une mère cruelle
Te verrons-nous tomber une seconde fois!
Prince aimable, dis-nous si quelque ange, au berceau,
Contre tes assassins prit soin de te défendre;

Ou si dans la nuit du tombeau
La voix du Dieu vivant a ranimé ta cendre.

UNE AUTRE.

D'un père et d'un aïeul contre toi révoltés,
Grand Dieu, les attentats lui sont-ils imputés?
Est-ce que sans retour ta pitié l'abandonne?

LE CHOEUR.

Où sont, Dieu de Jacob, tes antiques bontés?
 N'es-tu plus le Dieu qui pardonne?

UNE DES FILLES DU CHOEUR, sans chanter.

 Chères sœurs, n'entendez-vous pas
Des cruels Tyriens la trompette qui sonne?

SALOMITH.

J'entends même les cris des barbares soldats,
 Et d'horreur j'en frissonne.
Courons, fuyons, retirons-nous
 A l'ombre salutaire
Du redoutable sanctuaire.

FIN DU QUATRIÈME ACTE.

ACTE CINQUIÈME.

SCÈNE I.

ZACHARIE, SALOMITH, LE CHOEUR.

SALOMITH.

Cher Zacharie, hé bien ? que nous apprenez-vous ?

ZACHARIE.

Redoublez au Seigneur votre ardente prière :
Peut-être nous touchons à notre heure dernière ;
Pour l'horrible combat, ma sœur, l'ordre est donné.

SALOMITH.

Que fait Joas ?

ZACHARIE.

Joas vient d'être couronné :
Le grand-prêtre a sur lui répandu l'huile sainte.
Oh ciel ! dans tous les yeux quelle joie étoit peinte
A l'aspect de ce roi racheté du tombeau !
Ma sœur, on voit encor la marque du couteau :
On voit paroître aussi sa fidèle nourrice,
Qui, cachée en un coin de ce vaste édifice,
Gardoit ce cher dépôt, et n'avoit de ses soins
Que les yeux de ma mère et que Dieu pour témoins.
Nos lévites pleuroient de joie et de tendresse,
Et mêloient leurs sanglots à leurs cris d'allégresse.

ACTE V, SCÈNE I.

Lui, parmi ces transports affable et sans orgueil,
A l'un tendoit la main, flattoit l'autre de l'œil,
Juroit de se régler par leurs avis sincères,
Et les appeloit tous ses pères ou ses frères.

SALOMITH.

Ce secret au dehors est-il aussi semé?

ZACHARIE.

Ce secret dans le temple est encor renfermé.
Des enfants de Lévi la troupe partagée
Dans un profond silence aux portes s'est rangée.
Tous doivent à la fois précipiter leurs pas,
Et crier pour signal : Vive le roi Joas!
Mais mon père défend que le roi se hasarde,
Et veut qu'Azarias demeure pour sa garde.
Cependant Athalie, un poignard à la main,
Rit des foibles remparts de nos portes d'airain :
Pour les rompre elle attend les fatales machines,
Et ne respire enfin que sang et que ruines.
Quelques prêtres, ma sœur, ont d'abord proposé
Qu'en un lieu souterrain par nos pères creusé
On renfermât du moins notre arche précieuse.
O crainte, a dit mon père, indigne, injurieuse!
L'arche qui fit tomber tant de superbes tours,
Et força le Jourdain de rebrousser son cours,
Des dieux des nations tant de fois triomphante,
Fuiroit donc à l'aspect d'une femme insolente!
Ma mère, auprès du roi, dans un trouble mortel,
L'œil tantôt sur ce prince et tantôt vers l'autel,

Muette, et succombant sous le poids des alarmes,
Aux yeux les plus cruels arracheroit des larmes.
Le roi de temps en temps la presse entre ses bras,
La flatte.... Chères sœurs, suivez toutes mes pas;
Et, s'il faut aujourd'hui que notre roi périsse,
Allons, qu'un même sort avec lui nous unisse.

SALOMITH.

Quelle insolente main frappe à coups redoublés?
Qui fait courir ainsi ces lévites troublés?
Quelle précaution leur fait cacher leurs armes?
Le temple est-il forcé?

ZACHARIE.

   Dissipez vos alarmes;
Dieu nous envoie Abner.

SCÈNE II.

ABNER, JOAD, JOSABET, ZACHARIE, SALOMITH, ISMAEL, DEUX LÉVITES, LE CHŒUR.

JOAD.

     En croirai-je mes yeux,
Cher Abner? quel chemin a pu jusqu'en ces lieux
Vous conduire au travers d'un camp qui nous assiège?
On disoit que d'Achab la fille sacrilège
Avoit, pour assurer ses projets inhumains,
Chargé d'indignes fers vos généreuses mains.

ABNER.

Oui, seigneur; elle a craint mon zèle et mon courage;

ACTE V, SCÈNE II.

Mais c'est le moindre prix que me gardoit sa rage.
Dans l'horreur d'un cachot par son ordre enfermé,
J'attendois que, le temple en cendre consumé,
De tant de flots de sang non encore assouvie,
Elle vînt m'affranchir d'une importune vie,
Et retrancher des jours qu'auroit dû mille fois
Terminer la douleur de survivre à mes rois.

JOAD.

Par quel miracle a-t-on obtenu votre grace?

ABNER.

Dieu dans ce cœur cruel sait seul ce qui se passe.
Elle m'a fait venir; et d'un air égaré :
« Tu vois de mes soldats tout ce temple entouré,
« Dit-elle; un feu vengeur va le réduire en cendre,
« Et ton Dieu contre moi ne le sauroit défendre.
« Ses prêtres toutefois, mais il faut se hâter,
« A deux conditions peuvent se racheter.
« Qu'avec Éliacin on mette en ma puissance
« Un trésor dont je sais qu'ils ont la connoissance,
« Par votre roi David autrefois amassé,
« Sous le sceau du secret au grand-prêtre laissé.
« Va, dis-leur qu'à ce prix je leur permets de vivre. »

JOAD.

Quel conseil, cher Abner, croyez-vous qu'on doit suivre?

ABNER.

Et tout l'or de David, s'il est vrai qu'en effet
Vous gardiez de David quelque trésor secret;
Et tout ce que des mains de cette reine avare

Vous avez pu sauver et de riche et de rare,
Donnez-le. Voulez-vous que d'impurs assassins
Viennent briser l'autel, brûler les chérubins,
Et, portant sur notre arche une main téméraire,
De votre propre sang souiller le sanctuaire ?

JOAD.

Mais siéroit-il, Abner, à des cœurs généreux
De livrer au supplice un enfant malheureux,
Un enfant que Dieu même à ma garde confie,
Et de nous racheter aux dépens de sa vie ?

ABNER.

Hélas ! Dieu voit mon cœur. Plût à ce Dieu puissant
Qu'Athalie oubliât un enfant innocent,
Et que du sang d'Abner sa cruauté contente
Crût calmer par ma mort le ciel qui la tourmente !
Mais que peuvent pour lui vos inutiles soins ?
Quand vous périrez tous, en périra-t-il moins ?
Dieu vous ordonne-t-il de tenter l'impossible ?
Pour obéir aux lois d'un tyran inflexible,
Moïse, par sa mère au Nil abandonné,
Se vit, presque en naissant, à périr condamné :
Mais Dieu, le conservant contre toute espérance,
Fit par le tyran même élever son enfance.
Qui sait ce qu'il réserve à votre Éliacin ;
Et si, lui préparant un semblable destin,
Il n'a point de pitié déjà rendu capable
De nos malheureux rois l'homicide implacable ?
Du moins, et Josabet comme moi l'a pu voir,

ACTE V, SCÈNE II.

Tantôt à son aspect je l'ai vu s'émouvoir;
J'ai vu de son courroux tomber la violence.
(à Josabet.)
Princesse, en ce péril vous gardez le silence?
Hé quoi! pour un enfant qui vous est étranger
Souffrez-vous que sans fruit Joad laisse égorger
Vous, son fils, tout ce peuple, et que le feu dévore
Le seul lieu sur la terre où Dieu veut qu'on l'adore?
Que feriez-vous de plus si des rois vos aïeux
Ce jeune enfant étoit un reste précieux?

JOSABET, bas à Joad.

Pour le sang de ses rois vous voyez sa tendresse :
Que ne lui parlez-vous?

JOAD.

Il n'est pas temps, princesse.

ABNER.

Le temps est cher, seigneur, plus que vous ne pensez.
Tandis qu'à me répondre ici vous balancez,
Mathan près d'Athalie étincelant de rage
Demande le signal, et presse le carnage.
Faut-il que je me jette à vos sacrés genoux?
Au nom du lieu si saint qui n'est ouvert qu'à vous,
Lieu terrible, où de Dieu la majesté repose,
Quelque dure que soit la loi qu'on vous impose,
De ce coup imprévu songeons à nous parer.
Donnez-moi seulement le temps de respirer :
Demain, dès cette nuit, je prendrai des mesures
Pour assurer le temple et venger ses injures.

Mais je vois que mes pleurs et que mes vains discours
Pour vous persuader sont un foible secours ;
Votre austère vertu n'en peut être frappée :
Hé bien, trouvez-moi donc quelque arme, quelque épée ;
Et qu'aux portes du temple, où l'ennemi m'attend,
Abner puisse du moins mourir en combattant.

JOAD.

Je me rends. Vous m'ouvrez un avis que j'embrasse :
De tant de maux, Abner, détournons la menace.
Il est vrai, de David un trésor est resté,
La garde en fut commise à ma fidélité ;
C'étoit des tristes Juifs l'espérance dernière,
Que mes soins vigilants cachoient à la lumière :
Mais puisqu'à votre reine il faut le découvrir,
Je vais la contenter ; nos portes vont s'ouvrir.
De ses plus braves chefs qu'elle entre accompagnée ;
Mais de nos saints autels qu'elle tienne éloignée
D'un ramas d'étrangers l'indiscrète fureur :
Du pillage du temple épargnez-moi l'horreur.
Des prêtres, des enfants lui feroient-ils quelque ombre ?
De sa suite avec vous qu'elle règle le nombre.
Et quant à cet enfant si craint, si redouté,
De votre cœur, Abner, je connois l'équité,
Je vous veux devant elle expliquer sa naissance :
Vous verrez s'il le faut remettre en sa puissance ;
Et je vous ferai juge entre Athalie et lui.

ABNER.

Ah ! je le prends déjà, seigneur, sous mon appui :
Ne craignez rien. Je cours vers celle qui m'envoie.

SCÈNE III.

JOAD, JOSABET, ZACHARIE, SALOMITH,
ISMAEL, DEUX LÉVITES, LE CHOEUR.

JOAD.

Grand Dieu, voici ton heure, on t'amène ta proie !
Ismaël, écoutez.
(Il lui parle bas.)

JOSABET.
Puissant maître des cieux,
Remets-lui le bandeau dont tu couvris ses yeux
Lorsque, lui dérobant tout le fruit de son crime,
Tu cachas dans mon sein cette tendre victime !

JOAD.
Allez, sage Ismaël, ne perdez point de temps ;
Suivez de point en point ces ordres importants :
Sur-tout qu'à son entrée et que sur son passage
Tout d'un calme profond lui présente l'image.
Vous, enfants, préparez un trône pour Joas ;
Qu'il s'avance suivi de nos sacrés soldats.
Faites venir aussi sa fidèle nourrice,
Princesse, et de vos pleurs que la source tarisse.
(à un lévite.)
Vous, dès que cette reine, ivre d'un fol orgueil,
De la porte du temple aura passé le seuil,
Qu'elle ne pourra plus retourner en arrière,
Prenez soin qu'à l'instant la trompette guerrière
Dans le camp ennemi jette un subit effroi :

Appelez tout le peuple au secours de son roi ;
Et faites retentir jusques à son oreille
De Joas conservé l'étonnante merveille.
Il vient.

SCÈNE IV.

JOAS, JOAD, JOSABET, ZACHARIE, SALOMITH, AZARIAS, TROUPES DE PRÊTRES ET DE LÉVITES, LE CHOEUR.

JOAD.

Lévites saints, prêtres de notre Dieu, [1]
Par-tout sans vous montrer environnez ce lieu ;
Et, laissant à mes soins gouverner votre zèle,
Pour paroître attendez que ma voix vous appelle.
            (Ils se cachent tous.)
Roi, je crois qu'à vos vœux cet espoir est permis,
Venez voir à vos pieds tomber vos ennemis.
Celle dont la fureur poursuivit votre enfance
Vers ces lieux à grands pas pour vous perdre s'avance :
Mais ne la craignez point ; songez qu'autour de vous
L'ange exterminateur est debout avec nous.
Montez sur votre trône, et.... Mais la porte s'ouvre :
Permettez un moment que ce voile vous couvre.
            (Il tire un rideau.)
Vous changez de couleur, princesse !

---

[1] Paralipomènes, liv. II, chap. xxiij, vers. 7 :
« Levitæ autem circumdent regem habentes singuli arma sua. »
Les lévites revêtus de leurs armes environneront le roi.

ACTE V, SCÈNE IV.

JOSABET.

Ah! sans pâlir
Puis-je voir d'assassins le temple se remplir?
Quoi! ne voyez-vous pas quelle nombreuse escorte....

JOAD.

Je vois que du saint temple on referme la porte.
Tout est en sûreté.

SCÈNE V.

ATHALIE, JOAS, JOAD, JOSABET, ABNER,
SUITE D'ATHALIE.

(Joas est caché derrière le rideau.)

ATHALIE, à Joad.

Te voilà, séducteur,
De ligues, de complots, pernicieux auteur,
Qui dans le trouble seul as mis tes espérances,
Éternel ennemi des suprêmes puissances!
En l'appui de ton Dieu tu t'étois reposé :
De ton espoir frivole es-tu désabusé?
Il laisse à mon pouvoir et son temple et ta vie.
Je devrois sur l'autel où ta main sacrifie
Te.... Mais du prix qu'on m'offre il faut me contenter.
Ce que tu m'as promis songe à l'exécuter :
Cet enfant, ce trésor, qu'il faut qu'on me remette,
Où sont-ils?

JOAD.

Sur-le-champ tu seras satisfaite;

Je te les vais montrer l'un et l'autre à la fois.

(Le rideau se tire. On voit Joas sur son trône; sa nourrice est à genoux à sa droite; Azarias, l'épée à la main, est debout à sa gauche; et près de lui Zacharie et Salomith sont à genoux sur les degrés du trône; plusieurs lévites, l'épée à la main, sont rangés sur les côtés.)

Paroissez, cher enfant, digne sang de nos rois.
Connois-tu l'héritier du plus saint des monarques,
Reine? de ton poignard connois du moins ces marques.
Voilà ton roi, ton fils, le fils d'Ochozias.
Peuples, et vous, Abner, reconnoissez Joas.

ABNER.

Ciel!

ATHALIE, à Joad.

Perfide!

JOAD.

Vois-tu cette Juive fidèle
Dont tu sais bien qu'alors il suçoit la mamelle?
Il fut par Josabet à ta rage enlevé :
Ce temple le reçut, et Dieu l'a conservé.
Des trésors de David voilà ce qui me reste.

ATHALIE.

Ta fourbe à cet enfant, traître, sera funeste.
D'un fantôme odieux, soldats, délivrez-moi!

JOAD.

Soldats du Dieu vivant, défendez votre roi!

(Ici le fond du théâtre s'ouvre. On voit le dedans du temple, et les lévites armés entrent de tous côtés sur la scène.)

ACTE V, SCÈNE V.

ATHALIE.

Où suis-je? O trahison! ô reine infortunée!
D'armes et d'ennemis je suis environnée![1]

JOAD.

Tes yeux cherchent en vain, tu ne peux échapper,
Et Dieu de toutes parts a su t'envelopper.
Ce Dieu que tu bravois en nos mains t'a livrée :
Rends-lui compte du sang dont tu t'es enivrée.

ATHALIE.

Quoi! la peur a glacé mes indignes soldats!
Lâche Abner, dans quel piège as-tu conduit mes pas!

ABNER.

Reine, Dieu m'est témoin....

ATHALIE.

Laisse là ton Dieu, traître,
Et venge-moi.

ABNER, *se jetant aux pieds de Joas.*

Sur qui? Sur Joas! sur mon maître!

ATHALIE.

Lui Joas? lui ton roi? Songez, méchants, songez
Que mes armes encor vous tiennent assiégés.

---

[1] Dans l'Écriture, Athalie exprime la même crainte quand elle se voit entourée d'armes et d'ennemis.

Quatrième liv. des Rois, chap. XI, vers. 14 :

« Scidit vestimenta sua, clamavitque : Conjuratio! conjuratio! »
Elle déchira ses vêtements, et s'écria : Trahison! trahison!

J'entends à haute voix tout mon camp qui m'appelle.
On vient à mon secours. Tremblez, troupe rebelle.

SCÈNE VI.

ISMAEL, JOAS, JOAD, ATHALIE,
ET TOUS LES ACTEURS DE LA SCÈNE PRÉCÉDENTE.

ISMAEL, à Joad.

Seigneur, le temple est libre et n'a plus d'ennemis;
L'étranger est en fuite, et le Juif est soumis.
Comme le vent dans l'air dissipe la fumée,
La voix du Tout-puissant a chassé cette armée.
Nos lévites, du haut de nos sacrés parvis,
D'Ochozias au peuple ont annoncé le fils,
Ont conté son enfance au glaive dérobée,
Et la fille d'Achab dans le piège tombée.
Par-tout en même temps la trompette a sonné :
Et ses sons et leurs cris dans son camp étonné
Ont répandu le trouble et la terreur subite
Dont Gédéon frappa le fier Madianite.
Les Tyriens, jetant armes et boucliers,
Ont, par divers chemins, disparu les premiers :
Quelques Juifs éperdus ont aussi pris la fuite;
Mais, de Dieu sur Joas admirant la conduite,
Le reste à haute voix s'est pour lui déclaré.
Enfin, d'un même esprit tout le peuple inspiré,
Femmes, vieillards, enfants, s'embrassant avec joie,
Bénissent le Seigneur et celui qu'il envoie :

Tous chantent de David le fils ressuscité.
Baal est en horreur dans la sainte cité; [1]
De son temple profane on a brisé les portes;
Mathan est égorgé.

ATHALIE.

    Dieu des Juifs, tu l'emportes!
Oui, c'est Joas : je cherche en vain à me tromper;
Je reconnois l'endroit où je le fis frapper;
Je vois d'Ochozias et le port et le geste;
Tout me retrace enfin un sang que je déteste.
David, David triomphe; Achab seul est détruit.
Impitoyable Dieu, toi seul as tout conduit!
C'est toi qui, me flattant d'une vengeance aisée,
M'as vingt fois en un jour à moi-même opposée;
Tantôt pour un enfant excitant mes remords,
Tantôt m'éblouissant de tes riches trésors
Que j'ai craint de livrer aux flammes, au pillage.
Qu'il règne donc ce fils, ton soin et ton ouvrage!
Et que, pour signaler son empire nouveau,
On lui fasse en mon sein enfoncer le couteau!
Voici ce qu'en mourant lui souhaite sa mère :

---

[1] Quatrième livre des Rois, chap. XI, vers. 18 :

« Ingressus est omnis populus terræ templum Baal et des-
« truxerunt aras ejus.... Mathan quoque sacerdotem Baal occi-
« derunt coram altari. »

Tout le peuple se précipita dans le temple de Baal; il détruisit les autels de l'idole; et Mathan son sacrificateur fut égorgé devant l'autel.

Que dis-je souhaiter ! je me flatte, j'espère
Qu'indocile à ton joug, fatigué de ta loi,
Fidèle au sang d'Achab qu'il a reçu de moi,
Conforme à son aïeul, à son père semblable,
On verra de David l'héritier détestable
Abolir tes honneurs, profaner ton autel,
Et venger Athalie, Achab, et Jézabel.

(Athalie sort, les lévites la suivent.)

JOAD.

Qu'à l'instant hors du temple elle soit emmenée,
Et que la sainteté n'en soit point profanée.
Allez, sacrés vengeurs de vos princes meurtris,
De leur sang par sa mort faire cesser les cris.
Si quelque audacieux embrasse sa querelle,
Qu'à la fureur du glaive on le livre avec elle.

SCÈNE VII.

JOAS, JOAD, JOSABET, ABNER,
ET TOUS LES ACTEURS DE LA SCÈNE PRÉCÉDENTE.

JOAS, *descendu de son trône.*

Dieu, qui voyez mon trouble et mon affliction,
Détournez loin de moi sa malédiction,
Et ne souffrez jamais qu'elle soit accomplie :
Faites que Joas meure avant qu'il vous oublie.

JOAD, *aux lévites.*

Appelez tout le peuple, et montrons-lui son roi :
Qu'il lui vienne en ses mains renouveler sa foi.

Roi, prêtres, peuple, allons, pleins de reconnoissance,
De Jacob avec Dieu confirmer l'alliance,
Et, saintement confus de nos égarements,
Nous rengager à lui par de nouveaux serments.
Abner, auprès du roi reprenez votre place.

SCÈNE VIII.

UN LÉVITE, JOAS, JOAD,
ET TOUS LES ACTEURS DE LA SCÈNE PRÉCÉDENTE.

JOAD, au lévite.

Hé bien, de cette impie a-t-on puni l'audace?

LE LÉVITE.

Le fer a de sa vie expié les horreurs.
Jérusalem, long-temps en proie à ses fureurs,
De son joug odieux à la fin soulagée,
Avec joie en son sang la regarde plongée.

JOAD.

Par cette fin terrible, et due à ses forfaits,
Apprenez, roi des Juifs, et n'oubliez jamais, [1]
Que les rois dans le ciel ont un juge sévère,
L'innocence un vengeur, et l'orphelin un père.

---

[1] Psaume II, vers. 10 :

« Et nunc, reges, intelligite, erudimini qui judicatis terram. »

Maintenant, ô rois, apprenez; instruisez-vous, juges de la terre.

FIN D'ATHALIE.

PLAN DU PREMIER ACTE

D'IPHIGÉNIE EN TAURIDE.

SCÈNE I.

« Iphigénie vient avec une captive grecque, qui s'étonne de sa tristesse, et lui demande si elle est affligée de ce que la fête de Diane se passera sans qu'on immole aucun étranger. » Tu peux croire, dit Iphigénie, si c'est là un sentiment digne de la fille d'Agamemnon. Tu sais avec quelle répugnance j'ai préparé les misérables que l'on a sacrifiés depuis que je préside à ces cruelles cérémonies. Je me faisois une joie de ce que la fortune n'avoit amené aucun Grec pour cette journée, et je triomphois de la douleur commune qui est répandue dans cette île, où l'on compte comme un présage funeste de ce que nous manquons de victimes pour cette fête. Mais je ne puis résister à la secrète tristesse dont je suis occupée depuis le songe que j'ai fait cette nuit. J'ai cru que j'étois à Mycènes dans la maison de mon père : il m'a semblé que mon père et ma mère nageoient dans le sang, et que moi-même je tenois un poignard à la main pour en égorger mon frère Oreste. Hélas! mon cher Oreste! — Mais, madame, vous êtes trop éloignés l'un de l'autre pour craindre l'accomplissement de votre songe. — Et ce n'est pas aussi ce que je crains : mais je crains avec raison qu'il n'y ait de grands malheurs dans ma famille : les rois sont sujets à de grands changements. Ah ! si je t'avois perdu, mon cher frère Oreste, sur qui seul j'ai fondé mes espérances ! car enfin j'ai plus sujet de t'aimer que tout le reste de ma famille : tu ne fus point coupable de ce sacrifice où mon père m'avoit condamnée dans l'Aulide ; tu étois un enfant de dix ans. Tu as été élevé avec moi, et tu es le seul de toute la Grèce que je regrette tous les jours. — Mais, madame, quelle apparence qu'il sache l'état où vous êtes ? Vous êtes dans une île détestée de tout le monde : si le hasard y amène quelque Grec, on le sacrifie. Que ne renoncez-vous à la Grèce ? Que ne répondez-vous à l'amour du prince ? — Eh ! que me serviroit de m'y attacher ? Son père Thoas lui défend de m'aimer ; il ne me parle qu'en tremblant : car ils ignorent tous deux ma naissance, et je n'ai garde de leur découvrir une chose qu'ils ne croiroient pas ; car quelle apparence qu'une fille, que des pirates ont enlevée dans le moment qu'on alloit la sacrifier pour le salut de la Grèce, fût la fille du général de la Grèce ? Mais voici ce prince.

SCÈNE II.

Qu'avez-vous, prince ? D'où vient ce désordre et cette émotion ? — Madame, je suis cause du plus grand malheur du monde.... Vous savez combien j'ai détesté avec vous les sacrifices de cette île ; je me réjouissois de ce que vous seriez aujourd'hui dispensée de cette funeste occupation ; et cependant je suis cause que vous avez deux Grecs à sacrifier. — Comment, seigneur ? — On m'est venu avertir que deux jeunes hommes étoient environnés d'une grande foule de peuple contre lequel ils se défendoient. J'ai couru sur le bord de la mer; je les ai trouvés à la porte du temple, qui vendoient chèrement leur vie, et qui ne songeoient chacun qu'à la défense l'un de l'autre. Leur courage m'a piqué de générosité. Je les ai défendus moi-même : j'ai désarmé le peuple, et ils se sont rendus à moi. Leurs habits les ont fait passer pour Grecs; ils l'ont avoué. J'ai frémi à cette parole : on les a amenés malgré moi à mon père, et vous pouvez juger quelle sera leur destinée. La joie est universelle, et on remercie les dieux d'une prise qui me met au désespoir. Mais enfin, madame, ou je ne pourrai, ou je vous affranchirai bientôt de la malheureuse dignité qui vous engage à ces sacrifices. Mais voici le roi mon père.

SCÈNE III.

Quoi! madame, vous êtes encore ici! ne devriez-vous pas être dans le temple pour remercier la déesse de ces deux victimes qu'elle nous a envoyées? Allez préparer tout pour le sacrifice, et vous reviendrez ensuite, afin qu'on vous remette entre les mains ces deux étrangers.

SCÈNE IV.

« Iphigénie sort, et le prince fait quelques efforts pour obtenir de son père la vie des deux Grecs, afin qu'il ne les ait pas sauvés inutilement. Le roi le maltraite, et lui dit que ce sont là les sentiments qui lui ont été inspirés par la jeune Grecque; il lui reproche la passion qu'il a pour une esclave. » — Et qui vous dit, seigneur, que c'est une esclave? — Et quelle autre qu'une esclave, dit le roi, auroit été choisie par les Grecs pour être sacrifiée? — Quoi! ne vous souvient-il plus des habillements qu'elle avoit lorsqu'on l'amena ici? Avez-vous oublié que les pirates l'enlevèrent dans le moment qu'elle alloit recevoir le coup mortel? Nos peuples eurent plus de compassion pour elle que les Grecs n'en avoient eu; et au lieu de la sacrifier à Diane, ils la choisirent pour présider elle-même à ses sacrifices. « Le prince sort déplorant sa malheureuse générosité, qui a sauvé la vie à deux Grecs, pour la leur faire perdre plus cruellement. »

SCÈNE V.

« Le roi témoigne à son confident qu'il se fait violence en maltraitant son fils. » Mais quelle apparence de donner les mains à une passion qui le déshonore? Allons, et demandons à la déesse, parmi nos prières, qu'elle donne à mon fils des sentiments plus dignes de lui.

POÉSIES DIVERSES.

POÉSIES DIVERSES.

LA NYMPHE DE LA SEINE.

A LA REINE.

ODE.

GRANDE REINE, de qui les charmes
S'assujettisent tous les cœurs,
Et, de nos discordes vainqueurs,
Pour jamais ont tari nos larmes;
Princesse, qui voyez soupirer dans vos fers
Un roi qui de son nom remplit tout l'univers,
Et, faisant son destin, faites celui du monde,
Régnez, belle Thérèse, en ces aimables lieux
Qu'arrose le cours de mon onde,
Et que doit éclairer le feu de vos beaux yeux.

Je suis la nymphe de la Seine;
C'est moi dont les illustres bords
Doivent posséder les trésors
Qui rendoient l'Espagne si vaine.
Ils sont des plus grands rois l'agréable séjour;
Ils le sont des plaisirs, ils le sont de l'amour;
Il n'est rien de si doux que l'air qu'on y respire :
Je reçois les tributs de cent fleuves divers;
Mais de couler sous votre empire,
C'est plus que de régner sur l'empire des mers.

Oh! que bientôt sur mon rivage
On verra luire de beaux jours!
Oh! combien de nouveaux Amours
Me viennent des rives du Tage!
Que de nouvelles fleurs vont naître sous vos pas!
Que je vois après vous de graces et d'appas
Qui s'en vont amener une saison nouvelle!
L'air sera toujours calme et le ciel toujours clair;
Et près d'une saison si belle
L'âge d'or seroit pris pour un siècle de fer.

Oh! qu'après de rudes tempêtes
Il est agréable de voir
Que les Aquilons, sans pouvoir,
N'osent plus gronder sur nos têtes!
Que le repos est doux après de longs travaux!
Qu'on aime le plaisir qui suit beaucoup de maux!
Qu'après un long hiver le printemps a de charmes!
Aussi, quoique ma joie excède mes souhaits,
Qui n'auroit point senti d'alarmes
Pourroit-il bien juger des douceurs de la paix?

J'avois perdu toute espérance,
Tant chacun croyoit malaisé
Que jamais le ciel apaisé
Dût rendre le calme à la France :
Mes champs avoient perdu leurs moissons et leurs fleurs;
Je roulois dans mon sein moins de flots que de pleurs;

La tristesse et l'effroi dominoient sur mes rives;
Chaque jour m'apportoit quelques malheurs nouveaux;
  Mes nymphes pâles et craintives
A peine s'assuroient dans le fond de mes eaux.

  De tant de malheurs affligée,
  Je parus un jour sur mes bords,
  Pensant aux funestes discords
  Qui m'ont si long-temps outragée;
Lorsque d'un vol soudain je vis fondre des cieux
Amour, qui me flattant de la voix et des yeux :
Triste nymphe, dit-il, ne te mets plus en peine;
Je te prépare un sort si charmant et si doux,
  Que bientôt je veux que la Seine
Rende tout l'univers de sa gloire jaloux.

  Je t'amène, après tant d'années,
  Une paix de qui les douceurs
  Sans aucun mélange de pleurs
  Feront couler tes destinées.
Mais ce qui doit passer tes plus hardis souhaits,
Une reine viendra, sur les pas de la paix.
Comme on voit le soleil marcher après l'aurore,
Des rives du couchant elle prendra son cours :
  Et cet astre surpasse encore
Celui que l'orient voit naître tous les jours.

  Non que j'ignore la vaillance
  Et les miracles de ton roi;

   Et que, dans ce commun effroi
   Je doive craindre pour la France.
Je sais qu'il ne se plaît qu'au milieu des hasards;
Que livrer des combats et forcer des remparts
Sont de ses jeunes ans les délices suprêmes :
Je sais tout ce qu'a fait son bras victorieux;
   Et que plusieurs de nos dieux mêmes
Par de moindres exploits ont mérité les cieux.

   Mais c'est trop peu pour son courage
   De tous ces exploits inouis :
   Il faut désormais que Louis
   Entreprenne un plus grand ouvrage.
Il n'a que trop tenté le hasard des combats;
L'Espagne sait assez la valeur de son bras :
Assez elle a fourni de lauriers à sa gloire :
Il faut qu'il en exige autre chose en ce jour,
   Et que pour dernière victoire
Elle fournisse encore un myrte à son amour.

   Thérèse est l'illustre conquête
   Où doivent tendre tous ses vœux :
   Jamais un myrte plus fameux
   Ne sauroit couronner sa tête.
Le ciel, qui les avoit l'un pour l'autre formés,
Voulut que d'un même or leurs jours fussent tramés.
Elle est digne de lui, comme il est digne d'elle :
Des reines et des rois chacun est le plus grand;

Et jamais conquête si belle
Ne mérita les vœux d'un si grand conquérant.

    A son exemple, tous les princes
    Ne songeront plus désormais
    Qu'à faire refleurir la paix
    Et le calme dans leurs provinces.
L'abondance par-tout ramènera les jeux;
Les regrets et les soins s'enfuiront devant eux;
Toutes craintes seront pour jamais étouffées.
Les glaives renfermés ne verront plus le jour,
    Ou bien se verront en trophées
Par les mains de la Paix consacrés à l'Amour.

    Cependant Louis et Thérèse
    Passeront leur âge en ces lieux;
    Et, plus satisfaits que les dieux,
    Boiront le nectar à leur aise.
Je leur ferai cueillir, par de longues faveurs,
Tout ce que mon empire a de fruits et de fleurs,
Je bannirai loin d'eux tout sujet de tristesse.
Je serai dans leur cœur, je serai dans leurs yeux;
    Et c'est pour les suivre sans cesse,
Que tu me vois quitter la demeure des cieux.

    Les Plaisirs viendront sur mes traces
    Charmer tes peuples réjouis :
    La Victoire suivra Louis;
    Thérèse amènera les Graces.

Les dieux mêmes viendront passer ici leurs jours.
Ton repos en durée égalera ton cours.
Mars de ses cruautés n'y fera plus d'épreuves;
La gloire de ton nom remplira l'univers :
  Et la Seine sur tous les fleuves
Sera ce que Thétis est sur toutes les mers.

  Mais il est temps que je me rende
  Vers le bel astre de ton roi;
  Adieu, nymphe, console-toi
  Sur une espérance si grande.
Thérèse va venir, ne répands plus de pleurs;
Prépare seulement des lauriers et des fleurs,
Afin d'en faire hommage à sa beauté suprême.
Ainsi finit Amour, me laissant à ces mots :
  Et je courus, à l'heure même,
Conter mon aventure aux nymphes de mes flots.

  Oh dieux! que la seule pensée
  De voir un astre si charmant
  Leur fit oublier promptement
  Toute leur misère passée !
Que le Tage souffrit ! quels furent ses transports
Quand l'Amour lui ravit l'ornement de ses bords !
Et que pour lui la guerre eût été moins à craindre !
Ses nymphes, de regret, prirent toutes le deuil;
  Et si leurs jours pouvoient s'éteindre,
La douleur auroit pu les conduire au cercueil.

Ce fut alors que les nuages
Dont nos jours étoient obscurcis
Devant vous furent éclaircis,
Et n'enfantèrent plus d'orages.
Nos maux de votre main eurent leur guérison :
Vos yeux d'un nouveau jour peignirent l'horizon ;
La terre, sous vos pas, devint même fertile ;
Le soleil, étonné de tant d'effets divers,
Eut peur de se voir inutile,
Et qu'un autre que lui n'éclairât l'univers.

L'impatiente Renommée,
Ne pouvant cacher ses transports,
Vint m'entretenir sur ces bords
De l'objet qui l'avoit charmée.
Oh dieux! que ses discours accrurent mes désirs!
Que je sentis dès-lors de joie et de plaisirs
A vous ouïr nommer si charmante et si belle!
Sa voix seule arrêta la course de mes eaux ;
Les Zéphyrs en foule autour d'elle
Cessèrent, pour l'ouïr, d'agiter mes roseaux.

Tout l'or dont se vante le Tage,
Tout ce que l'Inde sur ses bords
Vit jamais briller de trésors,
Sembloit être sur mon rivage.
Qu'étoit-ce toutefois de ce grand appareil,
Dès qu'on jetoit les yeux sur l'éclat nonpareil

Dont vos seules beautés vous avoient entourée ?
Je sais bien que Junon parut moins belle aux dieux,
  Et moins digne d'être adorée,
Lorsqu'en nouvelle reine elle entra dans les cieux.

  Régnez donc, princesse adorable,
  Sans jamais quitter le séjour
  De ce beau rivage, où l'Amour
  Vous doit être si favorable.
Si l'on en croit ce dieu, vous y devez cueillir
Des roses que sa main gardera de vieillir,
Et qui d'aucun hiver ne craindront l'insolence ;
Tandis qu'un nouveau Mars, sorti de votre sein,
  Ira couronner sa vaillance
De la palme qui croît aux rives du Jourdain.

LA RENOMMÉE

AUX MUSES.

ODE.

On alloit oublier les Filles de mémoire ;
  Et parmi les mortels
L'ignorance et l'erreur alloient ternir leur gloire,
  Et briser leurs autels :
Il falloit qu'un héros de qui la terre entière
  Admire les exploits

Leur offrit un asile, et fournit de matière
　　A leurs divines voix.

Elles étoient au ciel; et la nymphe qui vole
　　Et qui parle toujours
Ne les vit pas plus tôt qu'elle prit la parole,
　　Et leur tint ce discours :

Puisqu'un nouvel Auguste aux rives de la Seine
　　Vous appelle en ce jour,
Muses, pour voir Louis, abandonnez sans peine
　　Le céleste séjour.

Aussi-bien voyez-vous que plusieurs des dieux même,
　　De sa gloire éblouis,
Prisent moins le nectar que le plaisir extrême
　　D'être auprès de Louis.

A peine marchoit-il, que la fille sacrée
　　Qui se plaît aux combats,
Et Thémis, qui préside aux balances d'Astrée,
　　Conduisirent ses pas.

Les Vertus, qui dès-lors suivirent leur exemple,
　　Virent avec plaisir
Que le cœur de Louis étoit le plus beau temple
　　Qu'elles pussent choisir.

Aussi prompte que tout, nous vîmes la Victoire
　　Suivre ses étendards,
Jurant qu'à si haut point elle mettroit sa gloire,
　　Qu'on le prendroit pour Mars.

On sait qu'elle marchoit devant cet Alexandre ;
Et que, plus d'une fois,
Elle arrêta la paix toute prête à descendre
Sur l'empire françois.

Mais enfin ce héros, plus craint que le tonnerre,
Après tant de hauts faits,
A trouvé moins de gloire à conquérir la terre
Qu'à ramener la Paix.

Ainsi près de Louis cette aimable déesse
Établit son séjour ;
Et de mille autres dieux, qui la suivent sans cesse,
Elle peupla sa cour.

Entre les déités dont l'immortelle gloire
Parut en ces bas lieux,
On vit venir Thérèse ; et sa beauté fit croire
Qu'elle venoit des cieux.

Vous-même, en la voyant, avoûrez que l'Aurore
Jette moins de clartés,
Eût-elle tout l'éclat et les habits encore
Dont vous la revêtez.

Mais quoique dans la paix Louis semble se plaire,
Quel orgueil aveuglé
Osera s'exposer aux traits de sa colère,
Sans en être accablé ?

Ah ! si ce grand héros vous paroît plein de charmes
Dans le sein de la paix,

Que vos yeux le verront terrible sous les armes,
S'il les reprend jamais!

Vous le verrez voler, plus vite que la foudre,
Au milieu des hasards,
Faire ouvrir les cités, ou renverser en poudre
Leurs superbes remparts.

Qu'il fera beau chanter tant d'illustres merveilles
Et de faits inouis!
Et qu'en si beau sujet vous plairez aux oreilles
Des peuples de Louis!

Songez de quelle ardeur vous serez échauffées,
Quand, pour vous écouter
Vous trouverez ce prince à l'ombre des trophées
Qu'il viendra de planter.

Ainsi le grand Achille, assis près des murailles
Où l'on pleuroit Hector,
De ses braves aïeux écoutoit les batailles,
Et les siennes encor.

Quoi que fasse Louis, soit en paix, soit en guerre,
Il vous peut inspirer
Des chants harmonieux, qui de toute la terre
Vous feront admirer.

Qu'on ne nous parle plus de l'amant d'Eurydice;
Quoi qu'on dise de lui,
Le Strymon n'a rien vu que la Seine ne puisse
Voir encore aujourd'hui.

Je vous promets bien plus : la Fortune, sensible
    A des charmes si doux,
Laissera désormais la rigueur inflexible
    Qu'elle eut toujours pour vous.

En vain de vos lauriers on se paroit la tête ;
    Et vos chantres fameux
Étoient les plus sujets aux coups de la tempête,
    Et les plus malheureux.

C'est en vain qu'autrefois les lions et les arbres
    Vous suivoient pas à pas ;
La Fortune, toujours plus dure que les marbres,
    Ne s'en émouvoit pas.

Mais ne la craignons plus : Louis contre sa haine
    Vous protège aujourd'hui ;
Et près de cet Auguste un illustre Mécène
    Vous promet son appui.

Les soins de ce grand homme apaiseront la rage
    De vos fiers ennemis ;
Et, quoi qu'il vous promette, il fera davantage
    Qu'il ne vous a promis.

Venez donc, puisqu'enfin vous ne sauriez élire
    Un plus charmant séjour
Que d'être auprès d'un roi dont le mérite attire
    Tant de dieux à sa cour.

Moi-même auprès de lui je ferois ma demeure,
    Si ses exploits divers

Ne me contraignoient pas de voler à toute heure
Au bout de l'univers.

Là finit son discours; et la troupe immortelle
Qui l'avoit écouté
Voulut voir le héros que la nymphe fidèle
Leur avoit tant vanté.

Sa présence effaça dans leur ame charmée
Le souvenir des cieux;
Et, dans le même instant, la prompte Renommée
L'alla dire en tous lieux.

IDYLLE

SUR LA PAIX.

Un plein repos favorise vos vœux;
Peuples, chantez la Paix, qui vous rend tous heureux.

Un plein repos favorise nos vœux :
Chantons, chantons la Paix, qui nous rend tous heureux.

Charmante Paix, délices de la terre,
Fille du ciel, et mère des plaisirs,
Tu reviens combler nos désirs;
Tu bannis la terreur et les tristes soupirs,
Malheureux enfants de la Guerre.

Un plein repos favorise nos vœux;
Chantons, chantons la Paix, qui nous rend tous heureux.

Tu rends le fils à sa tremblante mère;
Par toi la jeune épouse espère
D'être long-temps unie à son époux aimé;
De ton retour le laboureur charmé
Ne craint plus désormais qu'une main étrangère
Moissonne avant le temps le champ qu'il a semé;
Tu pares nos jardins d'une grace nouvelle;
Tu rends le jour plus pur et la terre plus belle.

Un plein repos favorise nos vœux;
Chantons, chantons la Paix, qui nous rend tous heureux.

Mais quelle main puissante et secourable
A rappelé du ciel cette Paix adorable?
Quel dieu sensible aux vœux de l'univers
A replongé la Discorde aux enfers?

Déjà grondoient les horribles tonnerres
Par qui sont brisés les remparts;
Déjà marchoit devant les étendards
Bellone, les cheveux épars,
Et se flattoit d'éterniser les guerres
Que sa fureur souffloit de toutes parts.

Divine Paix, apprends-nous par quels charmes
Un calme si profond succède à tant d'alarmes.

Un héros, des mortels l'amour et le plaisir,
Un roi victorieux vous a fait ce loisir.

Un héros, des mortels l'amour et le plaisir,
Un roi victorieux nous a fait ce loisir.

Ses ennemis, offensés de sa gloire,
Vaincus cent fois, et cent fois suppliants,
En leur fureur de nouveau s'oubliants,
Ont osé dans ses bras irriter la victoire.
Qu'ont-ils gagné, ces esprits orgueilleux
Qui menaçoient d'armer la terre entière?
Ils ont vu de nouveau resserrer leur frontière :
Ils ont vu ce roc sourcilleux [1],
De leur orgueil l'espérance dernière,
De nos champs fortunés devenir la barrière.

Un héros, des mortels l'amour et le plaisir,
Un roi victorieux nous a fait ce loisir.

Son bras est craint du couchant à l'aurore :
La foudre, quand il veut, tombe aux climats gelés,
Et sur les bords par le soleil brûlés :
De son courroux vengeur sur le rivage more
La terre fume encore.
Malheureux les ennemis
De ce prince redoutable!
Heureux les princes soumis
A son empire équitable!
Chantons, bergers, et nous réjouissons
Qu'il soit le sujet de nos fêtes.

Le calme dont nous jouissons
N'est plus sujet aux tempêtes.

---

[1] Luxembourg.

Chantons, bergers, et nous réjouissons :
Qu'il soit le sujet de nos fêtes ;
Le bonheur dont nous jouissons
Le flatte autant que toutes ses conquêtes.

De ces lieux l'éclat et les attraits,
Ces fleurs odorantes,
Ces eaux [1] bondissantes,
Ces ombrages frais,
Sont des dons de ses mains bienfaisantes.
De ces lieux l'éclat et les attraits
Sont des fruits de ses bienfaits.

Il veut bien quelquefois visiter nos bocages ;
Nos jardins ne lui déplaisent pas.
Arbres épais, redoublez vos ombrages ;
Fleurs, naissez sous ses pas.
O ciel, ô saintes destinées,
Qui prenez soin de ses jours florissants,
Retranchez de nos ans
Pour ajouter à ses années.

Qu'il règne ce héros, qu'il triomphe toujours ;
Qu'avec lui soit toujours la paix ou la victoire ;
Que le cours de ses ans dure autant que le cours
De la Seine et de la Loire.
Qu'il règne ce héros, qu'il triomphe toujours ;
Qu'il vive autant que sa gloire !

---

[1] La cascade de Sceaux.

ÉPIGRAMMES.

I.

SUR L'IPHIGÉNIE DE LE CLERC.

Entre Le Clerc et son ami Coras,
Deux grands auteurs, rimant de compagnie,
N'a pas long-temps s'ourdirent grands débats
Sur le propos de son Iphigénie.
Coras lui dit : La pièce est de mon cru.
Le Clerc répond : Elle est mienne et non vôtre.
Mais aussitôt que l'ouvrage a paru,
Plus n'ont voulu l'avoir fait l'un ni l'autre.

II.

Un ordre, hier venu de Saint-Germain,
Veut qu'on s'assemble : on s'assemble demain.
Notre archevêque et cinquante-deux autres
    Successeurs des apôtres
S'y trouveront. Or de savoir quel cas
S'y traitera, c'est encore un mystère :
   C'est seulement chose très claire
Que nous avons cinquante-deux prélats
    Qui ne résident pas.

III.

SUR LE GERMANICUS DE PRADON.

Que je plains le destin du grand Germanicus!
Quel fut le prix de ses rares vertus!
Persécuté par le cruel Tibère,
Empoisonné par le traître Pison,
Il ne lui restoit plus, pour dernière misère,
Que d'être chanté par Pradon.

IV.

SUR LE SÉSOSTRIS DE LONGEPIERRE.

Ce fameux conquérant, ce vaillant Sésostris,
Qui jadis en Égypte, au gré des destinées,
Véquit de si longues années,
N'a vécu qu'un jour à Paris.

V.

SUR ANDROMAQUE.

Le vraisemblable est peu dans cette pièce,
Si l'on en croit et d'Olonne et Créqui.
Créqui dit que Pyrrhus aime trop sa maîtresse;
D'Olonne, qu'Andromaque aime trop son mari.

VI.

SUR LA MÊME TRAGÉDIE.

Créqui prétend qu'Oreste est un pauvre homme
Qui soutient mal le rang d'ambassadeur;

Et Créqui de ce rang connoît mieux la splendeur :
Si quelqu'un l'entend mieux, je l'irai dire à Rome.

VII.

SUR LA JUDITH DE BOYER.

A sa Judith, Boyer, par aventure,
Étoit assis près d'un riche caissier :
Bien aise étoit, car le bon financier
S'attendrissoit et pleuroit sans mesure.
Bon gré vous sais, lui dit le vieux rimeur ;
Le beau vous touche, et ne seriez d'humeur
A vous saisir pour une baliverne.
Lors le richard, en larmoyant, lui dit :
Je pleure, hélas! pour ce pauvre Holoferne,
Si méchamment mis à mort par Judith.

VIII.

L'ORIGINE DES SIFFLETS.

Ces jours passés, chez un vieil histrion,
Un chroniqueur émut la question
Quand dans Paris commença la méthode
De ces sifflets qui sont tant à la mode.
Ce fut, dit l'un, aux pièces de Boyer.
Gens pour Pradon voulurent parier.
Non, dit l'acteur, je sais toute l'histoire,
Que par degrés je vais vous débrouiller.
Boyer apprit au parterre à bâiller :
Quant à Pradon, si j'ai bonne mémoire,

Pommes sur lui volèrent largement :
Mais quand sifflets prirent commencement,
C'est (j'y jouois, j'en suis témoin fidèle),
C'est à l'Aspar [1] du sieur de Fontenelle.

IX.

SUR LES COMPLIMENTS QUE LE ROI REÇUT AU SUJET DE SA CONVALESCENCE.

Grand Dieu, conserve-nous ce roi victorieux
    Que tu viens de rendre à nos larmes ;
Fais durer à jamais des jours si précieux :
    Que ce soient là nos dernières alarmes.
      Empêche d'aller jusqu'à lui
    Le noir chagrin, le dangereux ennui,
    Toute langueur, toute fièvre ennemie,
      Et les vers de l'académie.

X.

POUR LE PORTRAIT DE M. ARNAULD.

Sublime en ses écrits, doux et simple de cœur,
Puisant la vérité jusqu'à son origine,
De tous ses longs travaux Arnauld sortit vainqueur,
Et soutint de la foi l'antiquité divine.
De la grace il perça les mystères obscurs ;
Aux humbles pénitents traça des chemins sûrs ;

---

[1] Cette tragédie fut jouée en 1680. Elle n'eut que trois représentations.

Rappela le pécheur au joug de l'évangile :
Dieu fut l'unique objet de ses désirs constants ;
L'église n'eut jamais, même en ses premiers temps,
De plus zélé vengeur, ni d'enfant plus docile.

XI.

ÉPITAPHE DE M. ARNAULD.

Haï des uns, chéri des autres,
Estimé de tout l'univers,
Et plus digne de vivre au siècle des apôtres
Que dans un siècle si pervers,
Arnauld vient de finir sa carrière pénible.
Les mœurs n'eurent jamais de plus grave censeur ;
L'erreur, d'ennemi plus terrible ;
L'église, de plus ferme et plus grand défenseur.

HYMNES

TRADUITES DU BRÉVIAIRE ROMAIN.

LE LUNDI A MATINES.

Somno refectis artubus, etc.

Tandis que le sommeil réparant la nature
Tient enchaînés le travail et le bruit,
Nous rompons ses liens, ô clarté toujours pure !
Pour te louer dans la profonde nuit.

Que dès notre réveil notre voix te bénisse;
 Qu'à te chercher notre cœur empressé
T'offre ses premiers vœux; et que par toi finisse
 Le jour par toi saintement commencé.

L'astre dont la présence écarte la nuit sombre
 Viendra bientôt recommencer son tour :
O vous, noirs ennemis qui vous glissez dans l'ombre,
 Disparoissez à l'approche du jour.

Nous t'implorons, Seigneur; tes bontés sont nos armes;
 De tout péché rends-nous purs à tes yeux;
Fais que, t'ayant chanté dans ce séjour de larmes,
 Nous te chantions dans le repos des cieux.

Exauce, Père saint, notre ardente prière,
 Verbe son fils, Esprit leur nœud divin,
Dieu qui, tout éclatant de ta propre lumière,
 Règnes au ciel sans principe et sans fin.

A LAUDES.

Splendor paternæ gloriæ, etc.

Source ineffable de lumière,
Verbe, en qui l'Éternel contemple sa beauté;
Astre, dont le soleil n'est que l'ombre grossière;
Sacré jour, dont le jour emprunte sa clarté;

 Lève-toi, Soleil adorable,
Qui de l'éternité ne fais qu'un heureux jour;

Fais briller à nos yeux ta clarté secourable,
Et répands dans nos cœurs le feu de ton amour.

Prions aussi l'auguste Père,
Le Père dont la gloire a devancé les temps,
Le Père tout-puissant en qui le monde espère,
Qu'il soutienne d'en haut ses fragiles enfants.

Donne-nous un ferme courage,
Brise la noire dent du serpent envieux :
Que le calme, grand Dieu, suive de près l'orage :
Fais-nous faire toujours ce qui plaît à tes yeux.

Guide notre ame dans ta route;
Rends notre corps docile à ta divine loi;
Remplis-nous d'un espoir que n'ébranle aucun doute,
Et que jamais l'erreur n'altère notre foi.

Que Christ soit notre pain céleste;
Que l'eau d'une foi vive abreuve notre cœur;
Ivres de ton esprit, sobres pour tout le reste,
Daigne à tes combattants inspirer ta vigueur.

Que la pudeur chaste et vermeille
Imite sur leur front la rougeur du matin;
Aux clartés du midi que leur foi soit pareille;
Que leur persévérance ignore le déclin.

L'aurore luit sur l'hémisphère :
Que Jésus dans nos cœurs daigne luire aujourd'hui,
Jésus qui tout entier est dans son divin père,
Comme son divin père est tout entier en lui.

Gloire à toi, Trinité profonde,
Père, Fils, Esprit saint; qu'on t'adore toujours,
Tant que l'astre des temps éclairera le monde,
Et quand les siècles même auront fini leur cours.

LE MARDI A MATINES.

Consors paterni luminis, etc.

Verbe égal au Très-haut, notre unique espérance,
    Jour éternel de la terre et des cieux,
De la paisible nuit nous rompons le silence :
    Divin Sauveur, jette sur nous les yeux.

Répands sur nous le feu de ta grace puissante;
    Que tout l'enfer fuie au son de ta voix;
Dissipe ce sommeil d'une ame languissante,
    Qui la conduit dans l'oubli de tes lois.

O Christ, sois favorable à ce peuple fidèle,
    Pour te bénir maintenant assemblé;
Reçois les chants qu'il offre à ta gloire immortelle;
    Et de tes dons qu'il retourne comblé.

Exauce, Père saint, notre ardente prière, etc.

A LAUDES.

Ales diei nuncius, etc.

L'oiseau vigilant nous réveille,
Et ses chants redoublés semblent chasser la nuit :
Jésus se fait entendre à l'ame qui sommeille,
Et l'appelle à la vie, où son jour nous conduit.

Quittez, dit-il, la couche oisive
Où vous ensevelit une molle langueur :
Sobres, chastes, et purs, l'œil et l'ame attentive,
Veillez ; je suis tout proche, et frappe à votre cœur.

Ouvrons donc l'œil à sa lumière,
Levons vers ce Sauveur et nos mains et nos yeux ;
Pleurons et gémissons : une ardente prière
Écarte le sommeil et pénètre les cieux.

O Christ, ô soleil de justice,
De nos cœurs endurcis romps l'assoupissement ;
Dissipe l'ombre épaisse où les plonge le vice,
Et que ton divin jour y brille à tout moment.

Gloire à toi, Trinité profonde, etc.

LE MERCREDI A MATINES.

Rerum creator optime, etc.

Grand Dieu, par qui de rien toute chose est formée,
    Jette les yeux sur nos besoins divers;
Romps ce fatal sommeil par qui l'ame charmée
    Dort en repos sur le bord des enfers.

Daigne, ô divin Sauveur que notre voix implore,
    Prendre pitié des fragiles mortels;
Et vois comme du lit, sans attendre l'aurore,
    Le repentir nous traîne à tes autels.

C'est là que notre troupe affligée, inquiète,
    Levant au ciel et le cœur et les mains,
Imite le grand Paul, et suit ce qu'un prophète
    Nous a prescrit dans ses cantiques saints.

Nous montrons à tes yeux nos maux et nos alarmes;
    Nous confessons tous nos crimes secrets;
Nous t'offrons tous nos vœux, nous y mêlons nos larmes:
    Que ta bonté révoque tes arrêts.

Exauce, Père saint, notre ardente prière, etc.

A LAUDES.

Nox, et tenebræ, et nubila, etc.

SOMBRE nuit, aveugles ténèbres,
Fuyez, le jour s'approche, et l'olympe blanchit :
Et vous, démons, rentrez dans vos prisons funèbres,
De votre empire affreux un Dieu nous affranchit.

Le soleil perce l'ombre obscure ;
Et les traits éclatants qu'il lance dans les airs,
Rompant le voile épais qui couvroit la nature,
Redonnent la couleur et l'ame à l'univers.

O Christ, notre unique lumière,
Nous ne reconnoissons que tes saintes clartés ;
Notre esprit t'est soumis ; entends notre prière,
Et sous ton divin joug range nos volontés.

Souvent notre ame criminelle
Sur sa fausse vertu, téméraire, s'endort :
Hâte-toi d'éclairer, ô lumière éternelle,
Des malheureux assis dans l'ombre de la mort.

Gloire à toi, Trinité profonde, etc.

LE JEUDI A MATINES.

Nox atra rerum contegit, etc.

De toutes les couleurs que distinguoit la vue
    L'obscure nuit n'a fait qu'une couleur :
Juste juge des cœurs, notre ardeur assidue
    Demande ici tes yeux et ta faveur.

Qu'ainsi, prompt à guérir nos mortelles blessures,
    Ton feu divin dans nos cœurs répandu
Consume pour jamais leurs passions impures,
    Pour n'y laisser que l'amour qui t'est dû.

Effrayés des péchés dont le poids les accable,
    Tes serviteurs voudroient se relever :
Ils implorent, Seigneur, ta bonté secourable,
    Et dans ton sang cherchent à se laver.

Seconde leurs efforts, dissipe l'ombre noire
    Qui dès long-temps les tient enveloppés ;
Et que l'heureux séjour d'une immortelle gloire
    Soit l'objet seul de leurs cœurs détrompés.

Exauce, Père saint, notre ardente prière, etc.

A LAUDES.

Lux ecce surgit aurea, etc.

Les portes du jour sont ouvertes,
Le soleil peint le ciel de rayons éclatants :
Loin de nous cette nuit dont nos ames couvertes
Dans le chemin du crime ont erré si long-temps.

Imitons la lumière pure
De l'astre étincelant qui commence son cours,
Ennemis du mensonge et de la fraude obscure;
Et que la vérité brille en tous nos discours.

Que ce jour se passe sans crime;
Que nos langues, nos mains, nos yeux, soient innocents;
Que tout soit chaste en nous; et qu'un frein légitime
Aux lois de la raison asservisse les sens.

Du haut de sa sainte demeure
Un Dieu toujours veillant nous regarde marcher;
Il nous voit, nous entend, nous observe à toute heure;
Et la plus sombre nuit ne sauroit nous cacher.

Gloire à toi, Trinité profonde, etc.

LE VENDREDI A MATINES.

Tu, Trinitatis unitas, etc.

Auteur de toute chose, essence en trois unique,
  Dieu tout-puissant, qui régis l'univers,
Dans la profonde nuit nous t'offrons ce cantique;
  Écoute-nous, et vois nos maux divers.

Tandis que du sommeil le charme nécessaire
  Ferme les yeux du reste des humains,
Le cœur tout pénétré d'une douleur amère,
  Nous implorons tes secours souverains.

Que tes feux de nos cœurs chassent la nuit fatale;
  Qu'à leur éclat soient d'abord dissipés
Ces objets dangereux que la ruse infernale
  Dans un vain songe offre à nos sens trompés.

Que notre corps soit pur; qu'une indolence ingrate
  Ne tienne point nos cœurs ensevelis;
Que par l'impression du vice qui nous flatte
  Tes feux sacrés n'y soient point affoiblis.

Qu'ainsi, divin Sauveur, tes lumières célestes,
  Dans tes sentiers affermissant nos pas,
Nous détournent toujours de ces pièges funestes
  Que le démon couvre de mille appas.

Exauce, Père saint, notre ardente prière, etc.

A LAUDES.

Æterna cœli gloria, etc.

Astre que l'olympe révère,
Doux espoir des mortels rachetés par ton sang,
Verbe, Fils éternel du redoutable Père,
Jésus, qu'une humble Vierge a porté dans son flanc,

Affermis l'ame qui chancelle;
Fais que, levant au ciel nos innocentes mains,
Nous chantions dignement et ta gloire immortelle
Et les biens dont ta grace a comblé les humains.

L'astre avant-coureur de l'aurore
Du soleil qui s'approche annonce le retour;
Sous le pâle horizon l'ombre se décolore :
Lève-toi dans nos cœurs, chaste et bienheureux jour.

Sois notre inséparable guide;
Du siècle ténébreux perce l'obscure nuit;
Défends-nous en tous temps contre l'attrait perfide
De ces plaisirs trompeurs dont la mort est le fruit.

Que la foi dans nos cœurs gravée
D'un rocher immobile ait la stabilité;
Que sur ce fondement l'espérance élevée
Porte pour comble heureux l'ardente charité.

Gloire à toi, Trinité profonde,
Père, Fils, Esprit saint; qu'on t'adore toujours,

Tant que l'astre des temps éclairera le monde,
Et quand les siècles même auront fini leur cours.

LE SAMEDI A MATINES.

Summæ Deus clementiæ, etc.

O TOI qui d'un œil de clémence
Vois les égarements des fragiles humains,
Toi dont l'être un en trois et le même en puissance
A créé ce grand tout soutenu par tes mains,

Éteins ta foudre dans les larmes
Qu'un juste repentir mêle à nos chants sacrés;
Et que puisse ta grace, où brillent tes doux charmes,
Te préparer un temple en nos cœurs épurés!

Brûle en nous de tes saintes flammes
Tout ce qui de nos sens excite les transports,
Afin que, toujours prêts, nous puissions dans nos ames
Du démon de la chair vaincre tous les efforts.

Pour chanter ici tes louanges
Notre zèle, Seigneur, a devancé le jour:
Fais qu'ainsi nous chantions un jour avec tes anges
Les biens qu'à tes élus assure ton amour.

Père des anges et des hommes,
Sacré Verbe, Esprit saint, profonde Trinité,
Sauve-nous ici-bas des périls où nous sommes,
Et qu'on loue à jamais ton immense bonté.

A LAUDES.

Aurora jam spargit polum, etc.

L'AURORE brillante et vermeille
Prépare le chemin au soleil qui la suit;
Tout rit aux premiers traits du jour qui se réveille :
Retirez-vous, démons qui volez dans la nuit.

Fuyez, songes, troupe menteuse,
Dangereux ennemis par la nuit enfantés;
Et que fuie avec vous la mémoire honteuse
Des objets qu'à nos sens vous avez présentés.

Chantons l'auteur de la lumière,
Jusqu'au jour où son ordre a marqué notre fin :
Et qu'en le bénissant notre aurore dernière
Se perde en un midi sans soir et sans matin.

Gloire à toi, Trinité profonde,
Père, Fils, Esprit saint; qu'on t'adore toujours,
Tant que l'astre des temps éclairera le monde,
Et quand les siècles même auront fini leur cours.

LE LUNDI A VÊPRES.

Immense cœli conditor, etc.

GRAND DIEU, qui vis les cieux se former sans matière,
    A ta voix seulement,
Tu séparas les eaux, leur marquant pour barrière
    Le vaste firmament.

Si la voûte céleste a ses plaines liquides,
    La terre a ses ruisseaux,
Qui contre les chaleurs portent aux champs arides
    Le secours de leurs eaux.

Seigneur, qu'ainsi les eaux de ta grace féconde
    Réparent nos langueurs;
Que nos sens désormais vers les appas du monde
    N'entraînent plus nos cœurs.

Fais briller de ta foi les lumières propices
    A nos yeux éclairés;
Qu'elle arrache le voile à tous les artifices
    Des enfers conjurés.

Règne, ô Père éternel, Fils, sagesse incréée,
    Esprit saint, Dieu de paix,
Qui fais changer des temps l'inconstante durée,
    Et ne changes jamais.

LE MARDI A VÊPRES.

Telluris ingens conditor, etc.

Ta sagesse, grand Dieu, dans tes œuvres tracée,
    Débrouilla le chaos,
Et fixant sur son poids la terre balancée,
    La sépara des flots.

Par-là, son sein fécond de fleurs et de feuillages
    L'embellit tous les ans,
L'enrichit de doux fruits, couvre de pâturages
    Ses vallons et ses champs.

Seigneur, fais de ta grace à notre ame abattue
    Goûter les fruits heureux;
Et que puissent nos pleurs de la chair corrompue
    Éteindre en nous les feux!

Que sans cesse nos cœurs, loin du sentier des vices,
    Suivent tes volontés;
Qu'innocents à tes yeux ils fondent leurs délices
    Sur tes seules bontés!

Règne, ô Père éternel, Fils, sagesse incréée, etc.

LE MERCREDI A VÊPRES.

Cœli Deus sanctissime, etc.

Grand Dieu, qui fais briller sur la voûte étoilée
    Ton trône glorieux,
Et d'une blancheur vive à la pourpre mêlée
    Peins le ceintre des cieux;

Par toi roule à nos yeux sur un char de lumière
    Le clair flambeau des jours;
De tant d'astres par toi la lune en sa carrière
    Voit le différent cours.

Ainsi sont séparés les jours des nuits prochaines
    Par d'immuables lois;
Ainsi tu fais connoître, à des marques certaines,
    Les saisons et les mois.

Seigneur, répands sur nous ta lumière céleste,
    Guéris nos maux divers;
Que ta main secourable, au démon si funeste,
    Brise enfin tous nos fers.

Règne, ô Père éternel, Fils, sagesse incréée, etc.

LE JEUDI A VÊPRES.

Magnæ Deus potentiæ, etc.

Seigneur, tant d'animaux par toi des eaux fécondes
    Sont produits à ton choix,
Que leur nombre infini peuple ou les mers profondes,
    Ou les airs, ou les bois.

Ceux-là sont humectés des flots que la mer roule,
    Ceux-ci de l'eau des cieux,
Et de la même source ainsi sortis en foule,
    Occupent divers lieux.

Fais, ô Dieu tout-puissant, fais que tous les fidèles,
    A ta grace soumis,
Ne retombent jamais dans les chaînes cruelles
    De leurs fiers ennemis:

Que, par toi soutenus, le joug pesant des vices
    Ne les accable pas;
Qu'un orgueil téméraire en d'affreux précipices
    N'engage point leurs pas.

Règne, ô Père éternel, Fils, sagesse incréée, etc.

LE VENDREDI A VÊPRES.

Plasmator hominis, Deus, etc.

Créateur des humains, grand Dieu, souverain maître
    De ce vaste univers,
Qui du sein de la terre, à ton ordre, vis naître
    Tant d'animaux divers ;

A ces grands corps sans nombre et différents d'espèce,
    Animés à ta voix,
L'homme fut établi par ta haute sagesse
    Pour imposer ses lois.

Seigneur, qu'ainsi ta grace à nos vœux accordée
    Règne dans notre cœur,
Que nul excès honteux, que nulle impure idée
    N'en chasse la pudeur.

Qu'un saint ravissement éclate en notre zèle ;
    Guide toujours nos pas ;
Fais d'une paix profonde à ton peuple fidèle
    Goûter les doux appas.

Règne, ô Père éternel, Fils, sagesse incréée, etc.

LE SAMEDI A VÊPRES.

O lux, beata Trinitas, etc.

Source éternelle de lumière,
Trinité souveraine et très simple unité,
Le visible soleil va finir sa carrière;
Fais luire dans nos cœurs l'invisible clarté.

Qu'au doux concert de tes louanges
Notre voix et commence et finisse le jour;
Et que notre ame enfin chante avec tes saints anges
Le cantique éternel de ton céleste amour.

Adorons le Père suprême,
Principe sans principe, abîme de splendeur;
Le Fils, Verbe du Père, engendré dans lui-même;
L'Esprit, des deux qu'il lie, amour, don, paix, ardeur.

CANTIQUES SPIRITUELS.

CANTIQUE PREMIER.

A LA LOUANGE DE LA CHARITÉ.

Tiré de S. Paul. I aux Corinthiens, ch. 13.

Les méchants m'ont vanté leurs mensonges frivoles;
    Mais je n'aime que les paroles
    De l'éternelle vérité.
    Plein du feu divin qui m'inspire,
    Je consacre aujourd'hui ma lyre
    A la céleste Charité.

En vain je parlerois le langage des anges;
    En vain, mon Dieu, de tes louanges
    Je remplirois tout l'univers :
    Sans amour, ma gloire n'égale
    Que la gloire de la cymbale
    Qui d'un vain bruit frappe les airs.

Que sert à mon esprit de percer les abîmes
    Des mystères les plus sublimes,
    Et de lire dans l'avenir ?
    Sans amour ma science est vaine,
    Comme le songe, dont à peine
    Il reste un léger souvenir.

Que me sert que ma foi transporte les montagnes :
    Que dans les arides campagnes
    Les torrents naissent sous mes pas ;
    Ou que, ranimant la poussière,
    Elle rende aux morts la lumière ;
    Si l'amour ne l'anime pas ?

Oui, mon Dieu, quand mes mains de tout mon héritage
    Aux pauvres feroient le partage ;
    Quand même, pour le nom chrétien
    Bravant les croix les plus infâmes,
    Je livrerois mon corps aux flammes ;
    Si je n'aime, je ne suis rien.

Que je vois de vertus qui brillent sur ta trace,
    Charité, fille de la Grace !
    Avec toi marche la Douceur,
    Que suit avec un air affable
    La Patience, inséparable
    De la Paix, son aimable sœur.

Tel que l'astre du jour écarte les ténèbres,
    De la nuit compagnes funèbres :
    Telle tu chasses d'un coup d'œil
    L'envie aux humains si fatale,
    Et toute la troupe infernale
    Des vices, enfants de l'orgueil.

Libre d'ambition, simple et sans artifice,
    Autant que tu hais l'injustice,

Autant la vérité te plaît.
Que peut la colère farouche
Sur un cœur que jamais ne touche
Le soin de son propre intérêt ?

Aux foiblesses d'autrui loin d'être inexorable,
Toujours d'un voile favorable
Tu t'efforces de les couvrir :
Quel triomphe manque à ta gloire ?
L'amour sait tout vaincre, tout croire,
Tout espérer, et tout souffrir.

Un jour Dieu cessera d'inspirer des oracles ;
Le don des langues, les miracles,
La science aura son déclin :
L'amour, la charité divine,
Éternelle en son origine,
Ne connoîtra jamais de fin.

Nos clartés ici-bas ne sont qu'énigmes sombres :
Mais Dieu sans voiles et sans ombres
Nous éclairera dans les cieux ;
Et ce soleil inaccessible,
Comme à ses yeux je suis visible,
Se rendra visible à mes yeux.

L'amour sur tous les dons l'emporte avec justice.
De notre céleste édifice
La foi vive est le fondement ;
La sainte espérance l'élève,

L'ardente charité l'achève
Et l'assure éternellement.

Quand pourrai-je t'offrir, ô charité suprême,
Au sein de la lumière même,
Le cantique de mes soupirs ;
Et, toujours brûlant pour ta gloire,
Toujours puiser et toujours boire
Dans la source des vrais plaisirs !

CANTIQUE II.

Sur le bonheur des justes, et sur le malheur des réprouvés.

Tiré de la Sagesse, chap. 5.

Heureux qui, de la sagesse
Attendant tout son secours,
N'a point mis en la richesse
L'espoir de ses derniers jours !
La mort n'a rien qui l'étonne,
Et, dès que son Dieu l'ordonne,
Son ame, prenant l'essor,
S'élève d'un vol rapide
Vers la demeure où réside
Son véritable trésor.

De quelle douleur profonde
Seront un jour pénétrés

Ces insensés qui du monde,
Seigneur, vivent enivrés,
Quand, par une fin soudaine,
Détrompés d'une ombre vaine
Qui passe et ne revient plus,
Leurs yeux, du fond de l'abîme,
Près de ton trône sublime
Verront briller tes élus!

Infortunés que nous sommes,
Où s'égaroient nos esprits!
Voilà, diront-ils, ces hommes
Vils objets de nos mépris :
Leur sainte et pénible vie
Nous parut une folie;
Mais aujourd'hui triomphants,
Le ciel chante leur louange,
Et Dieu lui-même les range
Au nombre de ses enfants.

Pour trouver un bien fragile
Qui nous vient d'être arraché,
Par quel chemin difficile,
Hélas! nous avons marché!
Dans une route insensée
Notre ame en vain s'est lassée
Sans se reposer jamais,
Fermant l'œil à la lumière

Qui nous montroit la carrière
De la bienheureuse paix.

De nos attentats injustes
Quel fruit nous est-il resté ?
Où sont les titres augustes
Dont notre orgueil s'est flatté ?
Sans amis et sans défense,
Au trône de la vengeance
Appelés en jugement,
Foibles et tristes victimes,
Nous y venons de nos crimes
Accompagnés seulement.

Ainsi, d'une voix plaintive,
Exprimera ses remords
La pénitence tardive
Des inconsolables morts.
Ce qui faisoit leurs délices,
Seigneur, fera leurs supplices :
Et, par une égale loi,
Tes Saints trouveront des charmes
Dans le souvenir des larmes
Qu'ils versent ici pour toi.

CANTIQUE III.

Plainte d'un Chrétien sur les contrariétés qu'il éprouve au-dedans de lui-même.

Tiré de S. Paul aux Romains, ch. 7.

Mon Dieu, quelle guerre cruelle!
Je trouve deux hommes en moi :
L'un veut que, plein d'amour pour toi,
Mon cœur te soit toujours fidèle;
L'autre, à tes volontés rebelle,
Me révolte contre ta loi.

L'un, tout esprit et tout céleste,
Veut qu'au ciel sans cesse attaché,
Et des biens éternels touché,
Je compte pour rien tout le reste;
Et l'autre par son poids funeste
Me tient vers la terre penché.

Hélas! en guerre avec moi-même,
Où pourrai-je trouver la paix?
Je veux, et n'accomplis jamais :
Je veux; mais, ô misère extrême!
Je ne fais pas le bien que j'aime,
Et je fais le mal que je hais.

O grace, ô rayon salutaire,
Viens me mettre avec moi d'accord;

Et, domtant par un doux effort
Cet homme qui t'est si contraire,
Fais ton esclave volontaire
De cet esclave de la mort.

CANTIQUE IV.

Sur les vaines occupations des gens du siècle.

<small>Tiré de divers endroits d'Isaïe et de Jérémie.</small>

Quel charme vainqueur du monde
Vers Dieu m'élève aujourd'hui?
Malheureux l'homme qui fonde
Sur les hommes son appui!
Leur gloire fuit et s'efface
En moins de temps que la trace
Du vaisseau qui fend les mers,
Ou de la flèche rapide
Qui, loin de l'œil qui la guide,
Cherche l'oiseau dans les airs.

De la sagesse immortelle
La voix tonne et nous instruit :
Enfants des hommes, dit-elle,
De vos soins quel est le fruit?
Par quelle erreur, ames vaines,
Du plus pur sang de vos veines
Achetez-vous si souvent,
Non un pain qui vous repaisse,

Mais une ombre qui vous laisse
Plus affamés que devant!

Le pain que je vous propose
Sert aux anges d'aliment;
Dieu lui-même le compose
De la fleur de son froment :
C'est ce pain si délectable
Que ne sert point à sa table
Le monde que vous suivez.
Je l'offre à qui veut me suivre;
Approchez. Voulez-vous vivre?
Prenez, mangez, et vivez.

O sagesse, ta parole
Fit éclore l'univers,
Posa sur un double pôle
La terre au milieu des airs.
Tu dis; et les cieux parurent,
Et tous les astres coururent
Dans leur ordre se placer.
Avant les siècles tu règnes.
Et qui suis-je, que tu daignes
Jusqu'à moi te rabaisser?

Le Verbe, image du Père,
Laissa son trône éternel,
Et d'une mortelle mère
Voulut naître homme et mortel.

Comme l'orgueil fut le crime
Dont il naissoit la victime.
Il dépouilla sa splendeur,
Et vint, pauvre et misérable,
Apprendre à l'homme coupable
Sa véritable grandeur.

L'ame, heureusement captive,
Sous ton joug trouve la paix,
Et s'abreuve d'une eau vive
Qui ne s'épuise jamais.
Chacun peut boire en cette onde;
Elle invite tout le monde :
Mais nous courons follement
Chercher des sources bourbeuses,
Ou des citernes trompeuses
D'où l'eau fuit à tout moment.

FIN DES POÉSIES DIVERSES.

RÉFLEXIONS PIEUSES

SUR QUELQUES PASSAGES
DE L'ÉCRITURE SAINTE.

PSAUME 77. *Adhuc escæ erant in ore ipsorum, et ira Dei ascendit super eos.* Combien de gens ayant travaillé toute leur vie pour parvenir à quelque fortune, à une charge, etc., meurent dans le moment qu'ils espèrent en jouir, ayant encore le morceau dans la bouche!

Ps. 105. *Et dedit eis petitionem ipsorum, etc.* C'est dans sa colère que Dieu accorde la plupart des choses qu'on désire dans ce monde avec passion.

Isaïe, 55. *Quarè appenditis argentum non in panibus, etc.* Pourquoi se donner tant de peine pour des choses qui nous rassasient si peu, et qui nous laissent mourir de faim? L'enfant prodigue souhaitoit au moins pouvoir se rassasier de gland; et encore ne peut-on parvenir à avoir de ce gland. *Venite, emite absque argento,* dit Isaïe. Nous n'avons qu'à nous tourner vers Dieu, il nous donnera de quoi nous nourrir en abondance.

Filius hominis non venit ministrari, sed ministrare. Mat. 20. Belle leçon pour nous faire souffrir toutes les négligences de nos domestiques. Il n'y a qu'à se bien mettre dans l'esprit qu'on n'est point né pour être servi, mais pour servir.

Jean, 11, v. 9. *Nonne duodecim sunt horæ diei?* etc. Jésus-Christ entend parler du temps que son père a prescrit à sa vie mortelle, et la compare à une journée, comme s'il disoit : Tant que le jour luit, on peut marcher sans péril; mais quand la nuit est venue, on ne peut marcher sans tomber : ainsi les Juifs ont beau me vouloir perdre, ils n'ont aucun pouvoir de me faire du mal, jusqu'à ce que la nuit, c'est-à-dire le temps des ténèbres, soit venue.

Jean, c. 18, v. 1. *Trans torrentem Cedron.* Grotius croit qu'il étoit ainsi nommé à cause qu'il y avoit eu des cèdres dans cette vallée. En grec c'est le torrent des cèdres. Jésus-Christ accomplit ici ce qui le figura en la personne de David, quand ce roi, fuyant Absalon, passa ce torrent, étant trahi par Achitophel.

V. 6. *Abierunt retrorsum.* David a dit, ps. 35, *Avertantur retrorsum*; et Isaïe, 37, *Cadant retrorsum*. Quelle terreur n'imprimera-t-il point quand il viendra juger, s'il a été si terrible étant près d'être jugé!

Responsum non dedit ei, c. 19, v. 9. Il lui en avoit assez dit, en lui disant que son royaume n'étoit pas de ce monde; et d'ailleurs Pilate, en faisant maltraiter un homme qu'il croyoit innocent, s'étoit rendu indigne qu'on l'éclaircît davantage. Ne s'étoit-il pas même rendu indigne que Jésus-Christ lui répondît maintenant, lui qui, lui ayant demandé ce que c'étoit que la vérité, n'avoit pas daigné attendre la réponse? Les gens qui ont négligé de savoir la vérité, quand ils la pouvoient apprendre, ne retrouvent pas toujours l'occasion qu'ils ont perdue.

Nescis quia potestatem habeo, etc. v. 10. Puisqu'il est en son pouvoir de le sauver, il se reconnoît donc coupable de sa mort, à laquelle il ne souscrit que par une lâche complaisance.

Non habemus regem, etc. v. 15. Les Juifs reconnoissent donc que le temps du messie est venu, puisque le sceptre n'est plus dans Juda; et en même temps ils renoncent à la promesse du messie.

Quod scripsi, scripsi. C'étoit comme la sentence du juge, à laquelle on ne pouvoit plus rien changer. D'ailleurs Philon a remarqué que Pilate étoit d'un esprit inflexible. Dieu se sert de tout cela pour faire triompher la vérité en dépit des Juifs.

Miserunt sortem, v. 24. Cette tunique, qui n'est point déchirée, est l'unité qu'on ne doit jamais rompre.

Stabat, v. 25. La sainte Vierge étoit debout, et non pas évanouie, comme les peintres la représentent. Elle se souvenoit des paroles de l'ange, et savoit la divinité de son fils. Et dans le chapitre suivant, ni dans aucun évangéliste, elle n'est point nommée entre les saintes femmes qui allèrent au sépulcre : elle étoit assurée que Jésus-Christ n'y étoit plus.

Separatim involutum, c. 20, v. 7. Les linges ainsi placés, et séparés les uns des autres, marquoient que le corps n'avoit point été enlevé par des voleurs. Ceux qui volent font les choses plus tumultuairement.

Ad fratres meos, v. 17. Il les appelle frères, pour les consoler du peu de courage qu'ils ont témoigné. *Narrabo nomen tuum fratribus meis.* Il semble que Jésus-Christ ait eu ce verset en vue en les appelant ses frères, comme tout ce qui précède dans ce même psaume a été une prédiction de ses souffrances.

FIN DU TOME TROISIÈME.

TABLE

Des pièces contenues dans les trois premiers volumes des OEuvres de J. Racine.

TOME PREMIER.

                                                                       pages

AVERTISSEMENT sur la nouvelle édition des œuvres de J. Racine... v
NOTICE sur la vie et les ouvrages de J. Racine.......... ix
MÉMOIRES sur la vie et les ouvrages de J. Racine, par L. Racine son fils................................. xvij
LA THÉBAÏDE ou les FRÈRES ENNEMIS, tragédie......... 1
ALEXANDRE LE GRAND, tragédie........................ 101
ANDROMAQUE, tragédie................................. 195

TOME SECOND.

LES PLAIDEURS, comédie................................ 5
BRITANNICUS, tragédie................................. 91
BÉRÉNICE, tragédie.................................... 209
BAJAZET, tragédie..................................... 301
MITHRIDATE, tragédie.................................. 397

TOME TROISIÈME.

IPHIGÉNIE, tragédie................................... 5
PHÈDRE, tragédie...................................... 113
ESTHER, tragédie tirée de l'Écriture Sainte........... 215
ATHALIE, tragédie tirée de l'Écriture Sainte.......... 311
Plan du premier acte d'Iphigénie en Tauride........... 425

POÉSIES DIVERSES.

	pages
La Nymphe de la Seine, Ode...................	431
La Renommée aux Muses, Ode...................	438
Idyle sur la Paix.............................	443
Épigrammes..................................	447
Hymnes traduites du Bréviaire romain............	451
Cantiques spirituels...........................	470
Réflexions pieuses sur quelques passages de l'Écriture Sainte.....................................	480

Fin de la Table des trois premiers volumes.

www.ingramcontent.com/pod-product-compliance
Lightning Source LLC
Chambersburg PA
CBHW050249230426
43664CB00012B/1882